無印良品の教え

「仕組み」を武器にする経営

松井忠三

角川新書

はじめに――会社の緊急時を「仕組み」で乗り越える

世界はコロナ・ショックによって大きく様変わりし、本項執筆時点（二〇二一年八月）では日本における経済・社会も五里霧中の状態が続いています。

こういう時には、仕事の基本に立ち返り、かつ強化することが大切です。企業はどんな時代状況でも生き残っていける体力を身につけなければなりませんし、ビジネス・パーソンもリモートワークに取り組むことをはじめ、臨機応変な働き方をする柔軟さが求められているのです。

無印良品（むじるしりょうひん）もコロナ禍において無傷ではいられませんでした。緊急事態宣言下、あるいはロックダウン実施下では、国内外で多くの店舗を休業にせざるを得ませんでした。その影響で、二〇二〇年度（二〇二〇年八月期）は営業利益が前年比九割減になっています。

しかし、年末には売り上げは回復し、二〇二一年は食品の売り上げが大幅に伸びるなどして過去最高益（二〇二一年八月期第3四半期までの実績）を記録しました。突然発生した外部環境の変化に対して、会社としてのリカバリー力を発揮したといえます。

会社のピンチは、いつも突然やってくるものです。無印良品もかつて、急激に業績が悪化し、「無印良品はもう終わりじゃないか」と業界内で囁かれていた時期がありました。私は、そのような〝谷底に落ちていた時期〟に社長に就任したのです。

そこで最初に取り組んだのは、賃金カットでもリストラでもなく、事業の縮小でもなく、「仕組みづくり」でした。それにより、約二年で業績のV字回復を実現することができたのです。詳しくは本論に譲りますが、「仕組み（づくり）」には、会社としての力を蓄積し、ムダを徹底的に省き、生産性を上げる効果だけでなく、全社一丸となって逆境を乗り越えていく力もあるのです。

無印良品では、ありとあらゆる業務を仕組み化しています。

店舗の業務だけではなく、本部の経理や人事、商品の製造や管理、営業や宣伝といった部署ごとの業務も可能な限り仕組みにしました。さらに、人材育成や出店戦略なども仕組みに基づいて進められます。

そこまで仕組み化していると、無味乾燥な働き方になっているのではないかと思われるかもしれませんが、そんなことはありません。仕組みを活用するときの重要ポイントの一つに、「その仕組み自体を更新し続ける」というものがあります。仕組みをつくり、更新していく過程で、社員の自主性と責任感が育ち、誰もが自分の頭で考えながら、前向きに仕事に取り組む成熟した組織にすることもできるのです。

無印良品は現在も、日本の小売業として初めてインドに出店したり、「MUJI HOTEL」の名前でホテルを開業したり、数年前からは一部の店舗では野菜や肉、魚などの生鮮食品を扱いはじめ、ベーカリーでパンを作るなど、歩みを止めることなく進化し続けています。仕組みを更新しながら〝最新版の働き方〟をするというスタンスが、こうしたビジネスの進化を裏で支えているということもできるでしょう。

私は、この「仕組み（づくり）」の考え方は業界を問わず有効であり、さまざまな企業・人に導入してもらいたいという考えのもと、これまで『無印良品は、仕組みが9割』『無印良品の、人の育て方』『無印良品が、世界でも勝てる理由』という三冊の書籍を執筆しました。実際、ＭＵＪＩＧＲＡＭ（ムジグラム）と業務基準書という「進化し続けるマニュアル（仕組み）」は、最初の著書で紹介して以降、数々のメディアで取り上げられ、実物を見ようとさまざまな業界の企業が無印良品を訪れています。

本書は、これら三冊を合本の上、再編集したものです。この一冊で無印良品という会社の強さの秘密はもちろん、仕組みを仕事・経営の武器にする方法をあますところなくお伝えできると思います。

現在リーダーの立場にある方だけでなく、ぜひ、これからリーダーになる方にも読んでいただき、役立ててもらいたいと思っています。そして、さまざまな困難が予想されるアフター・コロナの日本を少しでも元気にして自信を取り戻してもらうことが、今、このタイミングで本書を刊行する目的の一つになっています。

本書の内容は、私が二〇〇一年に社長に就任してから二〇一五年に会長を退任するまで、約一四年間かけて行ってきた改革の記録です。同時に、その改革は、仕事・経営の基本に改めて思いをいたし、考え、実行することの繰り返しでもありました。そういう意味では、経営者としての難しい決断の場面や、修羅場の経験から私が教えられたこと・学びは、ことのほか大きいものでした。そうして私が得た学びを、読者の皆さんと共有したいという想いを込めて、新書版のタイトルは『無印良品の教え』としています。

現在、私は無印良品から離れて、複数の企業の社外取締役を務めながら、経営者やビジネス・パーソン向けの講演に各地を訪れることを通して、少しでも企業の応援をしたいと思っています。

今、先が見えなくて苦しんでいる企業の皆さんにお伝えしたいのは、低迷している今こそ、止まらず走り続けたほうがいい、ということです。「日本経済が復活したら元の生活に戻れるために、チャレンジを続けるためにも、「なんとかなるだろう」とじっと待つのではなく、動き続ける。そして、会社の仕組みを整え、それを「守り」と「攻め」の武器としていただきたい。

それは決して楽な道ではありませんが、いずれ目の前が開ける時が必ず来ます。そのときはきっと、会社、社員ともに、一回りも二回りも成長しているはずです。

そのためにも、本書を通して、「無印良品の教え」を参考にしていただければと願っています。

二〇二一年八月二三日

松井　忠三

「無印良品のマニュアル」とは

本書に登場する「2つのマニュアル」の構造

MUJIGRAM（ムジグラム）

1 売り場に立つ前に
2 レジ業務・経理
3 店内業務（承り）
4 配送・自転車
5 売り場作り
6 商品管理
7 後方業務
8 労務管理
9 危機管理
10 出店準備
11 店舗マネジメント
12 ファイリング
・販売スタッフTS（トレーニングシステム）

業務基準書

1a 衣服・雑貨部
1b 生活雑貨部／食品部
2 カフェミール事業部／品質保証部／チャネル開発部
3 販売部／業務改革部／お客様室
4 海外事業部
5a 宣伝販促室／流通推進担当
5b 店舗開発部
6 情報システム担当／企画室
7 経理財務担当
8 総務人事担当
9 ムジ・ネット

目次

編集協力　大畠利恵
図版　ニッタプリントサービス

第1部

無印良品は、仕組みが9割

第1章　売り上げとモチベーションが「V字回復する」仕組み

「赤字三八億円からのV字回復」を実現

「赤字三八億円！」――二〇〇一年の八月中間期、無印良品に衝撃が走りました。

西友のプライベートブランドとして、無印良品が生まれてから二〇年。西友から、株式会社良品計画として独立して一〇年ほど経った頃のことです。

それまでは、無印良品は右肩上がりの成長を続けていました。

当時は〝バブル崩壊後の失われた一〇年〟と言われ、長引く不景気から世の中には閉塞感が漂い、百貨店や大手量販店は軒並み低迷。そのなかにあっても無印良品は、赤字を一度も出したことがなく、一九九九年には売上高一〇六六億円、経常利益（営業利益と営業活動以外の損益を合計した利益）一三三億円を達成していました。

その成長ぶりは「無印神話」とまで言われていました。

それが、たった二年で三八億円もの赤字です。

実は、前年から既に減益に転じていました。その影響を受けて、株価も一年で一万七三五〇円から二七五〇円に落ち、時価総額は四九〇〇億円から七七〇億円と、会社の価値が四一〇〇億円も減少したのです。転がり落ちる勢いを止められず、翌年に大赤字へ滑り落ちていきました。

世間の評価も一転して、「無印良品の時代は終わった」と囁かれるようになりました。社内でも「この会社はもうダメなのではないか」という諦めムードが蔓延していたころ、私は社長に就きました。

通常、赤字を出した企業がまず手掛けるのは、リストラや早期退職による人件費削減、不採算部門からの撤退、資産売却などでしょう。もしくは、商品を値上げするか、新たな資金調達先を探すか。確かに、一時的な赤字なら、それらの方法で乗り切れるかもしれません。

しかし、私はそれでは根本的な解決にならないと思っていました。

ここで舵取りを誤ったら、無印良品は倒産という最悪のシナリオに向かって突き進む恐れがあります。小手先の対処法を選ぶと、短期的には黒字に回復したとしても、また赤字を繰り返すことになるかもしれないと、私は考えていました。なぜなら、無印良品を蝕む問題の本質を肌で感じはじめていたからです。

その問題の本質は、我々が育ってきたセゾングループの企業風土であり、一言でいうなら、「経験主義」です。一人ひとりが経験や勘に頼り、社員が上司や先輩の背中だけを見て育つ〝経験至上主義〟がはびこっていました。当時は仕事のスキルやノウハウを蓄積する仕組みがなかったので、担当者がいなくなったら、また一からスキルを構築し直さなければなりませんでした。

さらに、組織の脆弱さにも気づきました。何か問題が起きた時に個人のせいにして終わり、という組織の弱さです。個人の能力や考え方が悪いと決めつけて、構造的な原因を解決しようとしません。私は当時の無印良品は「幼い組織」だったのだと考えています。幼い組織はすべてを個人のせいにします。

経験至上主義を廃し、根本的な問題を解決しないと取り返しのつかないことになると、私は強い危機感を抱いていました。抜本的な改革をするためには、今まで無印良品ではやっていなかった対策を取るしかありません。

そこで考えた解決策が、「仕組み」です。社内のあらゆる問題の九割は、仕組みで解決できるのではないかと思い至りました。

仕組みと聞いたら、システマティックに物事を進めるための合理的な方法と思うかもしれません。しかし、効果はそのような単純なものだけではなく、会社の風土やポリシー、社員がつくっている社風といった、その会社の体質を根本から変えるための特効薬にもなります。私は仕組みこそ、無印良品が谷底から這い上がるための方法なのだと、確信していました。

もちろん、不採算店の閉鎖・縮小や海外事業のリストラなどの大手術も必要でしたが、同時に社内の業務の見直しにも着手しました。その中心が、**各店舗用のマニュアル『ＭＵＪＩＧＲＡＭ』と本部の業務用マニュアル『業務基準書』を整備し、徹底的に業務を見える化し**たことでした。

結果、二〇〇二年度には増益に転じ、二〇〇五年度には売上高一四〇一億円、経常利益一五六億円と過去最高益になりました。社長として最後となる二〇〇七年度には三年連続して過去最高となる売上高一六二〇億円、経常利益一八六億円を達成しました（売上高は四年連続過去最高）。

仕組みをつくれば、どんな時代でも勝てる組織の風土をつくりあげられる。

それは無印良品だけではなく、どの企業にも通用する法則です。

社員一人ひとりのモチベーションを上げ、能力を最大限に引き出し、組織を強くするのは、劇的な改革ではありません。必要なのは、仕組みによって社員の意識を変え、風通しの良い環境をつくることだと断言できます。

〝戦略二流〟でも〝実行力一流〟なら良し

戦略一流の企業と、実行力一流の企業。

この二つの企業が闘ったとき、勝つのは間違いなく後者です。たとえ戦略が二流でも三流でも、実行力があれば、すべてを凌駕(りょうが)します。

戦略を考えることももちろん重要ですが、実行に移せなければ意味がありません。

私が社長になってから何度も読み返した『経営は「実行」』（ラリー・ボシディ、ラム・チャラン著、日本経済新聞社）という本があります。これは、ＣＥＯとして実際の経営の中で悪戦苦闘した経験を持つ経営者と、ハーバード・ビジネス・スクールとノースウェスタン大学で教鞭(きょうべん)をとりながら世界中の企業リーダーのアドバイザーとして活躍するコンサルタントの二人が、「成功している企業の、成功の本質」を描き出した本です。

この本の中でとくに印象に残っている言葉があります。

「議論を重ね、保養地での会議を何度も開くが、行動は起こさない。これが実行力のある企

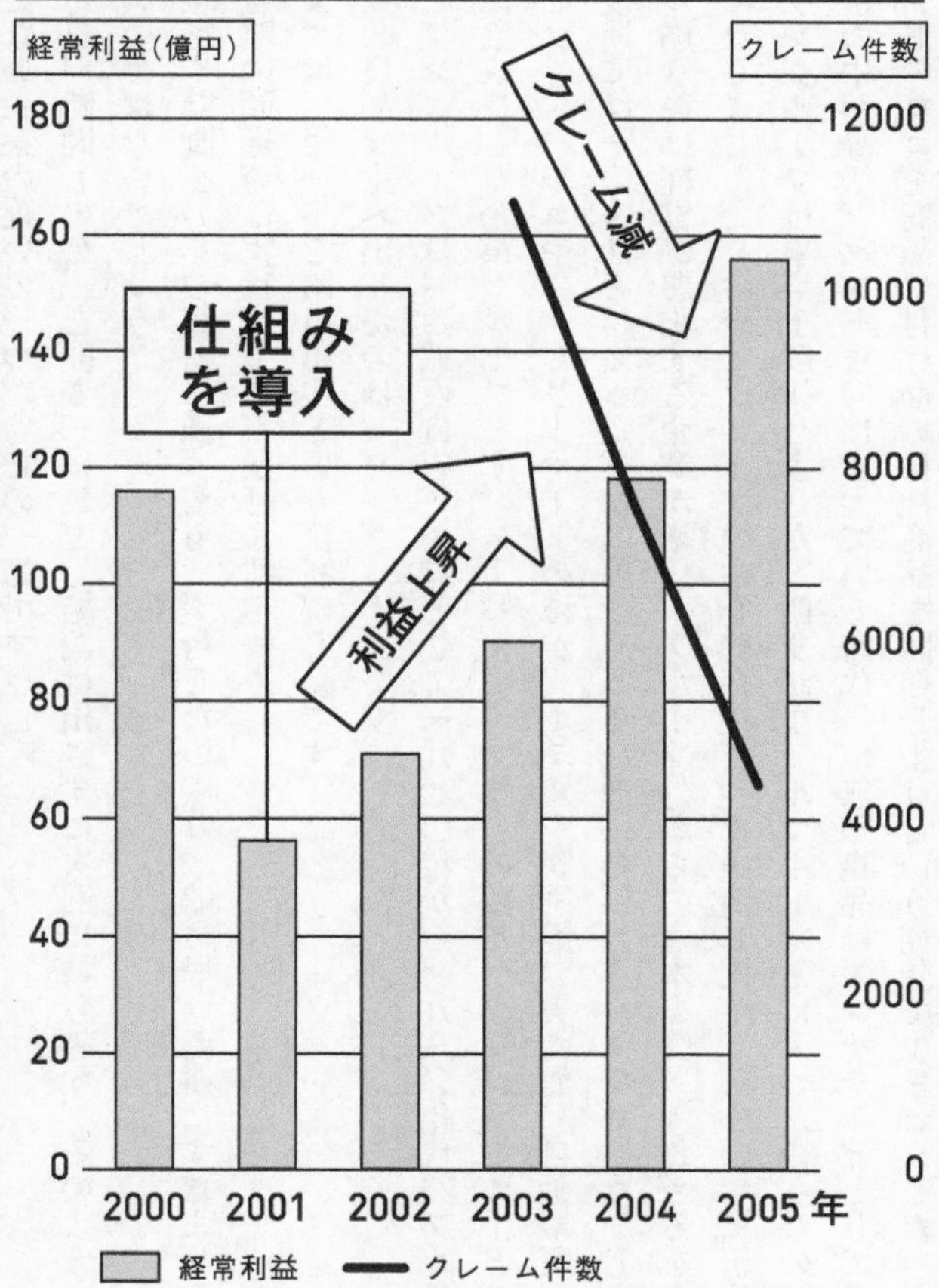

2001年からの仕組み導入・改革後、利益が伸びると同時に、お客様からのクレーム件数が減少

業とない企業の違いの一つだ」との一節です。

毎日何時間もの会議を開き、けれども結論は出さずに次回に持ち越す。そのような企業は多いのではないでしょうか。

戦略や計画をいくら綿密に練っても、実行しない限り、絵に描いた餅にすぎません。多少の戦略の間違いは実行力で取り戻せます。

まずは、第一歩を踏み出すという決断が必要です。

無印良品を生み出したのはセゾングループです。

セゾングループは、西武百貨店を中核として一九七〇年から一九八〇年代バブル景気を背景に急成長した企業グループです。スーパーマーケットの西友、クレジットカードのクレディセゾン、パルコやファミリーマートのほか、ホテル、映画館、美術館、自動車販売など、最盛期には一〇〇社を超える企業が名前を連ねる流通系の巨大グループでした。しかし、バブル崩壊後は経営が悪化する企業が増え、グループ外からの資本を受け入れざるを得ない状況になりました。その後、グループの中心的存在だった堤清二氏が二〇〇〇年に引退すると、セゾングループは事実上解体しました。西友がウォルマート傘下に入ったのもこの時期です。

世の中が高級ブランド志向に走っている時代に、無印良品はアンチテーゼとしてあえてブランドのロゴを商品に付けない自社商品を開発しようという発想で生まれました。西友のプライベートブランドだったので、当時は西友の一角に店を構えていました。

発足当時のキャッチフレーズは、「わけあって、安い」。デザインはシンプルに、さらに素材を見直し、生産工程でのムダを省き、包装を簡素化するという方針は時代にマッチし、お客様から愛されてきました。

しかし、時代とともにそのコンセプトが希薄化していたのです。一〇〇円ショップが乱立し、一部取り扱う商品が重なり安さをウリにしているお店が頭角を現し、「安くていいもの」だけでは選ばれなくなっていました。

本来なら、ブランドコンセプトを見直し、それに沿って商品も変えていかなければなりません。それができなかったのは、無印良品には実行力が欠けていたからです。

私は良品計画に移る前、西友に所属していました。当時、セゾングループ代表の堤清二氏に企画を通すために、西武百貨店、パルコの担当者と一緒に、膨大な企画書を書くことがありました。そのときは一週間ぐらい研修所に寝泊まりして、資料を集めて作成した記憶があります。

堤氏は大変なマーケッターですから、その域に達する企画書をつくるのは困難を極めます。現場からのヒアリングだけを材料にしてつくった企画ではとても通りません。構想を最大限に膨らませ、時には現場のニーズを斟酌することすらできませんでした。

したがって、晴れてその企画が通っても、膨大な企画書をつくり上げるだけで疲れてしまい、実行する気力がわいてこないのです。しかも、現場を無視した机上のプランなので、現場に提案しても「これは無理ですよ」と一蹴される始末です。

まさに戦略は一流でも、実行力は二流。いえ、実行に移せなかったので、二流どころか実行力はないに等しかったかもしれません。

西友から独立し、身軽になったはずの無印良品にも、そのセゾンの体質は受け継がれていました。膨大な量の企画書を作成したものの、それが通ることはほとんどなく、たとえ通っても実行できるものではなかったケースも多々あります。

私が仕組みづくりを重視したのは、無印良品を実行力で一流にするためでもあります。当時のスローガンは**「実行九五パーセント、計画五パーセント　セゾンの常識は当社の非常識」**でした。

私は、「会社に議論は似合わない」と考えています。

社員同士で丁寧に議論して、方向性を決めるのではなく、方向はトップが決め、方向が定まったら、実行に全エネルギーを注ぐような身軽さを持っていなければなりません。実行しながら、改善点などを話し合う時に、初めて現場レベルでの議論が必要になります。

組織の方向性は、トップダウンで決める。日々、現場で起きていることはボトムアップで吸い上げる。

この双方向の仕組みをつくれば、組織の風通しは格段に良くなり、強い会社ができます。

また、戦略はできれば一流がいいのですが、二流でも構いません。私が社長になった時に無印良品を再建するために立てた戦略も、とても一流とは言えないと思います。たとえ二流の戦略であっても、実行すれば企業は息を吹き返すことを、私は身を以て体験しました。

一流の実行力にするには、やはりスピード感が必須です。熟考して正解を探すより、選んだ戦略を正解にするために、失敗を繰り返しながら実行するほうが、組織の足腰は鍛えられていきます。

実行以上に大切なものはない。当時も、現在も、私のその信念は変わりません。瀕死の状態の組織を救うのも、絶好調な業績の組織をさらに成長させるのも、実行力だけが可能にします。

経験主義だけでは「会社は滅びる」

私が良品計画の無印良品事業部長に就任したころの話です。千葉県の柏髙島屋ステーションモールに新規出店することが決まり、開店の前日に現場を訪れました。開店前日はいつもそうですが、店長もスタッフもみな高揚感があり、忙しそうに駆け回ります。

夕方の六時ごろには商品を並べ終え、スタッフは「お客さん、たくさん来てくれるといいね」「この商品、私も欲しいな」などと話しながら一息ついていました。

その時、他店の店長が応援に駆けつけました。

そして売り場を一目見るなり、「これじゃあダメだよ、無印らしさが出てない」と、いきなり商品の並べ替えを始めたのです。

新しい店の店長は戸惑っていましたが、ベテラン店長に物申すわけにもいかず、結局スタッフ総出で並べ替えました。

ようやく並べ替えが終わったころ、今度は別の店の店長がやってきました。そして、「ここはこうしたほうがいい」と、直しはじめました。

そのような調子で、応援に来た店長がそれぞれ売り場を変えてしまうので、夜の一二時を回っても、まだ作業は終わりません。

当時は、店長の数だけ、店づくりのパターンがありました。

その光景を見ながら、私は「まずいな。このままでは無印良品の未来はないんじゃないか」と感じていました。

悪い予感は的中しました。無印良品の母体であった西友の業績が悪くなったとき、希望退職を募ると、優秀な社員から抜けていってしまったのです。その中には多くの店長も含まれていました。

店長がいなくなると、その店で今まで築き上げてきたノウハウがすべてなくなります。売り場づくりのノウハウは店長の頭の中だけにあったので、スタッフには何も残されていませんでした。

当時の店づくりは、個人のセンスや感覚に頼り、たしかに素晴らしい感性を持つ店長のもとではいい売り場ができていました。ところが、そういう優秀な店長は、一〇〇店舗のうち、二〜三店舗ぐらいの割合でしかいません。半数以上の店は、標準以下の〝六〇点の店づくり〟をしている状態でした。

お店によっては無印ファンが満足する売り場もあれば、「なんだかゴチャゴチャしていて、無印っぽくない」と感じるような売り場もあるということです。これでは、お客様にご満足いただける環境や商品を提供できません。

それなら、一〇〇点の店がなくてもいい。すべての店が及第点の〝八〇～九〇点の店〟になったほうが、全国のお客様に満足していただけるはずです。そうするには、今まで個人のセンスや経験に頼っていたことを企業の財産にできるように、合理的な仕組みをつくるしかありません。

しかし、無印良品は「感性重視」だからこそ、無印良品であるとも言えます。マニュアルは感性とは真逆の発想です。マニュアルに沿った店づくりをしたら、他の量販店との差別化を図れなくなると危惧するのは当然ですし、社内でも予想通り、あちこちで猛反対が出ました。

だからこそ私は、誰もが納得する無印良品らしいマニュアルをつくりあげようと決意しました。

マニュアル以外にも、商品開発をする仕組み、販売する仕組み、経営する仕組み、人を育てる仕組み、海外に進出するための仕組みなど、ありとあらゆるものを仕組み化しました。

それは「努力を成果に結びつける仕組み」「経験と勘を蓄積する仕組み」「ムダを徹底的に

省く仕組み」をつくることでもあります。そういった体制を整えて実現できるのは、一〇〇年続いていく持続可能な企業です。

経験主義だけでは企業はいずれ滅びます。目先の一〇年、二〇年の話ではなく、自分がこの世からいなくなった後も企業が残るように、しっかりした屋台骨を築き上げるために仕組みは不可欠でした。

ただし、仕組みにはいい仕組みと悪い仕組みがあります。

いい仕組みをつくると、社内からアイデアがさらに集まり、仕組みの精度が上がり、より使いやすく機能的に強化されていきます。悪い仕組みは一度つくったら、それで終わり。使いづらかったり、時代にそぐわなくなったりすると誰も使わなくなり、やがて忘れ去られてしまいます。

もちろん、目指すのは、いい仕組みです。仕組みが人を育て、人が仕組みを育てる。この循環がうまく回り出すと、組織にも人にも実行力がつきます。

会社の問題を「新しい仕組み」に置き換える

あらゆる問題の解決方法は同じです。

問題の原因を探り、解決策を考えて、実行する。倒産寸前の企業を再生する際も、新商品をなかなか生み出せないときも、チームのメンバーが仲たがいして分裂しそうな時も、基本的にはこの3ステップで解決するのが王道です。

無印良品で〝危機的な状況〟に直面したとき、まず会社の業績が悪化した原因はどこにあるのか、さまざまな角度から分析してみました。

そして、内部要因と外部要因に分けて考えてみました。

●内部要因

①社内に蔓延する慢心、おごり　②急速に進む大企業病　③焦りからくる短期的な対策

④ブランドの弱体化　⑤戦略の間違い　⑥仕組みと風土をつくらないままの社長交代

●外部要因

ユニクロやダイソー、ニトリ、ヤマダ電機などの競合他社の台頭

内部要因と外部要因を洗い出したら、それを「勝つ構造」につくり変えるのが、改革の第一歩です。

このうち、対処しやすいのは外部要因です。他社の商品や価格を調べて、価格を下げたり、ヒット商品を真似れば「改革した感」は出せます。しかし、それでは問題の本質を見極めることはできません。「内部」に潜む問題の本質がわからなければ、どんな手を打っても効果は出ないでしょう。

そのため何度も店に足を運び、社内の意見も聞きました。自分の目で見て、耳で聞いて、問題点を見つける。それが問題解決の近道です。

問題点を特定したら、その構造を探ります。必ずどこかにその問題を生む構造があるからです。「景気が悪くなったから」「社員のやる気が足りないから」といった漠然とした理由で問題が起きるのではありません。そこで思考停止してしまったら、問題の本質は分からないままです。

問題の構造を見つけたら、それを新たな仕組みに置き換える。そうすることで組織の体質は変わり、実行力のある組織になります。

これは企業という大きな集団に限らず、部署やプロジェクトチームなどの小さな集団も同じです。

たとえば、六つの内部要因のうち、ブランドの弱体化は早急にテコ入れしなければならない問題でした。

そこで、元々のコンセプトだった「わけあって、安い」は変えずに、時代に合った変化を取り入れることにしました。そのサブコンセプトの一つが、「『これがいい』ではなく『これでいい』」。

「が」には微かなエゴイズムや不協和が含まれていますが、「で」には抑制や譲歩を含んだ理性が働いている。しかし、「で」はあきらめや小さな不満足が含まれているニュアンスがあるので、「で」のレベルを高めて自信を持って「これでいい」と言える商品をつくろうという思いが、サブコンセプトには込められています。

サブコンセプトを実現させる一環として、海外の有名デザイナーに協力を求めて「ワールド・ムジ」プロジェクトを立ち上げ、社内的にも優秀なデザイナーを大量に採用し、商品開発の手法を一新しました。ブランドを復活させるために、ここにも仕組みを取り入れたということです。この仕組みを整えるまでに四年かかりましたが、その後、無印ファンはまた店に戻ってきて、新たな無印ファンも獲得できました。

トップを代える、リストラをするといった対処法だけでは組織の体質を変えられないので、景気が悪くなったらまた同じような危機に陥ります。根本的な原因を探り当て、新しい仕組みに置き換えないと、組織の体質は変えられません。

部下の意識が「自動的に変わる」方法

成長を続けていたはずの無印良品が、初の減益に転じた――その大きな原因の一つは、大型店の相次ぐ出店で投資コストが想定以上にかかったこと、また、店舗の大型化に伴って商品数を増やしすぎたことです。

四年半で商品数が二倍になるほどの勢いで開発したため、一つひとつの商品の力が落ち、ヒット商品が生まれなくなっていました。

その背景にあるのは、〝無印神話〟によりかかっていた経営陣や社員の姿勢です。店を出せば売れる、商品をつくれば売れるのだと、無印良品のブランドを過信していました。これが内部要因①の社内に蔓延する慢心、おごりにあたります。

無印良品の業績が好調だった時期、家具・インテリア用品販売のニトリや一〇〇円ショップのダイソーは、無印良品の商品を買い込んで、あれこれ研究していました。そして、同じ質の商品を三割安く仕上げて売るような企業努力をしていました。

ところが、無印良品にはまったく危機感はなく、それまでのやり方を変えようとしませんでした。

当時、取引先のほうが危機感を抱き、「ニトリさんでこういう商品が売れているから、無印さんでもつくったらどうですか」と提案してくれたこともあったようです。それを聞いて担当者はありがたがるどころか、「無印は今のままでも売れているのだから、このままでいいんです」と一蹴する始末。

これは大企業や老舗の企業、業績のよい企業でよく見られる光景でしょう。「うちの企業は大丈夫」と高を括り、危機感を抱きません。

無印良品でも、会議では毎回同じようなことしか議題に挙がらず、悪い情報は表に出てこないし、失敗の責任をとる人もいない状態になっていました。これは内部要因②の急速に進む大企業病の症状でもあります。

現在、日本の家電メーカーはどこも危機的な状況だといわれていますが、社員は「さすがに倒産はしないだろう」といまだに思っているという話も耳にしました。

無印良品も、赤字に転落してもなお、おごりは拭いきれずにいました。問題点を洗い出し、解決案を募っても、過去の成功体験の延長線上の考えしか出せませんでした。

社員、あるいは部下の意識をどう変えればいいのか。

これは多くのリーダーが直面する問題でしょう。

たいていは教育から変えようとして、外部から講師やコンサルタントを招き、社員に研修を受けさせて、意識改革をしようとします。しかし、それでうまくいったためしはありません。

私が西友で人事を担当していたときの話です。

業績が悪化していくにつれ、社内でも段々と危機感が生まれました。まずは幹部の意識改革をしようという話になり、取締役から部長まで三〇〇人ぐらいの幹部が二泊三日の研修に参加することになりました。

これは、参加者をグループ分けし、同じグループになった人から、一人ひとり長所や短所を指摘されるという〝三六〇度評価〟をする研修でした。

幹部になるくらいの人たちは、それなりにプライドや実績を持っているので、他人から思ってもみなかった短所を指摘されるのは不愉快なものです。研修の夜の懇親会の席で、私は幹部に呼び出され、「お前、なんだってこんな研修をやろうと思ったんだ！」と叱責(しっせき)を受けたりもしました。

そこまで苦労しながら行った意識改革の研修——その成果は、どれほどだったと思いますか？

成果は、まったくありませんでした。

結局、このショック療法も効かず、意識改革も進まず、西友は持ち直せませんでした。その後、西友はウォルマートに買収されています。

このことからわかるのは、いきなりの意識改革は難しいということ。そもそも、ビジネスモデルが世の中のニーズと合わなくなっているから業績が悪化しているのであり、社員の意識だけを変えようとしても根本的な解決にはなりません。

根本的な解決をできるのが仕組み化です。

仕組みをつくると、業務が自動的に可視化されます。可視化されると、業務の標準化が可能になる。経験や勘に頼っていた部分が仕組みで標準化され、その効果が出はじめると、社員は「これでやっていこう」と自動的に意識が変わります。

今まで優秀な店長だけが認められていた店づくりにしても、今日店に入ったばかりの新人アルバイトでも優秀な店長と同じレベルの店づくりができる。そのような「すぐれた仕組み」があれば、誰でもやってみたいと思いますし、成功体験を積めるので、仕事が楽しくなるはずです。

そして、現場の社員が働く喜びや楽しさを実感できるようになれば、社風は変わっていきます。

社員の意識はトップが「あれやれ、これやれ」と檄を飛ばしたところで、変わるものではありません。具体的な行動に落とし込まないと人の意識は変えられないのだと、私は仕組み化を通して実感しました。

「売れ筋捜査」「一品入魂」のアイデアはどう生まれたか

大企業病に陥ると、現場とリーダーの意識が乖離していきます。

それを埋めるには、まずリーダーが現場に出向いてスタッフの声を聞くしかありません。

私は社長に就任してすぐに、全国の店舗を行脚して回りました。当時常務の金井政明をつれ、直営店一〇七店を一軒ずつ回っていきました。

ただ視察するだけでは、表面的なことしかわかりません。夜は店長らスタッフと共に飲みに行き、そこで腹を割って話す場を設けました。

最初は警戒して他人行儀な話しかしなかった店長らも、こちらが話を聞く態勢でいるとわかると、徐々に本音を話しだします。

そうして、本社にいるだけでは決してわからない現場の問題点が色々と見えてきました。後述する過剰在庫の問題も、店を訪れて気づいた点です。

救いだったのは、本社は意気消沈していたけれども、店は元気だったこと。無印良品は店長もスタッフも、もともと無印ファンだった人が多いので、店を愛する思いが強かったのでしょう。スタッフは元気に声を出して接客していましたし、店ごとにあれこれ工夫して売ろうとしていました。

そして現場のスタッフたちの「自分たちが頑張らないと！」という思いから、さまざまな知恵が生まれました。

過剰在庫の問題に気づいてから、前年のデータをもとに、売り場の在庫管理と自動発注を連動させる仕組みをつくりました。今はどこの会社でもＩＴで管理していますが、当時はまだ電話やＦＡＸでのやり取りが主流で、パソコンで管理できるようにするだけでも画期的な取り組みでした。

ただし、コンピュータだけに頼っていると、キャンペーンや特売をしたときや、気温の変化が激しかったときなどに対応しきれず、売り場に穴が空くという事態も起こります。すると売り場から、売れ筋の商品を多めに仕入れたほうがいいのではないかという意見が寄せられました。この意見を精査したうえで、「売れ筋ベスト一〇の商品を常に店で把握し、その商品は目立つ場所に陳列する」という仕組みにしました。これを「売れ筋捜査」と呼んでいますが、この仕組みのおかげで、在庫管理がさらに円滑にできています。

また、「一品入魂」という制度も、現場から生まれたアイデアです。

これは「店のスタッフ一人ひとりが売りたい商品を一つ決めて、お試し価格として二割ほど安くして売る」という手法です。なぜその商品がお薦めなのか、スタッフが自分でコメントを書いてアピールするので、自然と力が入ります。

このような自発性があったため、厳しい業績の間でも、現場サイドは非常に前向きでした。だから無印良品は立ち直りが早かったのだと思います。

業績が低迷している現場で、いくらリーダーが売り上げアップを説いたところで社員は動かないでしょう。まずは現場との溝を埋めて、不満に耳を傾け、一緒に解決策を考える――**今の時代のリーダーに必要なのはカリスマ性ではなく、現場でも自由にものを言えるような風土をつくり、その意見を仕組みにしていくことです。**

そうして現場の自発性が育てば、自ずと実行力のある組織になっていきます。

「お客様の声からヒット作をつくる」具体策

よく「クレームは宝」といわれていますが、お客様の声を活用する具体的なシステムを整えている会社は少ないのではないでしょうか。

「お客様の声を集める」仕組みは大事です。無印良品にも、電話やメールなどで、お客様からの要望が毎日のように寄せられます。

「商品がほつれている」「前に買ったものよりゴムが緩い」といったご指摘もありますし、「キャスター部分の交換はできるのか」という問い合わせもあります。こうしたご意見は、「声ナビ」というソフトに入力し、毎週一回、関係者でチェックし、商品に反映するかどうかを決めています。

同時に、「くらしの良品研究所」というサイトを立ち上げ、お客様とコミュニケーションをとりながら商品開発をしていく仕組みを整えました。

くらしの良品研究所には、「蒸れない帽子をつくれませんか」「このサイズの机をつくってほしい」など、さまざまなリクエストがあります。それも週一回、関係者で吟味（ぎんみ）し、商品化するかどうかを決めます。

お客様の声から生まれた商品の代表格は、なんと言っても「体にフィットするソファ」でしょう。

四角いボックス型のソファの中身に微粒子ビーズを使用し、伸縮性の異なるカバーをかぶせることで、よりかかっても上に寝転んでも身体になじむ仕様になっています。これは、「部屋が狭くてソファが置けないならば、大きなクッションにソファの機能を付けたらどうだろう」というお客様のリクエストから生まれました。あまりに快適すぎて立ち上がれなくなるなどとＳＮＳ上でも話題となり、累計で二〇〇万個以上も売れている大ヒット商品です。

くらしの良品研究所では、自分の声がどう商品に反映されているのかがわかるので、お客様も積極的に参加してくれるのでしょう。こうした仕組みも無印良品の商品力を強化することに役立っています。

クレームもリクエストも、実際に役立ててこそ、本当の宝になります。そう考えると、どの企業にも、アイデアの宝が山ほど眠っているのではないでしょうか。

「見せかけだけの突破口」に注意

どこの企業でも、どんなチームでも、業績が低迷すると、商品やサービスを見直します。

今までにない商品を開発して心機一転を図ったり、流行を取り入れてみたりと、思いつく限りのことを試してみるでしょう。

それでヒット作が出るならいいのですが、たいていは不発で終わります。貧すれば鈍するの典型で、目先の利益に飛びついてしまうからです。

無印良品も、業績が悪化したころは混迷を極めました。

たとえば、赤やオレンジなど華やかな色合いの衣料品を販売していた時期があります。

もともと商品づくりでは、自然界にある色と天然素材でつくることをコンセプトとしてきました。そうすると、衣料品も自ずと色合いは白やベージュ、黒、藍（あい）、グレーなどのベーシックな色が中心になります。時折、お客様から「モノトーンだけでは飽きるから、もっとカラフルな服があったらいいのに」という要望が寄せられることがありました。そして、商品を開発している人が、「そこが、業績回復の突破口になるのではないか」と飛びついたのです。社員も必死になっているので、新しいタイプの服が出来上がると、懸命にPRして売り出します。すると、いつもの無印良品とは違う新鮮さがあるからか、確かにしばらくは売れました。

しかし、それも長続きはしません。多くのお客様は他店にはないものを求めてお店に来ているのに、「他店にはない、無印らしさ」を失ってしまったら、無印良品で買う意味がなくなってしまいます。自然界にある色と天然素材を使い、シンプルなものをつくるというブランドの根幹に当たる部分を変えてはいけなかったのです。

業績が悪化したときに戦略や戦術の見直しを図るのは必要ですが、ぶれてはいけない軸がぶれてしまうと、お客様は離れていきます。日本の多くのものづくりのメーカーが低迷している理由も、そこにあるのではないでしょうか。

これはたとえば、寿司（すし）が売れないからと客の要望を聞いてツマミを増やした結果、居酒屋と大差なくなり、結局ほかの居酒屋に負けるのと同じです。流行に流されるほうが楽ですが、流行は文字通り一過性であるケースが大半です。

お客様第一で要望を聞き入れるのは大事であっても、どこまでも聞いていてはブランドのコンセプトが揺らいでしまいます。足元を固めるために、**自社が目指してきたコンセプトをしっかりと再確認したうえで、それを進化させる形で経営戦略を立てるべき**なのです。

優秀な人材は集まらない。だから「育てる仕組み」をつくる

超優秀でスター性のある社員が一人いれば、低迷している部署でも一気に巻き返しを図れるような気がしてきます。どこの企業も、どこの部署でも、優秀な社員は喉（のど）から手が出るほ

ど欲しいものです。

外資系の企業では、ヘッドハンティングされるような優秀な人材が、待遇のいい企業を渡り歩くのはよくある話です。確かに、そういう社員は組織のカンフル剤になるかもしれません。

しかし、その社員が抜けた後はどうなるのでしょうか。そのような社員はノウハウを組織に残すことなく去るので、業績が一気に悪化する場合もあり得ます。優秀な人材はどこかから引っ張ってくるのではなく、組織の中で地道に育て上げるべきなのです。

無印良品の衣服雑貨が不振になった時、責任を取らされる形で何人かの社員が辞めていきました。そこで人材を補うために、新聞の求人広告でアパレルの経験者を募りました。これすると、有名ブランドで開発を担当していたような立派な肩書の人が集まりました。これで何とかなると思っていたのもつかの間、却って混乱しただけでした。

前項のように無印良品のそもそものコンセプトからは逸脱した商品が生まれたり、他社の商品をコピーしたりと、それまでの無印良品の風土が軽視されたのです。なかには、取引先にリベートを要求するような人もいました。

こういった経験から学んだのが、「優秀な人材は簡単に集まってくるものではない」という事実です。そもそも優秀な人材なら、その会社が手放そうとしないでしょう。

優秀な人を採用するコストをかけるのではなく、優秀な人材を育てるべく社内に人材育成の仕組みをつくるほうが、時間はかかっても組織の骨格を丈夫にします。

そこで、「人材委員会」「人材育成委員会」という二つの機関をつくりました。人材委員会は異動や配置を検討し、人材育成委員会は研修などを計画します。

人材委員会では、「ファイブボックス」というツールを使って、幹部社員一人ひとりに合った人材育成や異動を考えます。ファイブボックスはＧＥ（ゼネラル・エレクトリック）が考案した人材育成ツールを無印流にアレンジしたものです。

役員候補の人材から、あまり目覚ましい成果を出していない幹部人材まで、五つのブロックに分けます。そして、それぞれのブロックに応じた研修を人材育成委員会で考えて、すべてのブロックの人材のスキルや知識を引き上げるのが、無印流の二本立ての人材育成です。

ただし、どこの企業でも、方法は違えど社員をランク分けして人材育成をしていると思います。最低ランクに属した社員は給料がもっとも安く、あまり重要ではない仕事ばかりを任されているのではないでしょうか。

無印良品は、できればすべての社員を輝かせたいと考えています。だからファイブボックスも評価制度と結びつけずに、輝いていない社員がいたら、その原因を探るためのツールとして使っています。

たとえば、改善が必要だと思われる五番目のボックスに入った社員がいたら、その社員の元々の能力が低いのだと考えずに、「今いる部署が合っていないのでは？」と考えます。皆さんも体験されたことがあるかもしれませんが、上司との相性が悪いと仕事のパフォーマンスが落ちますし、低評価をつけられる可能性もあるものです。そういう場合は別の部署に移すと本来の能力が開花するケースもあるので、異動を検討します。

あるいは、足りない能力があるのかもしれません。その場合は足りない能力を補える研修を受けてもらうと、みるみる成長していくケースもあります。

そのように、人を育てることを最後の最後まで諦めないために、こういった仕組みをつくりました。

人材は適材適所で育つものですし、育っていないなら、適材適所にしていない組織側の問題です。

営業が向いていない社員に何年も営業を経験させても、いたずらに消耗させてしまうだけでしょう。そこで「気合いが足りない」とか、「相手の立場に立って考えれば契約を取れる」といった精神論を語っても、何の役にも立ちません。人には得手不得手があるのですから、すぐれたパフォーマンスを引き出せる部署に配置するのが、リーダーの役割です。

人の適性を見極めるときにも、個人的な感情には頼らないのが基本です。

無印良品では「キャリパープロファイル」という性格判断のツールを使って、社員一人ひとりの適性を判断しています。これはキャリパージャパンが提供しているサービスで、リーダーシップがあるか、問題解決力があるか、といったその人の性格や価値観を判断するためのツールです。

キャリパーは入社して二～三年目に一度だけ受けてもらいます。人間の本質的な部分は簡単には変わらず、一〇年後や二〇年後に受けても大体同じ結果になるので、一回だけにしています。この診断を元に「リーダーシップがあるから、将来幹部候補に」と考えるわけではなく、多面的に評価するための一つの判断材料として使っています。

直属の上司の好き嫌いの感情で、部下の評価が大きく変わるのはよくある話です。その上司の話を鵜呑(うの)みにせず、客観的に判断する際にキャリパーを参考にします。

上司も人の子。どんなに個人的な感情を抑えようと思っても、どうしても私情が入ってしまう場合もあります。だから二重三重の仕組みをつくって、個人的な感情に踊らされないようにするしかありません。

また、こういった人材育成の仕組みをつくれば、昨今問題のパワーハラスメントも防げます。あまりにも部下の評価が厳しすぎる上司は、その上司に問題があると見なされます。その場合は、部下よりも上司に適切な指導が必要になるでしょう。

もちろん、人材育成はそれぞれの組織に合った方法があると思います。

いずれにしても重要なのは「組織の理念や仕組みを身体に染みこませた人材」を育てることです。一般的な「できる社員」を育てても、自社に貢献するわけではないと考えておくべきです。

人は「二度失敗して学ぶ」

二〇〇一年三月、私は社員とともに新潟県の小千谷（おぢや）市にある焼却処理場にいました。目の前には段ボールが山積みになっていました。その段ボールの中にあるのは、長岡（ながおか）にある物流センターの衣料品の在庫です。無印良品の社員にとっては、商品は〝わが子〟のようなものです。

それを大きなクレーンがわしづかみにし、次々に炎に投げ込んでいきます。炎で焼かれる商品を見る社員の目がうるんでいたのは、煙のせいではないでしょう。

私は煙突から上がる煙を見て、「これが無印良品が置かれている状況なのだ」と自分に言い聞かせました。これで膿（うみ）を出し切り再スタートできるはずだ、と――。

社長に就任して間もないころ、全国の店舗を訪ねて回っていたとき、店頭が汚いことに気付きました。汚いといっても掃除をしていないという意味ではありません。その年の春物の商品が置いてある一方で、売れ残った昨年や一昨年の春物や冬物を値下げして置いてあり、処分のためのＰＯＰが林立していました。これが前述した、過剰在庫の問題点です。

もったいないから売り切りたいというスタッフの気持ちもわかりますが、売れ残りに手を伸ばすお客様は少ないでしょう。無印良品の衣料品はベーシックなデザインであるとはいえ、やはりその年ごとに好まれる商品の傾向があります。

売れ残りの商品は、帳簿では三八億円。売価では一〇〇億円にもなります。普通は、もっと値下げをしてすべてを売り切ろうと考えるかもしれません。しかし、私は不良在庫を集めて、商品開発担当者の前であえて焼却することを選びました。これがショック療法となれば、過剰な在庫はなくなるだろうと思っていたのです。

ところが半年後……、また膨大な商品が売れ残り、在庫がたまりました。

人は一度の失敗からは学ばない、二度失敗してようやく学ぶものなのだと、私はこの経験から学びました。

一度失敗して改善されなかった場合、多くの場合はそこで直らないものなのだとあきらめるのかもしれません。けれど、二度失敗して初めて問題の深刻さに気付き、原因が何なのかを探れる姿勢になれるものなのでしょう。

では、在庫が過剰に築かれる原因は何か。

第一に、「欠品を恐れる」という理由がありました。

右肩上がりの時代は、一〇〇売るためには一五〇ぐらいつくっておかないと欠品していました。しかし二〇〇一年には衣服・雑貨の既存店売り上げ前年比は七五％でした。一五〇つくると半分売れ残る割合です。

第二は、一〇〇の売り上げにするには、処分等で売らないと売り上げが稼げないので、余計につくっておかないと目標に届かないという理由です。これは商品自体に魅力がないから正規の価格で売れなくなっているのが根本的な問題であり、安売りで穴埋めしても何の解決にもなっていません。

現場を回って初めて、それまで見えなかった問題点が顕在化しました。

それならば、ＭＤ（マーチャンダイザー：商品の開発から販売計画まで請け負う職務）に、仕入れを抑えるように指導すればいいと普通は思うかもしれません。しかし、言葉でいくら指導しても、人は納得しないと動かないものです。

また、別の問題もありました。

調べてみると、MDは商品の販売情報を〝独自に作成した帳票〟で管理していました。ここにも経験主義がはびこっていたのです。個人の勘や経験が蓄積されていたものの、その情報を抱えているのはMDだけなので、本人以外は何をどう管理しているのかがわからない状況になっていました。

ここにも仕組みが必要です。さっそく、本社で販売情報を管理するフォーマットをつくり、それを使うように各MDに指示を出しました。

当然のように、MDからの抵抗はありました。自分なりの方法で築き上げてきたやり方を変えるとなると、それまでの自分の苦労を全否定されたように感じるのでしょう。

しかし、私は社長直轄のチームをつくり、MDから古い帳票を没収して、強制的に本社のやり方に従うようにしました。さらに反発を招くような方法を実行したことになります。

加えて、商品開発の仕組みも整えました。

新商品を投入して三週間後に販売動向を確認し、計画の三〇%が売れていれば増産し、そうでなければデザインを変更して素材を使いきるようにしたのです。これをコンピュータで管理し、今まで「何となく」やっていた商品開発や仕入れの作業を一つの仕組みにしました。

こうして、二〇〇〇年度末に五五億円あった衣服・雑貨の在庫は二〇〇三年には一七億円にまで削減できました。

この改革は過剰在庫を減らせただけではなく、ＭＤを始め、店舗のスタッフの意識を変えられたのが大きな成果です。仕組みがうまく機能するようになれば、現場のスタッフの抵抗もなくなります。

丁寧に説明し、わかってもらうようコミュニケーションをとるのは重要ですが、それでも理解してもらえない場合は、思い切った行動をとらなければなりません。

そこで社員やスタッフの顔色を窺（うかが）っていたら、改革は骨抜きになります。断固としてやり遂げる勇気もリーダーには求められています。

やらないことを決める

無印良品は無印らしい商品があってこそ、成り立つビジネスです。

次々に仕組みをつくり、組織の膿を出すために私は奔走していましたが、商品も「ワールド・ムジ」「ファウンド・ムジ」に続き、新たなチャレンジをすることにしました。

そして、さまざまな取り組みを通して、「ぶれないコンセプト」が大事だと痛感するようになりました。

現在、無印良品は次のようなコンセプトを全員が大切にしています。

「無印良品がやらないこと」
・製品にブランド名をつけない
・機能を追加しすぎない
・無印良品のためにデザインされたもののみ売る
・無印良品のためにデザインされたものを他に売らない
・製品に強い色を使わない
・製品に過剰な包装をしない
・有名人を広告に起用しない
・有名デザイナーの協力を宣伝しない
・什器(じゅうき)、品揃え、レイアウトを管理できる場所でのみ売る
・値引きを客寄せの道具として使わない
・顧客対応以外の作業を店舗で極力やらない
・２ＤＫか３ＤＫのマンション・アパートで日常使わないものは扱わない
・人口統計的な側面からターゲット顧客を絞り込まない

アップルの創業者、故スティーブ・ジョブズが「やらないことを決める。それが経営だ」とグーグルの創業者のラリー・ペイジにアドバイスしたのは有名な話です。私もそれには同感で、「やるべきこと」を決めるのと同じぐらいに、「やらないこと」を決めるのは重要です。

時代と共に商品開発の仕方は変わっていきますが、そこで「今回だけゴールドを使ってみよう」「有名デザイナーのロゴを商品に入れよう」と思ったら、とたんにブランドのコンセプトは崩れていきます。

無印良品がこの先もずっと無印良品であるために、変えてはいけないところは、何があっても変えてはいけないのだと、全員で共有しておかなくてはなりません。このコンセプトは繰り返し社員で共有していますし、印刷した紙を机に貼っている社員もいました。

「やらないこと」はネガティブなイメージがありますが、そこにこそ価値観や哲学が表れます。会社という単位に限らず、部署やチームレベルで共有してもいいのではないでしょうか。

走りながら考える。但し、腹を括って

二〇〇一年は出血を止め、構造改革をスタートする、二〇〇二年は社風を変えて次の成長へ向けての準備をする。

そのように年ごとにテーマを決め、私はあらゆる方向から無印良品の改革を進めました。繰り返しますが、改革にはスピード感が重要で、戦略が間違っていても実行力があれば軌道修正はできます。

社内のITシステムを構築するときも、**「七割できていればよし」**とし、後は使いながら機能を変更したり追加したりするようにしました。とくにITの分野は変化が激しいので、開発に数カ月かかっていたら、その間に求められる機能が違ってしまいます。走りながら考えないと間に合いません。

不採算店を整理したり、過剰な在庫を減らすなどのドラスティックな改革をしたこともあり、赤字に転落してから二年で業績は上向きはじめました。

しかし、そこで改革の手を緩めては、元の木阿弥(もくあみ)です。

MUJIGRAMをつくり始めて業務の標準化を図り、社員が個々で管理していた文書を共有させるなど、担当者がいなくなったとしても情報が残る仕組みをコツコツつくりあげました。

それでも経営には波があるものです。

二〇〇八年には増収減益に転じ、二〇一〇年まで減益（経常減益）が続きます。これは二〇〇八年に起きたリーマンショックの影響で、世界的に景気が悪化したという外部要因があります。さらに、細身のデザインの流行を追いすぎた結果、競合と同じ土俵に立ってしまっていたという内部要因もありました。

このとき商品力をつけるためにどうすべきかと考え、素材を見直しました。インドやエジプトから有機栽培のコットンを調達して商品を開発したところ、安全性を求める消費者のニーズと一致して、再び業績は上昇しはじめます。

一度Ｖ字の底を体験しているので、社員は業績が悪化しても悲観せず、すぐに解決策を探るという風土がようやく固まりつつあります。このような組織の風土になれば、この先どのような危機に見舞われたとしても乗り越えられるでしょう。これこそ実行力のある組織です。

経営にまぐれはない。

これは私が経営者になってから、つくづく実感していることです。

業績が好調なのは景気がよかったから、ブームが起きたから、といった〝たまたま〟ではなく、そこには何かしらの理由があるはずです。そして業績が悪化したのも時代の流れなどの漠然とした原因ではなく、たいていは企業や部署の内部に問題が潜んでいます。それを掘り起こして対処できれば業績に反映されるでしょうし、そうでなければ対処法が間違っているのです。

実行してみて、結果が出ないのであればまた改善するという繰り返しで、組織は骨組みをしっかりと固めていけます。安易な成功法則などありませんし、痛みを伴わない改革もありません。リーダーが腹を括れば、必ずＶ字回復を成し遂げられるものなのだと、私は信じています。

第2章　決まったことを、決まったとおり、キチンとやる

マニュアルをつくったところが「仕事の始まり」

皆さんが無印良品に行く機会があれば、レジの後ろの棚をそっと覗(のぞ)いてみてください。そこに「ＭＵＪＩＧＲＡＭ」と書かれたファイルがずらりと並んでいるのが見えるかもしれません。無印良品の店内のディスプレイも接客も、棚や冷蔵ケースなどの配置や照明の具合も、すべてＭＵＪＩＧＲＡＭで決められています。無印良品はＭＵＪＩＧＲＡＭでできているのです。

それとは別に、本部（本社）には、店舗開発部や企画室、経理部などすべての部署の業務をマニュアル化した、業務基準書というマニュアルがあります。

ＭＵＪＩＧＲＡＭは二〇〇〇ページ分、業務基準書は六〇〇〇ページ超にも及び、なかには写真やイラスト、図もふんだんに盛り込まれています。

これほどの膨大なマニュアルをつくったのは、前述したように、個人の経験や勘に頼っていた業務を〝仕組み化〟し、ノウハウとして蓄積させるためです。仕事で何か問題が発生したとき、その場に上司がいなくても、マニュアルを見れば判断に迷うことなく解決できる。たったこれだけのことでも、現場の実行力が生まれ、生産性は高まるでしょう。

「無印良品には大量のマニュアルがある」という話を聞き、驚かれた人も多いでしょう。

無印良品の店舗に行ったことがある方ならわかると思いますが、スタッフがお客様に商品を積極的に売り込んだりするわけではなく、決まり切ったセールストークをしているわけでもありません。お客様は、自分のペースで商品を見て回れる雰囲気になっています。

この雰囲気こそ、無印良品を無印良品たらしめている特徴といえます。

ただ、この雰囲気をつくりあげるのは、スタッフ一人ひとりの個性ではありません。ＭＵＪＩＧＲＡＭをもとに店づくりをし、スタッフを教育して、無印良品らしさをつくりあげています。

日本では、マニュアルという言葉にネガティブなイメージがあります。

マニュアルを使うと、決められたこと以外の仕事をできなくなる、受け身の人間を生み出す、と否定的な意見を耳にします。画一的で無味乾燥なロボットを動かすプログラムのようなイメージがあるようです。しかし、そういう人をつくるのが無印良品の目的ではありません。そこで、マニュアルと言わず、ＭＵＪＩＧＲＡＭ、業務基準書と呼ぶことにしました。ＭＵＪＩＧＲＡＭも業務基準書も、目的は「業務を標準化する」ことです。

前章でお話ししたように、それまでの無印良品では、店長が思い思いに店をつくり、スタッフの指導も店ごとに違っていたので、バラつきがありました。どこの地域の無印良品に入っても、お客様に「無印らしさ」を感じてもらえるようにするには、店づくりも接客などのサービスも統一する必要がありました。

「この仕事は、あの人にしかできない」という状況は、本人にとっては誇りになるでしょう。無印良品にも、そのように社内で一目置かれている社員はいました。しかし、本人が定年退職や突然の病気、転職などで抜けたら何も残りません。組織の未来のためには属人化ではなく、標準化するのが最善の道でした。

ＭＵＪＩＧＲＡＭを読まずに店舗のスタッフが本部に質問しても、「それはＭＵＪＩＧＲＡＭで確認してください」と突き放すことになります。もしＭＵＪＩＧＲＡＭに書いていなかったら、それは新しいノウハウとしてＭＵＪＩＧＲＡＭに追加されることになります。

そこでマニュアルを重んじていたら、社員やスタッフが自分の頭で考えなくなり、マニュアル人間化してしまうのではないか、と思う人もいるでしょう。

しかし、そもそも無印のマニュアルは社員やスタッフの行動を管理し、制限するためにつくっているのではありません。むしろ、**マニュアルをつくり上げるプロセスが重要で、全社員・全スタッフで問題点を見つけて改善していく姿勢を持ってもらう**のが狙いです。ただマニュアルに従うのではなく、「マニュアルをつくる人」になれば、自然と自分の頭で考えて動く人材になります。

社員がマニュアルに依存してしまっているとしたら、そのマニュアルのつくり方や、使い方に問題があるのでしょう。マニュアルによって、社員の仕事のレベルを均一にしたいのか、コストを削減したいのか、作業時間を短縮したいのか……企業によっても部署によっても、解決したい問題は異なります。これが定まっていないと、効果のないマニュアルになりかねません。

無印良品の店舗では店長が必ず常駐しているわけではなく、休暇や出張などで不在にしている場合も多くあります。そのうえ、店長でもマネジメントは不得手な人もいる。それでもＭＵＪＩＧＲＡＭがあるから、いつでも滞りなく現場にいる人だけでお店を回せるようになっています。

店長などの社員は店舗の異動もあります。それでも現場が混乱しないのは、MUJIGRAMでどこの店でもすべての作業が標準化されているからです。新しい店長になっても指示内容が変わることはないので、スタッフは今までと同じ作業を続けます。

MUJIGRAMは変更点があっても、すぐに全店で共有されます。すると、基本的にお店の全員が同じ作業をするので、そこで「自分はこうやろう」「面倒だから、これを省こう」と、自分だけ違うやり方をすることにはなりません。空気のように当たり前の仕組みになれば、一〇〇％実行されます。

本章では、無印良品でのマニュアル作成、運用方法をあますところなく紹介します。

マニュアルは常に社員全員でつくりあげる〝仕事の最高到達点〟であるべきだと、私は考えています。そのためには、定期的に改善し、更新していく必要もあります。

マニュアルをつくったら、そこで一つの仕事は完成し終わったと考えてしまいがちですが、そうではありません。マニュアルをつくったところから、仕事はスタートします。MUJIGRAMに完成はなく、永遠に進化し続ける、生きたマネジメントツール（仕事の管理をする道具）なのです。

なぜ「仕組みをつくる」と「実行力が生まれる」のか

私がマニュアルで実現しようとしたのは、次の五点です。

・業務の質を一定レベルにそろえたい（標準化）
・業務のムダをなくし、生産性を上げたい（効率化）
・仕事を属人化しない（見える化）
・社員やスタッフの教育ツールとして使いたい（教育）
・無印良品の哲学、理念を隅々まで浸透させたい（社風づくり）

この五点が機能すれば現場のフットワークが軽くなり、実行力のある組織になると考えていました。

かつての無印良品では、本部が全国共通の販売企画を考えても、各店で実行されるまでに相当なタイムラグが生じていました。

一方でイトーヨーカ堂が強いのは、本部から通達があると翌朝にはすべての店の売り場が出来上がっているぐらいに、実行力に優れているからです。セゾングループではそれが、一週間から一〇日ぐらいかかっていました。店ごとに商品の配置を考えたり、企画を独自にアレンジしたり、まったく足並みがそろっていなかったのです。

機動力のある現場にするためには、仕事を標準化するのが第一です。たとえば、新生活応援キャンペーンを店舗で開催する際には、何日までに冷蔵庫とレンジと洗濯機を店のどの位置に置くか、パネルをどこに飾るかなどをすべて決めてあるので、翌朝までに売り場をつくることができます。

こういう判断を店側に任せるのではなく、すべてマニュアルで定めておくと、現場のスタッフが判断に迷わないだけではなく、入ったばかりの新人スタッフでも対応できます。誰でも、いつでも実行できるようにするのが、標準化の強みです。

実際にMUJIGRAMを作成し、運用するうちに、マニュアルには以下のような想像以上の効果があると感じました。

①「知恵」を共有できる

人は、一人でできる仕事は限られていますし、経験も知識も限界があります。自分で経験することなく、多くの人の知恵や知識を身につけられたら、成長をショートカットする効果があります。それを実現できるのがマニュアルです。

ＭＵＪＩＧＲＡＭは本部だけでつくるのではなく、現場（店）で働いているスタッフの知恵をすくい上げて一つにまとめています。これにより、すぐれた知恵や経験を全員で共有できるようになり、個人の経験や知識を組織に蓄積できます。

②「標準なくして、改善なし」

能の世界には「型破り」という言葉があります。伝統的な能の〝型〟を、実力のある演者がアレンジして新たな創造につなげています。そういった創意工夫は、基本の〝型〟があってこそできるもの。無印良品のマニュアルも、〝型破り〟を繰り返しながら進化する、〝血の通ったマニュアル〟です。

仕事を標準化させるということは、その業務の最善・最適な方法を一つだけ決めるということになります。

たとえばフォルダの管理の仕方は、人によっても部署によっても異なり、必要な時に欲しいデータがなかなか出てこないのはよくある話です。これを部署で「この関連の資料はこのフォルダに入れる」と決めれば、担当者が休んでいても誰でも対応できるようになります。

そのように一つのフォーマットをつくりあげると、さらに使いやすくするアイデアが集まってきます。そうやって実行と改善を繰り返すうちに、業務はより洗練され、進化していきます。

標準をつくらないうちに改善しようとしても、迷走するだけです。何事も基本なくては応用がないのと同じで、無秩序な創意工夫は力になりません。

仕事も基本となる標準を固めないと、社員が応用して自分の頭で考えて働けるようにならないのです。

③社員、スタッフの意識をそろえられる

それぞれの業務を何のためにするのかという「目的」を確認することは大事です。これをマニュアルに明記すると、それぞれの判断で勝手に動くことがなくなり、組織の一貫性がつくられます。

加えて、マニュアルは組織の理念を繰り返し伝えるためのツールでもあります。会議や全体集会などで、企業の理念やミッションを意識して伝えることも大事ですが、それだけでは浸透するのに時間がかかります。だからクレド（企業の信条をまとめたもの）などを作成して、毎日みんなで読んで意識に刷り込ませようとしている企業が多いのでしょう。

マニュアルは日常的に、そこに書かれてある業務を通して組織の理念やミッションを浸透させる効果があります。理念を伝え続けると、チーム全員の志を一つにできる。すなわち全社員、全スタッフの意識をそろえられます。

④仕事の基礎力を身につけられる

マニュアルをつくる段階で、普段何気なくしている作業を見直すことになります。

たとえば、時間が足りないからと毎日のように残業をしているのなら、本当に時間が足りないのか。自分では必要だと思っている作業に、ムダがあるのではないか。そうやって仕事を見直すうちに、時間がないのではなく、自分の仕事の仕方に問題があるのだと気づきます。

多くの人はそれを考えずに、「残業しないで済む会社に転職しよう」と他に解決策を求めるかもしれませんが、それは根本的な解決策にはなりません。どんな会社でどんな仕事をしても、効率的に仕事をしなければ結果は同じでしょう。

逆に、マニュアルで仕事の効率化が身についたら、どこの会社に行っても通用します。社会人としての基礎力を身につけるのにうってつけのツールです。

⑤仕事の本質を考えるようになる

いいマニュアルは、「どのように働くべきか」「何のために働くべきなのか」という仕事の本質を考えるきっかけを与えることができます。

そもそもマニュアルは、お客様に満足してもらうのがゴールであり、単に社内を統率するためにつくるわけではありません。お客様に満足してもらうために、どう動くか。それを細部にわたって考えて実行するうちに、人の役に立てる喜びを実感できるようになるのだと思います。

自分や家族のために働く、それも一つの考え方です。しかし、どんな仕事でも人の役に立てるのであり、社会貢献につながるのだと思えたら、仕事の取り組み方も変わってきます。

年間四四〇件の「現場の知恵」を逃さない

多くの会社では、マニュアルは〝上の人たち〟が作成しているのではないでしょうか。トップダウンで決めごとをつくり、現場に渡しているのではないかと思います。

無印良品でも、最初のマニュアルは本部主導で作成していました。けれども、すべての店の業務を統一するというレベルにまで達することはできず、使われないマニュアルになってしまいました。

そうなってしまったのは、「現場を知らない人」がつくっていたからです。

現場の問題点を知っているのは、やはり現場の人間です。埃(ほこり)がたまりやすい場所がある、棚の角が出ていて作業がしづらいといった、ちょっとした問題点は、本部の人間がたまに視察に訪れるくらいでは、なかなか気づきません。

マニュアルをつくるときは、この現場の発見を拾い上げる、つまりボトムアップの仕組みを整えることが大切です。**マニュアルは、それを使う人が、つくるべき**なのです。

また、特定の部署だけがつくるのではなく、必ずすべての部署に参加してもらうこと。そのために、すべての社員が参加できる道筋を整えておくのがコツです。

たとえば、無印良品の店舗では五種類のハンガーを使っているのですが、それぞれに洋服をかける場合の注意点まで画像入りで説明しています。

「それぐらい、口でいえばわかるのでは？」と思われるようなことまで記載する。これは〝仕事の細部〟こそ、マニュアル化すべきだという考えがあるからです。

無印良品では、お客様がどの店舗に行っても、同じような雰囲気の中で、同じサービスを受けられることを目指しています。店の雰囲気は、店内のレイアウトや商品の並べ方、スタッフの身だしなみ、掃除の仕方……といった〝細部〟の積み重ねでつくられますが、このような〝細部〟は往々にして、個人個人で判断してやってしまいがちです。だから、社内で統一することが難しい。マニュアルにする必要がある所以(ゆえん)です。

MUJIGRAMをつくるにあたっては、「顧客視点」と「改善提案」の二つを大きな柱にしました。

顧客視点というのは、お客様からのリクエスト、クレームを指します。具体的には、顧客視点シートというソフトに、売り場でお客様からいただいたご意見や、お客様の様子などから必要と思われることを、店舗のスタッフが入力するようにしました。

このソフトには、スタッフ自身が気付いた点や要望を別途入力できる欄を設けてあります。これが改善提案です。

トラブルや不便な点を報告するのも大事ですが、改善点をスタッフが自ら提案するのは、さらに重要です。なかには、画像を添付して、「ここをこう変えたらどうか」とアイデアを提案するスタッフもいます。これこそ、現場で生まれた知恵です。自分が見つけて自分が考えた改善案なら、自分で問題を解決しようという能動的な姿勢が生まれます。

こうした現場発の意見を、まずエリアマネージャーが選別します。重複しているものはないかなどを精査してから、本部に意見を上げてもらいます。本部にはマニュアルを精査する部門があり、ここで各店舗から集められたアイデアを採用するか、検討するか、不採用とするかを判断するという流れです。

採用された案はMUJIGRAMに反映されて、本部の各部門や店舗にフィードバックされます。こうして、MUJIGRAMが更新されるのです。

本部と店舗で直接やり取りするのではなく、エリアマネージャーを経由させるのは、全社で問題意識を共有するためです。

本部だけでつくったら現場では役に立たないマニュアルになり、現場だけでつくったら費用対効果が悪いマニュアルになる可能性があります。本部も現場も、そして中間の立場であるエリアマネージャーもすべてが関わることで、バランスのとれたマニュアルを実現できます。

ある年の例を挙げると、年間二万件くらいの提案が現場から上がり、そのうちの四四三件が採用されて、MUJIGRAM化されていました。そして改善点が各々の現場で実行されて、標準的な業務になっていきます。こうして初めて、マニュアルはその目的が達成されるのです。

リーダーは、現場のアイデアを検証してまとめるのが役割です。

もし、リーダーのやり方に従ってもらうためだけにマニュアルをつくろうとすれば、必ず現場とのズレが生じるでしょう。マニュアルづくりは一方通行ではなく、双方向の道筋を整えるのが、成功の秘訣（ひけつ）です。

いいマニュアルは「新入社員でも理解できる」

マニュアルは誰が読んでも瞬時に理解できるようにするために、わかりやすく書くのは大前提です。それには**学生のアルバイトでも、入社したばかりの新入社員でもわかるような平易な言葉で書かなければなりません。**

ＭＵＪＩＧＲＡＭでは、「インナー」「ＰＯＰ」といった簡単な用語を解説するページもつくっています。

「それぐらいの言葉、みんな知っているのでは？」と思うかもしれませんが、無印良品は学生さんのアルバイトも多いので、我々が普段当たり前だと思って使っている言葉でも意味が通じない場合も多いのです。

また、その会社独自の言葉の使い方をしているケースもあります。「ウインドウ」は一般的には窓ですが、無印良品ではウインドウディスプレイを指します。

このように、社内で頻繁に使う言葉の意味も明記しておくと、話の行き違いが少なくなります。こういう小さなポイントも、意思を統一させるためには見逃せません。

専門用語や符丁を多用すると外部（他社、あるいは他部署）の人間にはわからなくなり、ともすると閉鎖的なグループをつくってしまいます。それは組織が硬直化する原因の一つにもなります。

さらに、どこまで具体的に説明するかが、マニュアルに〝血を通わせる〟最大のカギとなります。

たとえば、「丁寧にお客様に説明する」という指示の仕方では、「丁寧」のとらえ方が人によって異なってしまいます。ある人は「言葉遣いをきちんとすることだ」ととらえるかもしれませんし、「詳しく説明することだ」と判断する人もいるかもしれません。このように受け取り方や理解の仕方が人によって異なってしまうと、その仕事の方法は「標準」にはならないでしょう。

したがって、マニュアルは徹底して具体化しなければなりません。

ＭＵＪＩＧＲＡＭでは、「商品は両手で丁寧に扱う」「１つの棚の品出しを終わり次第、床面にゴミが落ちていないかを確認し、次の棚に移る」など、一つひとつの動作を具体的に示しています。

商品を片手で持ったらダメ。品出しをするだけではなく、それに伴って発生するゴミも周囲に落としたままにはしない。これが、無印が求める「丁寧」です。誰もが迷いなく行動に移せるようになって初めて、ＭＵＪＩＧＲＡＭに書かれたことが社員やスタッフの血肉となります。

また、「商品を整然と並べる」と指導しても、人によって「整然」のとらえ方はまちまちです。これを統一させるために、「整然とはどういうものか」を定義づける必要があります。

たとえばＭＵＪＩＧＲＡＭでは、〝整然〟とは、

「フェイスＵＰ（タグのついている面を正面に向ける）、商品の向き（カップなどの持ち手の向きをそろえる）、ライン、間隔がそろっていること」

と定義づけ、この四つのポイントがどういう状態なのかを、写真入りで説明しています。

読んだ人は誰でも、「整然とは何か」がわかるようになっているのです。

このように、解釈の仕方がバラバラになりそうな概念などは、一つひとつ無印良品としての定義づけをしています。これはマニュアルを管理する部門で一つずつ議論をして決めていきました。この定義づけをしっかりしておくと、「この仕事の進め方は、無印の求めている丁寧さに当てはまらない」と取捨選択がしやすくなる効果もあります。

マニュアルを誰にでもわかるようにするためには、いい例と悪い例を紹介するのも一つの方法です。

「マニュアル化できないもの」はない

例──「店頭ディスプレイ」のマニュアル

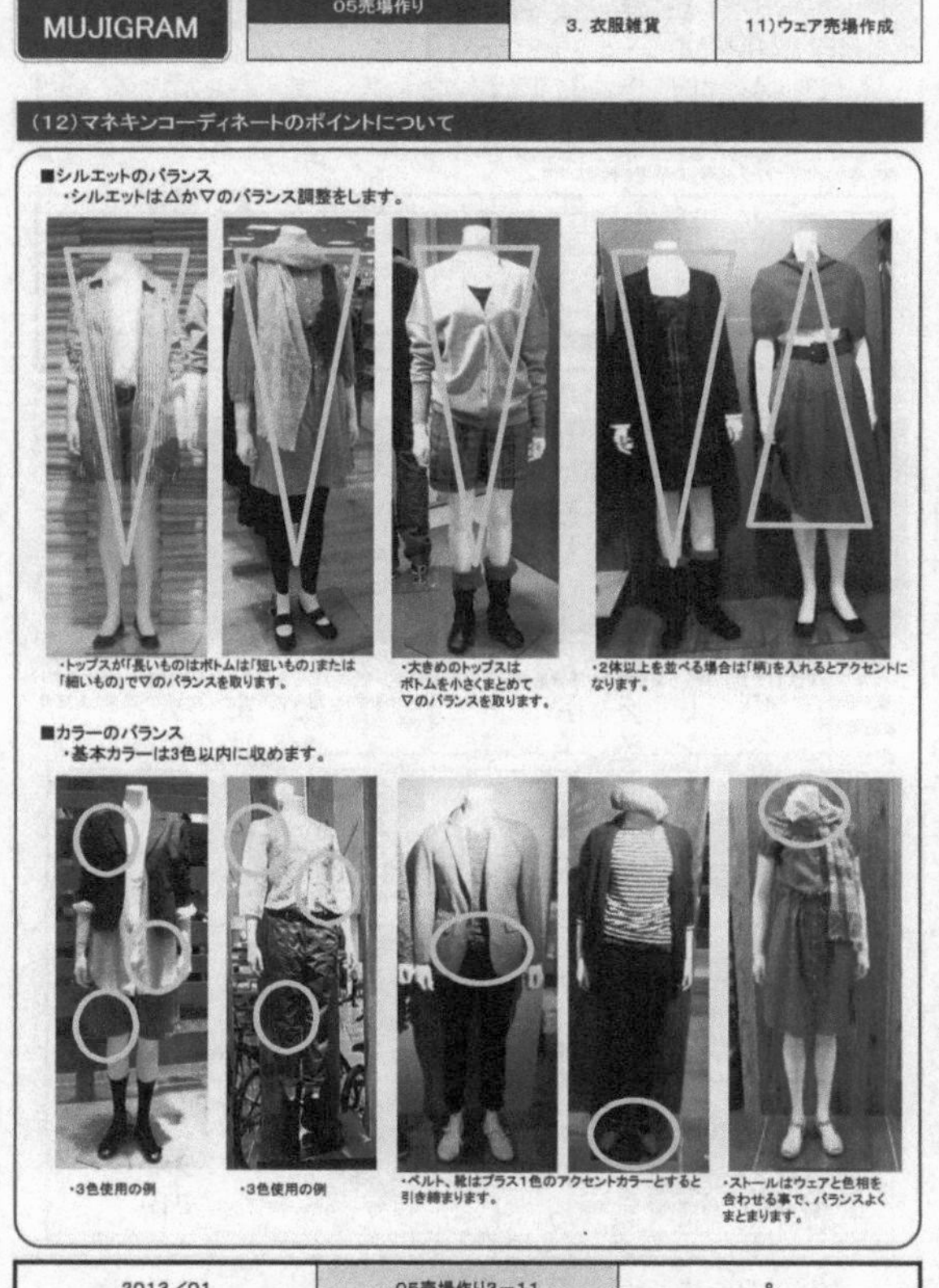

MUJIGRAM	05売場作り	3. 衣服雑貨	11)ウェア売場作成

(12)マネキンコーディネートのポイントについて

■シルエットのバランス
・シルエットは△か▽のバランス調整をします。

・トップスが「長いものはボトムは「短いもの」または「細いもの」で▽のバランスを取ります。

・大きめのトップスはボトムを小さくまとめて▽のバランスを取ります。

・2体以上を並べる場合は「柄」を入れるとアクセントになります。

■カラーのバランス
・基本カラーは3色以内に収めます。

・3色使用の例

・3色使用の例

・ベルト、靴はプラス1色のアクセントカラーとすると引き締まります。

・ストールはウェアと色相を合わせる事で、バランスよくまとまります。

2013/01	05売場作り3－11	8

経験が必要と思われる業務も、簡潔に「標準化」

ＭＵＪＩＧＲＡＭでは、売り場の商品のそろえ方について、いい例と悪い例を写真で説明しています。何がよくて何が悪いのかを一目瞭然（りょうぜん）にしておくと、判断に迷うこともなく、誰もが同じ作業を同じようにできるようになります。

たとえば、店の〝顔〟となる店頭のディスプレイで、通りすがりの人の目を引きつけ、興味をもってもらい、来店してもらわなければなりません。

マネキンのコーディネートなどは、それこそ「センスや経験が問われる作業」に思えるでしょう。センスのいいベテラン社員や、ディスプレイの専門知識を持った社員でないと担当できないようなイメージがあります。

無印良品では、入社したばかりの社員やスタッフであっても、マネキンのコーディネートをできるようになっています。それはＭＵＪＩＧＲＡＭでマニュアル化しているからです。

コーディネートを本格的に勉強するとなると、覚えるべきことは際限なくありますが、ＭＵＪＩＧＲＡＭではたった一ページのなかにポイントを大胆に絞り込んで記載しています。

「シルエットを△形か▽形にする」「使う服の色は三色以内」――コーディネートの基本はこの二点だけです。これとは別に、参考として「色についての基礎知識」を解説したページがあります。

私たちはプロのコーディネーターを目指しているのではなく、お客様が購入する際の参考にするためにマネキンに服を着せるので、覚えるのはこれだけで充分です。そこにコーディネートする人の個性を入れる必要もありません。

マニュアル化すると、スタッフがコーディネートした際に、「何かカッコ悪いよね」と感覚的にダメ出しをするのではなく、「シルエットが三角形になってない」「色をたくさん使いすぎている」と具体的に指摘を出せます。そうすれば、スタッフも何をどう直せばいいのかがわかる。これで、誰であっても手探りをしながら洋服を組み合わせられるようになり、一〇〇点はムリでも八〇点のコーディネートができます。

どんな作業にも「うまくいく法則」があります。それを見つけ、標準化しているのが無印良品のマニュアルです。

マニュアルの基本は、読む人によって判断軸がぶれるようなつくり方をしないこと。

一〇〇人いたら一〇〇人が同じ作業をできるようにするのが、血の通う仕組みを根付かせるためにも重要だと言えます。

仕事の「何・なぜ・いつ・誰が」

単純な作業や簡単な仕事になると、「なぜそれが必要なのか」を把握できず、手を抜いたり雑になったりするというのはよくある話です。

たとえば、コピー取りやデータ整理などの仕事をおろそかにしてしまう新入社員もいます。その仕事が全体の仕事のなかでどのような位置づけにあるのかを説明すれば、取り組むときの意識は変わるでしょう。

プレゼン資料を用意する作業も、何も知らずにするのと、企画の内容や規模、重要性を知ってやるのとでは取り組み方が違います。ただのコピーでも、自分のちょっとしたミスが何百万円かの損害につながるかもしれないと意識したら、注意して資料をそろえるかもしれません。

目の前の作業が何につながるのかを意識したとき、視野が広がって新たな視点を持てるようになります。

さらに、目的を最初に伝えると、仕事の全体像を俯瞰（ふかん）できるようになるでしょう。

ＭＵＪＩＧＲＡＭでは各カテゴリーの冒頭に必ず、「なぜその作業が必要なのか」を記しています。

肝心なのは、どのように行動するかではなく、何を実現するかです。どのような売り場をつくるのか、どのようなサービスを提供するのか、どのような商品をつくるのかを常に念頭に置いて仕事を進めないと、何となく言われたことをこなすだけになってしまいます。それだと、自分の判断で「これぐらいやらなくてもいいだろう」「別のやり方をしてもいいだろう」と行動するようになり、結果、マニュアルは使われなくなります。

したがって、目的と作業は必ずセットで明記するのが基本です。目的を思いつかないのであれば、その作業はする必要がないと判断できます。

一例として、ＭＵＪＩＧＲＡＭの「売り場の基礎知識」にはこう書いてあります。

「売り場」とは

何：商品を売る場所のことです
なぜ：お客様に見やすく、買いやすい場所を提供するため
いつ：随時
誰が：全スタッフ

このように、冒頭で「何」「なぜ」「いつ」「誰が」の四つの目的を説明してから、ノウハウの説明に入っていくというフォーマットになっています。

「そこまで基本的なことを説明しなくても」と思うかもしれませんが、その一方的な思い込みこそ、個人の経験や勘に頼りがちな風土をつくってしまうのです。

目的は、「誰のためにするのか」をブレさせないのも大事です。

ＭＵＪＩＧＲＡＭの場合、「なぜ」で「お客様に見やすく、買いやすい場所」と表記してあるように、お客様のためであるのが大前提です。これを「商品を見やすく、売りやすい場所を提供するため」という表現にしたら、まったく意味が違ってしまいます。会社のために売り場があり、会社のために店づくりの作業をすることになります。そうなると、「一番高価な商品を店頭に置こう」「陳列棚を減らしてコストダウンをしよう」とするべきことが変わっていくでしょう。

とはいえ、「会社のため」を大前提とするのを否定するつもりはありません。それがその企業の方針であるなら、貫けばいい。無印良品はブランドの成り立ちからお客様主体であるので、時代が変わってもその方針だけは変えてはいけないのです。

「仕事に取りかかる前」にすべきこと

例――レジ応対とは何か

（1）レジ応対とは

■（何）お客様が購入される商品の代金をいただき、商品をお渡しするお客様応対です。
■（なぜ）レジは店舗業務の20%を占める重要な仕事なため。（円グラフ参照）
■（いつ）随時
■（誰が）全スタッフ
※多い店舗では1日に千人のお客様がレジを通過されていきます。
※「買ってよかった」「良いお店だな」そう思っていただけるチャンスが多い場面でもあります。

各マニュアルの冒頭で、仕事の「意味・目的」を確認する

これは、「どのような会社にしたいか」「どのようなチームにしたいか」「どのような仕事をしたいか」という理念を浸透させるうえでも大切な考えです。

会社の理念を紙に書き、額に入れて玄関口に飾ったり、前述したように、朝礼のたびに唱和する会社もあるでしょう。もちろん、それも大事ですし、私も全体会議や合宿などでは必ず説いて聞かせていました。

しかし、**理念や価値観は、ただ言葉で語って聞かせても、具体性や実践を伴わなければただの言葉です。**理念は、それを実行するうちに、納得して体に染みつくようにしなければなりません。

無印良品では商品を陳列するときに柳の籠（かご）を使っていますが、柳のささくれで商品を傷つけてしまうトラブルがありました。それに気づいた現場のスタッフが「籠の内側にシートをかぶせたらいいのでは」と改善提案し、それがＭＵＪＩＧＲＡＭに採用されました。これも、「お客様のために商品を大切に扱わなければならない」という価値観が具体的な形になった一つの例です。

こういった価値観を持つようになれば、陳列の仕方を見直す意識が生まれて、どんどん問題点を発見できるようになります。そして、やがて、チームで理念を共有できるようになるでしょう。

「社員全員の心を一つにしよう」とスローガンを掲げるより、同じ作業を全員でやるほうが、自然と心はそろっていきます。

コミュニケーションとは「言えば伝わる」のだと思いがちですが、実際は言ってもなかなか伝わりません。文字にして初めて意識できるものです。さらにそれを繰り返し教えることで、本当の意味で「体得した」というレベルになるのだと思います。

「隠れたムダを見つける＋生産性を上げる」法

仕事の生産性を上げるために、ＫＰＩという指標を使ってマネジメントする方法が多くの企業で用いられています。ＫＰＩとは Key Performance Indicators の略で、日本語に翻訳すると「重要業績評価指標」になります。組織の達成目標をどれぐらい実現したのか、達成度合いを測る指標です。

私はＫＰＩを使うと目の前の数字を追うことで近視眼的になると考えています。すべての業務を数値化して評価するようにすれば、個人の成長度合いは可視化できるかもしれません。ただ、それはすべて組織や個人の数値目標のためであり、「お客様のため」という視点が抜け落ちてしまいます。

数値目標を達成するためには、たとえば宅配便で一軒ずつ手渡しするより、玄関先に置き配するほうが数分ずつ時間を短縮できるので、より多くの荷物を運べるでしょう。しかし、外に置いてあるときに大雨が降ってきたらどうなるでしょうか？　家の中で待っているのに、玄関先に置かれたお客様の気持ちはどうでしょう。お客様を満足させるどころか、信頼を失うことになりかねません。

数値だけを見ていると、ビジネスの本質を見失いがちです。さらに、重要だけれども緊急ではない課題の解決を後手に回してしまいます。

マニュアルの作成も、重要だけれども緊急ではないと判断され、後回しにされそうな業務です。多くの会社では、「忙しくてマニュアルをつくる時間がない」と考えるのではないでしょうか。

私は、忙しいからこそマニュアルをつくり、仕事を標準化する効果を知っていただきたいと思います。この先何年も何十年も目の前の仕事に流されるだけの日々を送るより、今無理をしてでもマニュアルを作成する時間をつくれば、仕事の仕方は激変し、時間に余裕が生まれます。

一人ひとりに余裕が生まれれば、社内の雰囲気も変わり、それが社風にもつながります。いいマニュアルは業務の仕方を変えるだけではなく、組織の根幹も変える力を持っているのです。

マニュアルを作成するときは、部署ごと、あるいはチームという単位で普段の業務を洗い出していくのが基本です。

自分一人ではなく、複数の人が業務を一つひとつ検討することでムダを割り出せる。これが、マニュアルをボトムアップでつくるメリットの一つです。

何から手を付けたらいいのかわからず、悩む人もいるかもしれませんが、そんなときは、まずは自分の普段の業務を見直すところから始めてみてもいいでしょう。

営業担当なら、「電話をかけてアポイントを取る」ところから始めて、「商談で何を話すのか」「自社の商品やサービスの説明」「同業他社との比較」「先方の要望を聞く」など、交渉の際の業務まで細分化してみます。

それを、すべての営業担当ができるように、明文化していきます。

このとき、ただ漫然と業務を書き出すのではなく、

①本当にその業務は必要なのか

あるいは、

②足りない業務はないか

をチェックします。そうやって意識して見ると、普段何となくやっている業務にも多くのムダが潜んでいるのだと気付くことができます。

営業はノルマを設けている企業もあり、優秀な営業マンほど、自分のノウハウを他の社員に教えたくない傾向があるかもしれません。しかし、組織にとっては、ナンバー1営業マンが一人いるより、すべての営業マンが八〇点のレベルであるほうが、業績は安定するのではないでしょうか。ナンバー1、ナンバー2といった個人の能力をあてにしていると、その個人がいなくなると途端に組織はガタガタになります。

したがって、全員の能力を平均点以上に引き上げるほうが、どんな時代でも生き残っていける強い組織になると言えます。そもそも、これだけ情報の透明化やIT化が進んでいる時

代です。契約件数を上げるために科学的なアプローチをしている企業もあるので、個人の能力で太刀打ちできる状況ではなくなってきました。みんなでノウハウを共有して、一緒に契約件数を上げるために知恵を絞るほうが、組織としては強くなるはずです。

もちろん、全員の能力を平均点以上にそろえるのは簡単ではありません。だからこそ、多くの企業では優秀な社員の能力に頼りがちになるのでしょう。しかし、それ以外の社員は能力に問題があると見なして、個人のせいにして終わりにしてしまったら、その組織はいずれ行き詰まってしまいます。

社員の能力を引き上げるのは、社員本人の問題ではなく、組織の責任です。誰もが能力を上げられるような仕組みをつくれば組織全体の生産性も上がるので、個人の力に頼っていた時以上に業績はアップするはずです。

仕事の効率も、マニュアルによって高められます。

無印良品の店舗では、売れた品を棚に補充するための「品出し」を、以前は頻繁に行っていました。

これを、売れ筋の商品は多めに品出しをし、回転の悪い商品は一日一回、さらに品出しの時間は九〇分と決めたところ、品出しの回数が減り、現場のスタッフは他の作業に回れるようになりました。さらに、回転の良い商品の売り上げが上がって効率的に売り上げアップを図れるようになり、いい循環が生まれました。

このように、一つの作業を見直すだけで、生産性がアップする効果があります。ＫＰＩなどの指標を使わなくても、いい仕組みさえつくれれば、組織全体の生産性を上げることができます。

あなたの仕事のやり方〝最新版〟になっていますか？

仕事は「生き物」です。日々、変化し、進化していきます。

「今の仕事のやり方」が、来月もベストであるとは限りません。今はとくにＩＴ化が進んでビジネスの環境の変化は目まぐるしいですし、コロナショックでオンライン化が進んだように、柔軟に仕事の仕方を変えないと世の中のスピードについていけなくなります。

ところが、仕事のやり方を一度決めてしまうと、それに満足してしまい、しばらくは見直しもしないケースが多いようです。

マニュアルをつくるのにも相当な労力がかかるので、〝守る〟意識が生まれ、問題点が報告されても数年経ってからようやく改良に着手するのが一般的だと思います。

繰り返しますが、マニュアルに完成はありません。どんなに一生懸命つくっても、できた時点から内容の陳腐化は始まります。

そのため、重要な更新は随時行う必要があり、最低でも月に一度は細部を見直す必要があります。

無印良品では月に二回ほど、新商品が入荷するタイミングに合わせて、商品を売り場にどうディスプレイするか、本部から指示が出ます。それにしたがって現場のスタッフが作業する段階で、「これではお客様が手に取りづらい」という不具合が生じたり、もっと見やすいレイアウトを思いついたり、さまざまな改善点が生まれます。

その意見を本部に伝えると、それがＭＵＪＩＧＲＡＭに採用されて、全店舗で実行しようという話になるケースもあります。本部から一方的に指示を出すのではなく、現場の意見をすくいあげることでアイデアは現実的な方法となり、仕事の基準の一つになっていく。この流れをつくれば、常に最新版の仕事にバージョンアップされることになります。

マニュアルの更新はリアルタイムで行うのがポイントです。

一年に一回まとめて改善点を検討しているようでは対応が後手後手に回ってしまいます。目の前にある問題点には、今対処する。その意識を持ってもらうためにも、マニュアルは毎月更新していくのが基本です。

拙著『無印良品は、仕組みが9割』を刊行してから、他の企業から「うちのマニュアル見てください」と依頼されることが増えました。そこで、その企業に足を運んで見てみると、製本したマニュアルがずらっと並んでいます。「これは皆さん使ってないんじゃないですか」と聞くと、「よくわかりましたね」という答えが返ってきます。きちっと製本したマニュアルは改訂するたびに一から印刷し直さなければならないので、更新しづらくなります。すると、そこに書いてある作業は時代の流れから取り残されてしまう。そうやって会社の隅で埃をかぶるマニュアルになっていきます。

ＭＵＪＩＧＲＡＭはページの追加や削除、変更などを差し替えやすくするために、紙にプリントアウトし、バインダーに綴じています。現場からの改善提案の数は、年間でおよそ二万件です。そして、ＭＵＪＩＧＲＡＭの更新は月平均で二〇ページほど。その量は全体（約二〇〇〇ページ）の約一％に相当するので、年間で一二％更新する計算になります。どれだけ真剣に全社を挙げて取り組んでいるのか、その本気度が数字から伝わるでしょうか。

社員もスタッフも、自分が提案したアイデアが仕事の基準に選ばれたら嬉しいですし、また提案しようとサービスのあり方を常に模索するようになります。こうして、社員やスタッフの自主性が自然と育っていくのが、いい仕組みです。そのうえ、自分のアイデアなら必ず実行するので、実行力も養えます。

これを繰り返すうちに、マニュアルはより効率のよい仕事の方法の結集となります。マニュアルは使うものではなく、つくるもの。そういう意識が生まれれば、一人ひとりの社員の仕事の取り組み方が変わってくるでしょう。

無印良品ではマニュアルを統括する部門をつくっているので随時対応できますが、部署レベルでも、リーダーあるいは担当の社員を決めて意見が集まるようにすれば、対応できるのではないでしょうか。

さらにいうなら、常に改善していると、世の中の流れに連動することができます。

お客様の要望は、年ごとに少しずつ変わっていくものです。細身の服が人気だと思っていたら、体形が隠れるようなデザインの服に世の中の関心はシフトしている、といったニーズの変化はよくあります。

市場で勝ち続けるには、マーケットの変化の半歩先を行くぐらいの商品やサービスを提供するのが鉄則です。先走りすぎてもいけないし、変化に遅れたらもっと売れません。

その微妙な頃合いを計るためにも、お客様の声は重要な情報源になります。そのお客様の声に合わせてマニュアルを変え続けていると、世の中の流れと連動した仕組みになっていきます。

商品だけではなく、お客様の求めるサービスも時代とともに変化していきます。マニュアルの更新は、仕事の仕組みを常に〝最新版〟にするためにも不可欠なのです。

厳しい言い方になりますが、マニュアルを更新していくつもりはないのなら、マニュアルをつくるための時間がムダになるので、最初から導入しないほうが賢明です。それぐらい徹底して取り組まないと、マニュアルを組織に根付かせることはできないのだと肝に銘じてください。

なぜ「商談のメモを部署全体で共有する」？

ここまで読んで、「うちの部署にはマニュアルは必要ない」と思う方もいるでしょう。

しかし、マニュアルはマネジメントツールです。そう考えると、すべての職種のどの部門にも必要なものではないでしょうか。

無印良品の本部には業務基準書というマニュアルがあり、ページ数はＭＵＪＩＧＲＡＭの三倍以上、六六〇八ページにも及びます。

本部では、各部署が何の仕事をしているのか、他の部署からはさっぱりわからないものです。そのような閉じられた世界を見える化するのがマニュアルの使命です。

本部の業務の見直しは、ＭＵＪＩＧＲＡＭをつくりはじめてしばらく経ってから、着手しました。業務基準書のつくり方はＭＵＪＩＧＲＡＭと同じで、現場発で知恵を集め、定期的に更新します。

たとえば広報や商品開発、店舗開発などは、一般的にはマニュアルを必要としない職種だと思われがちです。しかし、マニュアルの目的の一つが「仕事の内容を誰にでも引き継げるようにすること」だと考えれば、いくらでもマニュアルにすべき業務は存在します。

一例として、店舗開発部では名刺の管理をマニュアル化しています。

これは重要取引先と会う回数の多い課長が一括して管理することになっており、取引先の情報を検索するときの効率化と情報共有が目的です。「備考欄には名刺交換した人の特徴や印象を書き込む」など、データへの入力の仕方を具体的に指示し、誰が課長になっても同じ管理ができるようにしてあります。

さらに、商談のメモも部署内全員で共有するようにマニュアル化してあります。

商談こそ個人の経験則として独り占めしがちですが、それでは属人化してしまいます。誰のために商談するのか、何のために商談するのかという本来の目的を考えたら、組織のため、ひいては店を訪れるお客様のためなのだという結論に達します。したがって、その情報はオープンにして組織に蓄積すべきです。

これも記入するシートが決まっているので、商談日や商談先、商談内容などをどのように記入するか、指示してあります。重要なのは商談内容のメモの部分です。記入した内容に不備や漏れ、間違いなどがあった場合は、商談の同席者が修正することになっています。これで話の行き違いがなくなるわけです。

本部でマニュアルをつくる場合は、基本は部署ごとに作成しますが、それを統一する仕組みも必要です。

部署ごとに独自にやっている状態では、本当に見える化が進んでいるのかをチェックすることができません。部長が代わるとそれまでつくっていたマニュアルは雲散霧消してしまい、業務が引き継がれないのはよくある話で、それではマニュアルをつくった意味がありません。

それを防ぐためにも、マニュアルを一括で管理する部門をつくり、部署の人間ではない第三者が業務引き継ぎをチェックするようにしておくのがベストです。前述したように、無印良品では専門の部門をつくり、社員が業務基準書と違う行動をとっていると気づいたときは、担当者が理由を問います。そうやって業務のベースを固めておくと、異動でもスムーズに仕事を引き継げます。

また、業務基準書では、商品名とコピーのつくり方も決めています。

無印良品の商品タグには、「商品名」と「わけ」（後述）が書いてあります。このタグ一枚で、商品の説明をすると同時に、〝無印良品らしさ〟を出さなければなりません。そこで、業務基準書では、次のようなことが定められています。

「無印良品の商品名のつけ方＝まずはお客様にとってわかりやすいこと」（左図枠内）

「ウールや麻、綿などの天然素材の名称は使って良い。コットンやヘンプは使わない」

「言葉で飾り立てようとしない。正直なモノを語るには、正直な言葉で」（左図枠内）

このように、無印良品の理念まで伝わるように解説されています。

もし担当者がそれぞれの〝思い〟だけで考えると、表記もニュアンスもバラバラになるでしょう。しかし、基準をつくることで〝無印良品らしさ〟がしっかり定まります。実際にタグを見たお客様にも、それが伝わるでしょう。

マニュアルは〝その会社が大事にしていること〟もハッキリさせる効果があるのです。

もう一つ、業務基準書の実例をご紹介します。全国にチェーン展開するような業種では、「どこに店を出すか」が経営の成否を決めるポイントになります。無印良品では、この「出店の可否判断」の方法まで業務基準書で決めています。

会社の理念は、その会社の「マニュアル」に表れる

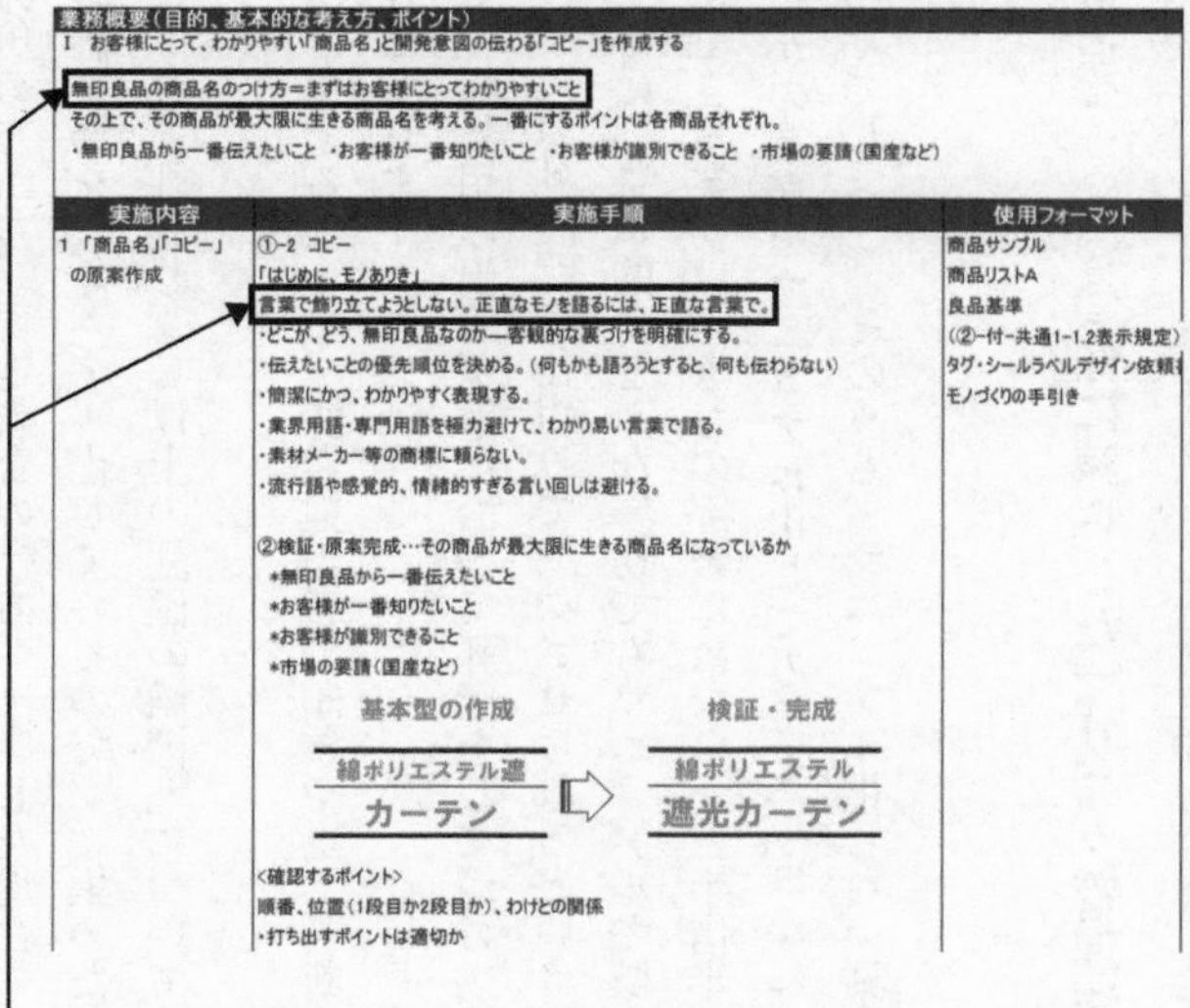

業務概要(目的、基本的な考え方、ポイント)

I　お客様にとって、わかりやすい「商品名」と開発意図の伝わる「コピー」を作成する

無印良品の商品名のつけ方＝まずはお客様にとってわかりやすいこと

その上で、その商品が最大限に生きる商品名を考える。一番にするポイントは各商品それぞれ。

・無印良品から一番伝えたいこと　・お客様が一番知りたいこと　・お客様が識別できること　・市場の要請(国産など)

実施内容	実施手順	使用フォーマット
1「商品名」「コピー」 の原案作成	①-2 コピー 「はじめに、モノありき」 言葉で飾り立てようとしない。正直なモノを語るには、正直な言葉で。 ・どこが、どう、無印良品なのか―客観的な裏づけを明確にする。 ・伝えたいことの優先順位を決める。(何もかも語ろうとすると、何も伝わらない) ・簡潔にかつ、わかりやすく表現する。 ・業界用語・専門用語を極力避けて、わかり易い言葉で語る。 ・素材メーカー等の商標に頼らない。 ・流行語や感覚的、情緒的すぎる言い回しは避ける。 ②検証・原案完成…その商品が最大限に生きる商品名になっているか *無印良品から一番伝えたいこと *お客様が一番知りたいこと *お客様が識別できること *市場の要請(国産など) 基本型の作成　綿ポリエステル遮 / カーテン　⇨　検証・完成　綿ポリエステル / 遮光カーテン <確認するポイント> 順番、位置(1段目か2段目か)、わけとの関係 ・打ち出すポイントは適切か	商品サンプル 商品リストA 良品基準 (②-付-共通1-1.2表示規定) タグ・シールラベルデザイン依頼 モノづくりの手引き

一度読めば、会社の理念もわかる

候補地に関する情報の集め方から、現地調査の仕方、出店した場合の売り上げ予測の立て方など、出店に関する評価業務をマニュアル化しているのです。集めたデータをもとに点数をつけ、S↓A↓B↓C↓Dと評価し、C以上の評価の候補地について検討する仕組みになっています。

この一連の流れを仕組み化することで、開発担当者の印象や勘で判断するのを防ぎ、誰でも等しく評価できるようになります。

海外に出店する場合も、海外用の出店基準に沿って評価をしてから、出店するか否かを決めています（第3部で詳述）。海外展開も仕組みで成功させられるということです。

ここまで述べてきたように、基本的にどんな業務でもマニュアルで標準化できます。最初は社員も「マニュアル化できる業務は、うちの部署にはない」と半信半疑かもしれません。それでも、試しにいくつかの業務をマニュアル化してみると、「ほかにもできるかもしれない」と意識が変わっていくでしょう。そのうち、マニュアル化しない業務のほうが少なくなっていったら成功です。

「七〇〇〇件の苦情を一〇〇〇件に減らした」リスク管理法

どの企業でもクレームは日々発生しますし、さらに社内でもコミュニケーション不足などが原因で、さまざまなトラブルが起こります。

こうした**ミスやトラブルは企業全体で共有してこそ、初めてプラスに転化できます。**

ＭＵＪＩＧＲＡＭでは「危機管理」というジャンルだけで一冊のマニュアルになっていますし、業務基準書でも「リスク管理」に関するマニュアルはあります。ちなみに、危機管理のファイルだけ赤いファイルを用いています。

特に昨今は企業のコンプライアンス（法令遵守）が重視されているので、無印良品でもコンプライアンス・リスク管理委員会をつくってしっかりと対応する体制を整えています。

リスク管理をマニュアル化するときに、必ず「具体的な事例」と「対処例」を入れるのがポイントです。

多くの企業や団体でもコンプライアンスのマニュアルを作成していますが、たいていは相談窓口を設けているという説明や、セクハラやパワハラをしない、個人情報を勝手に利用しないといった禁止事項を述べているだけです。社外の人に「わが社はこのようなことに気を付けています」と知らしめるためにはこれで充分ですが、リスク管理についての社内の指針になっていないのは明白です。

他のマニュアル同様、読んだ人がきちんと対応できるようにするためには、どのような場面でどのような対応をすればいいのかを明記しなければなりません。

たとえばＭＵＪＩＧＲＡＭでは、お客様からクレームがあった場合は、一次対応として五つの応対を決めています。

①限定的な謝罪、②お客様の話をよく聞く、③ポイントをメモする、④問題を把握する、⑤復唱する、という対応があり、それぞれのポイントで「言い訳をせずに最後まで聞く」「お客様の表現でメモする」といった注意点も記してあります。

最終的な対応は店長がきちんとしますが、最初の対応は全スタッフができるようにしておかなければなりません。対応するのが新人スタッフであっても、お客様にとってはみな同じ無印良品のスタッフですので、これはスタッフの責務なのです。

お客様と直接接しない部署であっても、取引先とのトラブルはあります。そこで業務基準書では、衣服・雑貨部など取引先と契約や取引でのトラブルが起きると想定される部署では、リスク管理のマニュアルを作成しています。

部下がミスやトラブルを起こしたときに、「次からは気を付けるように」の一言で済ませてしまうリーダーもいるでしょう。その後、その部下はミスをしないよう気を付けるかもしれませんが、他の部下が同じミスをする恐れもあります。

ミスやトラブルが起きたとき、誰が悪いのかという犯人探しをして責任を追及するのが本来のリスク管理の目的ではありません。同じトラブルを未然に防ぐための判断材料として、その情報を役立てるべきです。そのためにもトラブルの事例はフォーマットをつくって、管理しておくといいでしょう。

無印良品ではこのような体制を整えてから、二〇〇二年度下期に七〇〇〇件を超えていたクレームが、その後右肩下がりになり、二〇〇六年度上期以降は一〇〇〇件台前半を推移しています。これは、重複して起こりうるクレームの発生を未然に防止できた成果だといえると思います。

マニュアルで「人材を育成」する

私が西友で人事の課長に就いたとき、「松井君、経理部の社員が一人前になるのには一五年かかるんだよ」と上司に言われたことがあります。

「経理の仕事は、商品会計や財務など、大きく分けると四つぐらいあるが、それを一通り経験するには一五年かかる」という話でした。

そうなると、経理に配属された人は、定年まで経理しか経験できなくなります。入社して一五年で経理の仕事を覚えた頃には、四〇代の中堅社員です。これでは時間がかかりすぎです。その段階で営業や商品開発のような畑違いの部署に異動となっても、何もできないでしょう。だから関連会社に経理として出向するぐらいしか、その先の道は考えられません。すると人材の流動化が進まず、組織が硬直化してしまいます。

この構造は、部署ごとに派閥を生む温床にもなります。経理部の人間は、経理の利益だけを守ろうとし、販売部は販売の利益だけを守ろうとする。これでは会社全体を強くしていくことができません。こういった悪しき習慣をなくすためにも、人の流動化を進める仕組みが必要です。

仕事を覚えるのに一五年かかるのは、上司から部下に仕事の仕方を口頭で教えるという、いわば〝口伝（くでん）の世界〟だったからです。

私は、これを明文化しようと決めました。一五年かけていた仕事を、新入社員でもある程度できるようにするために、業務基準書をつくりました。長い時間をかけて覚えていた社員からは、「そんなに短期間で覚えられるわけがない」と反発はありましたが、そこは譲れませんでした。

業務基準書では、経理部の業務は店舗に関する会計だけで一一個のカテゴリーに分かれています。クレジットカードや商品券で支払いがあったときの処理の仕方や、新店を開店するときに必要な対応などを具体的に記しています。経理の担当者は、この業務基準書を読みながら手続きを進められるようになっているのです。

この仕組みができてから、経理の担当者はわずか二年間で一通りの仕事を覚えられるようになりました。五年もあれば一人前の経理部員のレベルです。

つまり、マニュアルをつくると人材育成を効率的にできるようになるということです。

無印良品では課長は全員、三カ月の海外研修に行く決まりになっています。それだけ長期間、課長が不在になったら現場は大混乱しそうですが、毎年大きな混乱もなく現場は普段通りに仕事をしています。

それが可能なのは、業務基準書さえ見れば、仕事の進め方がすべてわかるようになっているからです。部下が判断に迷ったときにそばに上司がいなくても、業務基準書を見ればどう行動すればいいのかがわかる。この仕組みがあるから、課長も自分の研修に打ち込むことができるのです。

よく課長と部長で指示が異なり、部下は同じ仕事を何度もやり直すケースもあるでしょう。それを防ぐためにも、部署内で方法を統一させておけば、仕事はスムーズに進むようになります。

業務基準書にしてもＭＵＪＩＧＲＡＭにしても、「そんな膨大な量を覚えられるのか？」と思うかもしれませんが、暗記する必要はありません。入社した時点で、それぞれのマニュアルを使って研修もしますが、二・三回教えたぐらいですべてを覚えられる人はいないでしょう。

仕事を忘れた時、上司にその都度聞くのは気が引けて、独自の判断で行動して失敗し、上司から叱られるのはよくある話です。それが重なれば、部下はますます上司に聞きづらくなり、思考停止に陥ってしまいます。上司も「なんで何度教えても覚えないんだ」と、部下に対して苛立つばかりです。上司と部下、双方がストレスをためるだけで、何一ついいことはありません。

マニュアルがあれば、仕事を忘れてもマニュアルを確認すればいいので、上司も部下も、どちらも気を遣う必要はなくなります。社内の雰囲気が険悪にならずに済むのも、マニュアルの優れた副産物かもしれません。

マニュアルで「人材育成をする人を育成」する

新人に仕事を一から教えることに、大変な苦労をした経験がある人は多いでしょう。教育には、教える側のスキルが大いに問われるのです。

前項でもふれましたが、MUJIGRAMは無印良品の店舗スタッフの人材育成のためにも使います。

接客の仕方、衣料品の畳み方、店内の清掃など、基本的な作業の意味や手順を細かく説明しています。もしかしたら、同じような接客業や小売業には、このようなマニュアルが存在するかもしれません。

ただ、MUJIGRAMはそれにとどまりません。「販売スタッフTS（トレーニングシステム）」という、スタッフを指導する立場の人のためのマニュアルを一冊つくっています。

これは、**「どう教えるのか」を明文化したもの**です。

たとえば新人スタッフに「おたたみ」（衣類を陳列する際の畳み方）を教えるときは、「①目的・到達目標を伝える　②実際の商品を使って、ポイントを説明する。やって見せた後、やってもらう」という手順を踏んで教えるように、書いてあります。

このマニュアルの目的は、「誰が指導しても同じことを教えられるようにすること」です。

どこの企業でもある話ですが、同じ作業でも、指導する担当者によって方法が違ったり、教え忘れていることがあったりと、ムラが出るものです。そのムラをなくし、どこの店のどのスタッフにも同じ知識とスキルを身につけてもらうために、「教えるためのテキスト」が指導者には必要です。

このマニュアルをつくることで、初めて人を教える立場になった場合でも、何をどう教えればいいのかがわかるという利点もあります。

一般企業も、ＯＪＴなどで新入社員の教育をしていると思います。しかし、どう教えればいいのかわからない人が担当になり、トレーニングにならないという話をよく聞きます。

毎年新入社員に教えることが決まっているのなら、教える側のマニュアルをつくってしまえばいいのではないでしょうか。そうすれば新入社員に均一に自社の理念を伝えられますし、仕事の進め方も均一に教えられます。また、担当者によって、「自分はこうやっている」と自分流のやり方を教えて、後々現場が混乱する事態も防げます。

人の上に立つ立場になると、これまでと同じ給料なのになぜ部下の面倒まで見なくてはならないのか――という不満がよく出てきます。また、教える側が各々で教え方を考えて指導しても、相手が育たないと、「教え方が悪い」と指導する側の問題にされるケースも往々にしてあります。これでは、指導する側のモチベーションが保てません。

指導する側のやる気や能力に頼るのではなく、教える方法を決めておけば、こういった不満も解消できるでしょう。指導することも大切な業務の一つとして認識できるようになり、

「やらされ感」が拭い去れると思います。モチベーションも仕組みで向上できるものなのです。

「見える化→提案→改善」という循環

マニュアルはどんなに良いものをつくっても、それだけでは「絵に描いた餅」で終わってしまいます。社員全員に使われて初めて血が流れ、その機能を果たすことができます。

それでは、これまでにも何度か触れてきた〝血の通ったマニュアル〟とは、一体どういうものか。

具体的な事例でみてみましょう。

無印良品には、店長になったときに必要な資格があります。衛生管理者、防災管理者などの八つの資格です。以前はこれらを、店長になったときに取るようになっていました。資格の取得自体はさほど難しくはないのですが、店長になると現場の仕事も忙しくなるので、仕事を抜けて資格を取りに行くのは大変です。

ＭＵＪＩＧＲＡＭを導入してしばらくして、社員からこうした資格は店長になる前に取ったほうがいいのではないかと改善案が出ました。店長代理になると、次の店長になるために研修があるので、そのときに必要な資格もすべて取得してしまえばいいのではないかという提案です。

ひじょうにいいアイデアなので即採用し、今では店長代理の研修を終えると、必要な資格をすべて取る流れになっています。

このように、マニュアルをつくることで、今まで暗黙の了解の上で成り立っていた業務の問題点が見えてきます。社員からの意見や提案によって、一つひとつ改善が重ねられていき、今までの仕事の仕方がより合理的になっていきます。この流れができれば、全店規模、本部全体でPDCAサイクルを回せるようになります。

このように、仕事が停滞せず、常に〝動いている〟様子を、私は「血が通う」と表現します。そして、MUJIGRAMや業務基準書は、無印良品にとっての血管です。

血管の調子が悪くなれば、組織も人も動脈硬化を起こします。常に成長し続けないと、あっという間に衰退するのが、企業という生き物です。〝現状維持〟はありえません。

反対に、マニュアルが更新され続ける限り、成長は止まりません。仕事のマニュアルは、成長を測るバロメーターでもあるのです。

また、リーダーが率先してマニュアルを使わないと、組織に根付きません。

ですから、無印良品では店長に月一回テストをして、マニュアルを現場に浸透させるようにしています。

リーダーが把握していないことを、スタッフが把握できるはずはありません。リーダーが徹底して活用しないと生きたマニュアルにはならないという点も、忘れないでおきたいものです。

本章では、無印良品をV字回復させたマニュアルの秘密を具体的に紹介してきましたが、最後に一つだけ注意点を書いておきます。

それは、一カ月や二カ月の短期間で急ごしらえでつくっただけのマニュアルでは役に立たないということです。今日この本で知ったマニュアルのつくり方は、すぐ明日から役に立つ、という類のノウハウではありません。改善を繰り返しながら、ときに我慢を重ねながら、軌道に乗せていく長い過程があって初めて機能するものです。

私も、MUJIGRAMをつくるとき、初めは模範となるような企業のマニュアルを参考にしようと考えました。他社のマニュアルを見て、他社とは異なる部分だけを手直しし、自社独自の内容を盛り込めば完成すると考えていたのです。

そこで、まずファッションセンターしまむらのマニュアルを見に行きました。しまむらでは、全社員から毎年五万件以上の改善提案が寄せられ、これを一つひとつ検討し、マニュアルを毎月更新しています。三年もすると、マニュアルが一新するといわれるくらい、活用度の高い〝生きたマニュアル〟です。

「これはいい」と早合点して帰り、真似してつくってみようとしましたが、なかなか現場で使えるようなマニュアルにはなりませんでした。

当たり前ですが、会社が違えば、何もかもが異なります。扱う商品やその数、社員の数、会社にある部署、取引先、店舗の大きさなど、何一つとして同じところはありません。そういった要因が異なれば、マニュアルも異なったものになるのは自然の道理です。

しまむらでは、もっとも優れたベテラン社員のやり方をマニュアルの手本と考えていました。ベテラン社員が、長年のキャリアの中で培(つちか)ったノウハウ、知恵といったものが素地になっていたのです。

しまむらが時間をかけてつくり上げたマニュアルとは、いわばしまむらの風土です。それをそのまま無印良品で導入しても役に立つはずなどありません。だから、独自にＭＵＪＩＧＲＡＭをつくることにしました。

繰り返しますが、マニュアルは業務を標準化した手順書であるだけではなく、社風やそれぞれのチームの理念とも結びついています。マニュアルがこの二つの懸(か)け橋としての役割を担っていると言ってもいいでしょう。

ですから、マニュアルは時間がかかったとしても、自分たちの手で一からつくり上げていくしかないのだと腹をくくってください。ＭＵＪＩＧＲＡＭも軌道に乗るまでは五年ほどかかりました。

遠い道にこそ、真理があります。

これは私の信念の一つですが、迷ったときは大変な道を選ぶと、結果的に正しい道を歩めます。

マニュアルづくりは手軽にできるとは言えませんが、必ずチームの変革を実現できるはずです。それを信じてつくり続けて実行し続けた人にだけ、成果はもたらされます。

第3章　会社を強くするための「シンプルで、簡単なこと」

「締め切りを守る」「ゴミを拾う」——強い社員の条件

業界の最前線を走り続ける企業に共通していることは、非常にシンプルです。

「挨拶（あいさつ）をきちんとする」「ゴミを見つけたら拾う」「仕事の締め切りを守る」といった、小学校で教わるような、人としての「基本のき」が社員に浸透していること。これが、強い企業に見られる共通点です。

人としての基本が組織の風土・社風をつくり、これが最後の砦（とりで）になって、組織を守っていけるのです。

皆さんの会社では、これらの基本は守られているでしょうか。守られていないなら、危険信号が灯っています。

無印良品の業績が悪化したころ、「基本のき」は崩れていました。そこで、こうした基本を社員に体得させるために、月ごとの目標として掲げることにしました。

ただ目標を言い聞かせるだけではなく、実行できているかどうかを内部統制・業務標準化委員会という部門をつくって確認させました。さらに、全社員を集めた集会でその結果を報告し、達成率をアップできるように促しています。

これは現在進行形で行っている取り組みで、今後もずっと続けていくでしょう。言い続けていないと、人は忙しさにかまけて基本をおろそかにしてしまうものです。

社員からうんざりされようと、やると決めたことはやり抜く。それがリーダーに必要な実行力です。皆さんも、自分の部署やチームの指導で思い悩んでいるのなら、まずはこういった基本から徹底させてみてはいかがでしょうか。

売り上げの達成やコスト削減など、リーダーが果たさなければならない課題は数多くあります。しかし、砦がしっかりできていない場所に城をつくっても、簡単に攻め落とされてしまいます。

遠回りのように感じるかもしれませんが、まずは砦をしっかり築き、それから業績をアップさせるための戦略を積み重ねていけば、必ず足腰の強いチームができるはずです。

なぜ「挨拶を徹底する」と「不良品が減る」のか

挨拶はコミュニケーションの基本です。

私も早朝にウオーキングに出かけたときは、近所の人と会うたびに「おはようございます」と挨拶します。そこから簡単な会話を交わす人もいれば、無視して通り過ぎる人もいます。このようなちょっとした振る舞いに、その人の人となりが出るものです。

無印良品では、店舗だけでなく、本部でも「挨拶の習慣」を徹底しています。

社内では毎月の目標を決め、掲示板やエレベーターホールに貼り出しますが、挨拶の強化を月間目標にすることもあります。そのときは、私を含めた役員が毎朝交代で「挨拶当番」としてエレベーターホールに立ち、出勤してくる社員たちに率先して挨拶をしていました。

さらに、部門長に五段階の挨拶のチェック表を渡し、毎日の終礼時に達成できたかどうかを、部下に自己申告してもらいました。

部門長が一方的に評価するのではなく、自己申告にしたのは、社員に「やらされ感」を持たせたくないからです。「やらされ感」の強い仕事は身につきません。ガチガチに縛って「やらせる」のは得策ではないと考えました。

なぜ、いまさら「挨拶」の話なのか、疑問に思う読者もいるかもしれませんが、それはチームの信頼関係に影響するためです。

優秀な人材を集めたのに、結果をなかなか出せないチームがあったとしましょう。

そのチームの根本的な問題は、「能力」ではありません。社員同士のコミュニケーションや、信頼関係の希薄さが不振要因になっている場合が大半です。そのような状態では、どんな改善策を講じても、勝てるチームにはなりません。

部下に訓示を垂れるよりも、朝の「おはようございます」、退社するときの「お疲れさまでした」のたった一言を徹底する。これだけでも、信頼関係は築けるものです。

一流の企業、一流のチームをつくり上げるには、毎日の小さなこと、たとえば挨拶などを徹底して実行するしかありません。それも、部下に指示するだけではなく、まずはリーダーが率先して行動することが大事です。

「挨拶は大事」「今どきの若者は礼儀を知らない」と日頃から言っている人ほど、自分から挨拶をしない例は珍しくありません。私は、挨拶をするのに年齢も立場も関係ないと考えているので、エレベーターホールに立って挨拶をしていました。

何事も、自分から実行しないとまわりは動いてくれません。まわりは意外と小さなこともしっかりと見ています。部下は自分の姿を映す鏡です。部下が動いてくれないのなら、自分自身に問題があるのだと考えたほうが問題解決の早道になるでしょう。

ある時、社外取締役をお願いしていた酒巻久さんが社長（当時）をしているキヤノン電子の工場を見学に行きました。

埼玉県の秩父にあるのですが、チリ一つ落ちていない清潔な環境で、従業員の皆さんが生き生きと仕事をしています。工場のチーム力もすばらしく、不良品が見つかったときにはすぐに生産ラインをストップし、全員で不良品の原因を探ります。

しかし、この工場にも、過去には決して素晴らしい工場とは言えない時期があったそうです。

その当時、工場で働いていたのは海外から派遣されて来た人たちで、日本語でのコミュニケーションに不慣れな人も多かったようです。キヤノン電子は、一人または少数のチームでほぼ一つの製品をつくる体制（セル生産方式）をとっています。コミュニケーションが上手くいかない人同士でチームを組むと、「ちょっとおかしいな」と感じてもそのまま次の人に渡してしまうため、不良品を生む温床になっていました。

ところが、ちょっとしたきっかけでコミュニケーションが密になると、問題は段々なくなったそうです。

毎朝、工場の入り口に役員全員が並び、出勤してくる従業員全員に「おはようございます」と声をかけはじめました。徐々に従業員からも明るく挨拶を返してくれるようになり、やがて従業員同士でも、声をかけあって仕事をする雰囲気が生まれたそうです。

それ以降、従業員が「おかしいな」と感じると、誰が指示するわけでもなくラインを止め、自然と従業員たちが集まって原因を調べるようになり、その結果、早い段階で不良品の発生原因を修正できるようになりました。

朝の挨拶というコミュニケーションが不良品の発生を大幅に防ぐという結果につながったのです。半年間ほど不良品率ゼロという偉業も生まれたと聞きました。

実行力のある会社にするにはまず何をすべきか。この問いに対する答えは、非常にシンプルで、「企業の風土を変える」という一点につきます。ここまで述べてきた仕組みもそのための方策です。

企業の風土は、無意識に従業員の思考や行動に影響を与えて伝承されていきます。

他社に真似できない風土になったとき、どのような時代でも生き残っていける企業になるのは、間違いないでしょう。強い企業のお手本とされるトヨタやホンダは、確固とした風土を築き上げているから、トラブルに巻き込まれてもすぐに立ち直る底力を持っています。

企業の風土を変えるのは、難しいことではありません。挨拶をする、社内のゴミを拾うといった、当たり前のことを当たり前にできるようになれば、最強の企業に生まれ変わります。

部長も社長も「さん付け」で呼ぶ

皆さんは、会社で部下や後輩をどのように呼んでいるでしょうか。

上司を「〇△課長」「〇△部長」と役職名で呼び、目下の人を呼び捨てにしている企業は、今でも多いのではないかと思います。

無印良品では、全員を「さん付け」で呼ぶよう徹底しています。

部下に対しては、男性も女性も「さん」、上司に対しても「さん」です。もちろん私も社長、会長時代を通じて社員からは「松井さん」と呼ばれ、現在の会長の金井は「金井さん」と呼ばれています。会議という公の場でも、プライベートの会話でも、これは変わりません。

目下の人を呼び捨てにするのが当然の組織では、会長、社長、専務、常務、部長といったヒエラルキーの意識が強く、上の役職の人に口答えできない雰囲気があるものです。

確かに、こういうチームが、〝ある種の強さ〟を発揮するのは事実です。学生の部活動のように、上司や先輩の言葉にすべて「はい！」と答え、やみくもに従うチームは、リーダーにとっては統率しやすい面もあります。

しかし、よく言われることですが、このような組織には限界があります。トップダウンの組織は部下が自主的に働かない風土になってしまい、部下は指示待ち族となり、上司の叱責（しっせき）を恐れてミスやトラブルを隠ぺいするようになります。

「上司に対しても、きちんと意見を言うようにしよう」といくら言葉で言っても、なかなかそのような雰囲気は変わりません。改善するには「上下関係のあり方」を形から変えることが必要です。そこで、無印良品では誰に対しても「さん付け」で呼ぶことを徹底しているのです。

目下の人を呼び捨てにすると、コミュニケーションは一方的になりがちです。一方的なコミュニケーションでは、部下が気づいた問題点や課題、苦情がトップに上がっていかないという弊害を生みます。双方向のコミュニケーションが成立する状況があってこそ、はじめて現場の重要な情報が上がってくるようになります。

「さん付け」は、単に〝社内の風通しをよくする〟ためだけでなく、その先の〝情報・意見の風通しをよくする〟ために必要といえるでしょう。

一方で、呼び捨てではないにしても、「○○ちゃん」や、ニックネームで呼びあうチームも、不安が残ります。

こういった呼び方をしていると、仲良しクラブや大学のサークルのようなチームになってしまいます。そのようなチームに生まれるのは信頼関係というより、馴れ合いです。実行力が伴うチームや部署をつくるには、お互いがお互いを敬い、信頼しあう風土づくりが大切です。

上司が部下を「さん付け」で呼ぶのを実行するのはたやすいでしょう。

では、自分自身が「さん」で呼ばれるのはどうでしょうか。

部課長という役職につきながら、新入社員からも「さん」で呼ばれることに納得がいかないのであれば、自ら壁をつくっているも同然です。そういう心が組織の風通しを悪くし、ものを言えぬ風土をつくってしまうのだと自覚するところから始めましょう。

提案書のハンコは「三つまで」

大企業になればなるほど、決裁のルートは長くなる傾向があります。

まずは該当文書に担当者がハンコを捺し、その次に課長や部長が捺します。その後、経理部や法務部、人事部、システム部などの部署でも回覧されます。最終決裁者である取締役の手元に届く頃には、一〇個以上のハンコが捺されているというケースも珍しくありません。

そのうえ、ハンコの捺し方までルールがあり、部下が上司にお辞儀をするように斜めに傾けて捺さなければならないと指導している企業もあるようです。ハンコを捺すことが目的化しているようでは、その企業の未来は明るいとは思えません。

無印良品においても、かつて七つから八つのハンコが必要な時代がありました。

たとえば店舗宛に日報や業務連絡を送るとき、発行部門の担当者と課長、部長のほか、全店舗を統轄する販売部門の責任者のハンコも必要でした。

さらに、連絡事項に配送業務が絡む場合は物流部門に、伝票の発行が絡む場合には経理部門に、用度品に関係する場合は総務部門に、と連絡内容によってはあちこちからハンコをもらわないといけない状況でした。

ハンコをもらうために担当者は文書を持って各部門を訪ねて、担当者が不在の場合はそこで作業がストップします。出社していても席にいなければ何度も往復しなければならず、まったく生産性のない慣習でした。文書の発行日から店に届くまでに中二日程度かかることもありました。

そこで、「販売部門の責任者、主管部門の担当者と責任者の印鑑の三つだけでいいではないか」と提案したところ、社内からは反発がありました。

「せめて五つにしてください。出店計画に関することは、人事部も知っておかないと、採用計画をつくれません」

「うちの部署も情報を流してもらわないと困ります」

このような感じで、みんなが〝情報〟を欲しがるのです。

これは、関連する部門の了承を取っておきたい主管部門の防衛意識と、自部門も権限を持っていたいという縄張り意識の表れです。このまま放置しておくと、部門利益が優先される、それこそ全体最適を考えない〝部分最適〟の温床になってしまいます。

何より、これでは意思決定の時間がかかりすぎて、実行力が発揮できません。

そこで、反対を押し切って「ハンコは三つまで」と決めました。

今ではさらに効率化が進み、イントラネットで本部と業務部門間の連絡をしています。これで、ハンコは必要なくなりました。稟議書などハンコが必要な文書もありますが、ハンコを捺すのは最少の人数で抑えるようにしました。

リモートワークや出産や育児、介護などのライフイベントに対応した多様な働き方が求められている現在、脱ハンコの流れは今後ますます加速するでしょう。ハンコなしの書類が当たり前になる日は、それほど遠くないことだと思います。

無印良品は決裁ルートが短縮されたおかげで、スピード感を持って物事を決められる風土になりました。市場の変化に敏感に対応できる組織をつくるには、決定権のある人が即決定し、即実行できるような仕組みづくりが必要不可欠です。

何より、起案部門が責任を持って実行し、仮にうまくいかなかったときには責任の所在も明確になるようになったのが大きな収穫でした。関連部門長の印鑑がずらりと並んでいると、すべての部門の連帯責任になり、何か起きても誰も責任を取らない曖昧（あいまい）な状況になります。ハンコ一つで、ここまで企業の風土を変えられるのなら、今すぐにでも見直すべきではないでしょうか。

知恵は「他社から借りる」

無印良品で運用しているほとんどの仕組みは、他社の仕組みにヒントを得たものです。オリジナルのものは、ほとんどないといってもいいかもしれません。

私は、知恵の源泉は徹底して他社に求めていました。他社を参考にしたのは、**「同質の人間同士がいくら議論をしても、新しい知恵は出てこない」**という現実に直面したからです。

無印良品は二〇〇四年にはV字回復を遂げ、売り上げも利益も絶好調でした。

そうしたなかで、恩情型・年功重視的な人事制度の見直しを始めていました。多種多様な福利厚生制度を見直し、働いた実績に応じた直接人件費に振り替えるようにしていったのです。原資はまったく変わりません。ところが、労働組合からは「業績が好調なのに、なぜ福利厚生を削るのか」と強い反対意見が出ました。

この意見を聞いた時、私は危険の芽がまた出始めたと感じました。企業の業績や経営がおかしくなる芽は、業績がよい時にこそ出てくるものです。

そこで始めたのが、「30％委員会」というプロジェクトです。このプロジェクトの目的は、売上高に対して販管費の比率が約三四％だったのを、三〇％にまで減らすことでした。販管費は、販売費及び一般管理費の略で、販売手数料や広告宣伝費、運搬費などの販売費と人件費、交際費、交通費、通信費、賃借料、水道光熱費、減価償却費、租税公課などの一般管理費を合わせたものです。

この30％委員会の委員長は、私自身が務めていました。会議は毎週火曜日、二〇〇四年八月に第一回の会議を開き、二〇〇九年まで続けていました。

議題は、コスト削減に関する施策全般についてです。残業のカットや備品にかかるコスト削減という小さなことから、店舗の賃料や内装の見直しによるコスト削減といった、無印良品の体制を改革しなければ実行できないものまで、さまざまでした。

ところが、スタート当初、なかなか販管費を減らせませんでした。それどころか、役員や関係部署の人間が総出で、一生懸命、販管費が増えた原因を考え続けたのにもかかわらず、逆に増えてしまったのです。直営店の比率が上がったこともあり、売り上げや利益とともに経費も増えてしまったのが原因でした。

これが、「同質の人間同士がいくら議論をしても、新しい知恵は出てこない」実例です。同じ環境で、同じような情報に接して純粋培養された人間が集まって、いくら新しいことを考えようとしても、限界がありました。

そこで、同質の人間がいない、「外」に知恵を求めることにしました。

「外」には、すばらしい経営をしている人が大勢います。

このときは、下着メーカーのトリンプが「早朝会議」で話題になっていたので、私も見学に行きました。当時は吉越浩一郎（よしこしこういちろう）社長が会議を仕切り、社員はトップを前にプレゼンして、その案の採否がその場で決断されます。ダメ出しがあれば、翌日までにアイデアを練り直してプレゼンに再挑戦です。五〇項目ぐらいの案件が一時間半の会議で次々と決定されていき、まさにスピード感あふれる会議でした。

「これは吉越さんだからこそできる会議だな」と思う一方で、①必ずデッドラインを決めること、②資料は簡潔にすること、③意思決定が早い点など、参考になる情報は山ほどありました。

ここから、「仕事をなくすこと」と「効率化」でコストが削減できるのだと学びました。そこで、「会議では必ずデッドラインを決定するところまでやる」「会議のための資料作成に時間をかけない」など、取り入れられる要素はすぐに取り入れると、残業が減り、コストダウンにつながったのです。

トップが「残業をなくそう」と口頭で言うだけでは、社員はなかなか実行に移せません。マニュアルをつくるのと同じで、具体的にどのように行動を変えるのかを示すと、実行に移せるのだと、このとき実感しました。

その効果は大きいものでしたが、こうした〝知恵〟は、社内でいくら話し合っても決して出てこなかったでしょう。こうした地道な削減を積み重ね、結果的に、年間五四億円のコストダウンを実現できました。

「どこ」にヒントを求めるか、という点も重要です。

当初は無印良品も、〝超大企業〟を参考にしていました。企業をその規模にまで成長させたからには、ノウハウがあるのではないかと考えていたからです。

しかし実際に話を伺っていくと、実はノウハウは大企業ではなく、〝中小企業〟〝創業者型の企業（トップのカラーが強い）〟、それから〝販管費が低い企業〟にこそありました。経営と現場の距離が大きく離れてしまった超大企業より、いつまでも現場力を維持している中小企業に実践的なノウハウが根付いているのです。

もちろん、他社のノウハウがそのまま自分の組織で実行できるとは限りません。しまむらの例で述べたように、組織の文化や構造、働いている人たちが持っているスキルは、それぞれの企業によって異なります。他社から学んだノウハウのポイントをつかみ、自分たちの組織で実行できるノウハウに〝翻訳〟する能力も大切です。

他社の知恵を借りれば、まだまだ改善の余地があることに気付けます。そのためにも、内向きではなく外向きの視点を養っておきたいものです。

他社とは〝徹底的に〟交流する

かつて、企業が社員研修の一環として、話題になっている企業の工場にバスを何台も連ねて何十人もの方々で見学に行く姿をしばしば見かけました。

しかし、このような〝視察〟を何十回やっても、学べることはごくわずかでしょう。たいていは、「素晴らしい工場だった」と感想を述べて終わりです。

社員研修としては他社から学んだノウハウを現場で実行できるようにしなければ、実りはありません。それには、トップ同士が交流するだけでは限界があります。

徹底的に交流するには、現場の担当者同士で話ができるような関係づくりが必要です。

たとえば、共同で勉強会を開催し、その後の懇親会などでざっくばらんに話せる個人のつながりを構築する。こうすることで、もし調達担当者がシステムについての課題に悩んだら、「ちょっと、あの人に相談してみよう」と、相手の企業の担当者に電話で相談するような環境を整えられるのです。

私が会長を務めていたとき、無印良品では定期的に他社の方を招いて勉強会を開いたり、社内での集会で講演をしていただいていました。ブルボンの吉田康社長、ホームセンター・カインズの土屋裕雅社長（当時）、ポイント（アパレル）の福田三千男会長兼社長（現：株式会社アダストリア代表取締役会長）など、第一線で活躍されている方々の話には重みがあり、物事の本質を突くような学びが多々ありました。

私は、「当社の常識は他社の非常識」と社員にも何度も伝え、普段自分たちが当然のように行っていることに疑問を持つよう、促していました。

外へ目を向けないと自分たちのポジションを正しく把握できず、改革が必要なポイントに気付けません。

以前、たまたま、しまむらとの勉強会の際に話題になったのが、商品に付けるタグの種類でした。しまむらの専務に、「商品に付けるタグシールは、何種類ありますか？」と尋ねたのがきっかけです。

タグとは値札のことですが、無印良品ではここに商品名と、商品の「わけ」（商品がつくられた理由。素材や機能、環境視点など）を入れています。当時、無印良品には衣料品から文房具まで、すべての商品で二〇三種類のタグがありました。ところがしまむらは、衣料品がメインとはいえ、膨大な種類の商品をたった三種類のタグで管理していたのです。

これを伺ったとき、自分たちが当たり前だと思っていた二〇三種類が、いかに多いかをはじめて認識しました。まさに、自分たちの常識が、他社の非常識だった例です。

それぞれのタグは大きさもデザインも異なるので、相当コストがかかり、しかも国内外で二七社もの会社に頼んでつくってもらっている状態でした。

無印良品にとってタグとは、いわば「商品の顔」。ここで無印良品らしさを表現しているので、タグに手を付けることは誰も思いつきませんでした。

しかし、改革のためなら、たとえ聖域であっても手を付けなければなりません。

当時の商品担当常務にタグの見直しを頼んだところ、最終的には九八種類にまで絞られ、つくってもらう会社も二社に絞られました。大量発注する代わりに単価を下げてもらい、その結果、タグ関連だけで二億五〇〇〇万円と五〇％のコストダウンを実現できました。小さなタグで、大きな効果を得られたのです。

新しいアイデアを生み出すには、常に自分の知っていることがすべてではない、という謙虚な気持ちを持ち続けなければなりません。

自分や組織にある〝当たり前〟を意識しながら、内向きにならず、外側からの刺激で自分の限界を壊す体験が必要です。

経営の神様と呼ばれるピーター・ドラッカーも、「人間社会において唯一確実なことは変化である。自らを変革できない組織は、明日の変化に生き残ることはできない」と語っています。変化こそ成長の源泉です。組織やチームに内向き志向が定着すると、死に至る病になるといえるでしょう。

自分のチームや部署を成長させたいと、努力されているリーダーは多いと思います。そして同時に、思うように成長しない部下に頭を悩ませているかもしれません。

私も、社長に就任して一年程経った頃、同じような悩みを抱えていました。そして最終的には、こういう結論に至りました。自分の器以上には、組織はよくならないのだ、と。いくら組織の仕組みや体制を変えても、結局リーダーの器以上には成長していかないものです。

それならば、リーダーは、チームメンバーが異文化に触れられる環境を積極的につくりあげることが、責務なのではないでしょうか。

反対勢力はゆでガエル状態で染めていく

人間は、本能的に変化に対して警戒心を抱きます。

それが自分にとってポジティブな変化であろうと、ネガティブな変化であろうと変わりません。

だから、改革やイノベーションに、周囲からの抵抗は付きものです。

おそらく多くのリーダーは、チームや組織にいる抵抗勢力に対し、何度も説得を繰り返したり、必死に妥協点を探ったり、立場や権限で反論を押さえ込んだりしているのではないでしょうか。

私は抵抗勢力に対し、そのような対応はしませんでした。〝ゆでガエル〟状態にして、染め上げていく方法を取っています。

ゆでガエルと聞くと、あまりいいイメージを持たない方も多いでしょう。

一般的な解釈は次の通りです。

カエルを熱湯にいきなり入れると、熱さのあまりに飛び出しますが、水に入れてから徐々に温度を上げていくと、温度変化に気づかないままゆであがって死んでしまいます。そのことから、ぬるま湯のような組織にいると、業績や環境の変化に気付きにくくなり、いつの間にか取り返しがつかなくなる――衰退していく組織の体質を表すために、この表現はよく使われています。

実は、この〝ゆでガエル〟の現象は、改革の反対勢力を染め上げる方法としては有効です。

変化に気付かないうちに、徐々にゆであがっていく。この痛みもかゆみも感じないような方法をとれれば、メンバーに痛みを感じさせずに改革を実行できます。

たとえば、ＭＵＪＩＧＲＡＭをつくるときも反対勢力は少なからずいました。

そこで私は、反対勢力の彼らを、あえてＭＵＪＩＧＲＡＭ作成の委員に任命しました。責任者として、積極的に作成に関わらざるを得ない状態にしたのです。

そうすると、最初は〝仕方なく〟という気持ちもあるのでしょうが、やはり自分の得意分野であり、こだわりのある仕事についての仕組みをつくるとなれば、知恵を出すようになっていきます。

「ディスプレイはこれで統一したほうがわかりやすい」「この商品はこの位置に置いたほう

が手に取りやすいのではないか」など、次々と個人のノウハウが、全社で共有する知恵になっていきました。

こうなれば、もはや彼らは反対勢力ではありません。自分たちがつくり上げたＭＵＪＩＧＲＡＭですから、それを積極的に活用すべく、現場にも伝えるようになっていきました。

また、前章でもお話ししたように、新入社員の研修はすべてＭＵＪＩＧＲＡＭをテキストに使うようにしています。

無印良品で働き始めたばかりのスタッフは、〝真っさら〟なだけに、ＭＵＪＩＧＲＡＭの理念やノウハウをすんなりと受け入れる素地があります。毎年ＭＵＪＩＧＲＡＭで新人研修を行っていくうちに、ＭＵＪＩＧＲＡＭを仕事の基準にするスタッフが年々増え、自然と組織の色は変わっていきました。

同時に、店長の教育もしなければなりません。

私は西友の人事部時代、新人スタッフの教育係もしていました。

挨拶や身だしなみなど、基本的なことを教えると、しばらくはアドバイスどおりにできていました。しかし、数カ月後に店を覗（のぞ）くと、スタッフは挨拶も身だしなみもおろそかにしているというケースが相次ぎました。

なぜそうなるのかと原因を考えた時、店長がいいかげんな仕事をしている店は、スタッフの仕事の仕方もいいかげんになると気づいたのです。

最初は嫌々MUJIGRAMに従っていた店長も、本部から何度も指導されると、自分の仕事の仕方を改めるようになります。ここだけは、早めにゆであげないといけなかったので、多少の強制力は発揮しました。

ゆでガエル方式は、時間と手間のかかる、回りくどい方法に思えるかもしれません。確かに、私も三年間は辛抱だと思っていました。

しかし、結局はこれが一番の近道だと私は考えています。

力で反対勢力を押さえつけたり、無理な妥協点を見いだしたりしても、それでは本当の意味でチームや組織を変えることはできません。メンバーが当たり前のこととして自然と体現するようになって初めて、本当の変化といえるのです。

「幹部は三年間、固定」せよ！

二〇〇一年から二〇一一年までの一〇年間、日本は七人もの総理大臣が目まぐるしく就任と退任を繰り返しました。

総理大臣に就いて半年もたたないうちに野党やメディアが内閣を攻撃し、世論が同調して支持率が低下し、与党内で責任を追及する声が上がって引きずりおろされる、という繰り返しでした。

たとえどんなに優秀な人でも、ここまで短期間だと何もできないでしょう。周りの政治家も国民も、トップが代われば国を変えてくれるに違いないと、国の危機を他人事のようにとらえているのではないかと感じました。

私が無印良品事業部長になったばかりのころ、「あそこの店の売り上げはどうして悪いのだろう」と課長たちに投げかけると、「あれは〝人災〟ですね、店長の運営の仕方が悪いんですよ」と言われました。それを聞いて、私は「まるで本質が理解されていないのだなあ」と驚きあきれたものです。

人に責任を押しつけ、自分には関係ないと思っている。問題の本質に目を向けられず、思考停止している。これでは、根本的な解決にはとうてい辿り着けません。

よほどのことがない限り、個人の能力だけで業績が悪化するようなことはないと考えるべきです。小売業は、ものづくりから販売、出店など、総合力で戦う業種です。店舗の人手が足りていないのかもしれませんし、そもそも店の立地が悪いのかもしれません。問題の本質を探り当てないと、誰が店長になっても同じことの繰り返しになります。

かつての無印良品では、そのような事例はあちこちで起きていました。

私が社長に就任する前、衣料品部門の部長が三年間で五人も代わりました。三年間で、五人。単純計算でも、一人あたり約七カ月で交代していたことになります。

衣料品の売り上げが落ちた時に、何が原因なのかを社内で話し合うと、やはり「リーダーである部長が悪い」という結論になり、次々とクビを切っていたのが、盛んに交代した理由です。おそらく本書の読者には部長さんや課長さんも多くいるでしょうから、身につまされるような話でしょう。

部署で問題があった時は、リーダーが全責任を負う。確かにそれは、一見筋が通っているように思えます。しかし、そこでリーダーを代えたところで、根本的な解決にはなりません。ころころとリーダーを代えると、次にリーダーになった人はクビを切られるのを恐れて、無難な判断をしがちです。そうなると抜本的な改革ができないので、問題を先送りにするだけになります。結果的に、リーダー不在の体制になってしまうのです。

私が社長になってからは、主要幹部は三年間固定することにしました。これでリーダーも腰を据えて各部署の問題点を洗い出し、徹底的に改善できるようになりました。

責任の所在をハッキリさせるのは大切ですが、それは個人の責任を問うためではなく、根本的な問題を探るためです。リーダー自身が問題点に気づき、改善しないことには実行力のあるリーダーにはなれません。

個人のせいにして問題解決を先送りにする風潮は、大企業病に陥った会社にありがちな「縦割りの構造」から生まれていました。

たとえば当時、「モノをつくる機能」を強化しようとして、商品開発部と生産管理部、在庫管理部の三つの部をつくり、それぞれに部長を置いていました。この三つの部が互いに連携し合うことが狙いでした。

ところが思惑は外れ、互いに競い合うようになっていたのです。

在庫管理部は在庫を少なくしようと、値下げをして商品を処分します。そうやって在庫のコントロールがうまくいき、社内で表彰されたこともありました。

一方、生産管理部は工場の品質管理や生産性を向上させるのが仕事です。ここは工場を効率的に動かすために難しい商品をつくることへ難色を示すようになりました。

商品開発部は、ヒット作を生み出そうと試行錯誤を繰り返している状況です。

それぞれの部門がそれぞれの利益しか考えないようになっていました。

まるで現在の日本が直面している、行政における縦割り構造と省益重視の官僚主義による弊害と同じです。こうなると部門ごとに意見がぶつかりあい、責任をなすりつけあい、話がなかなか前に進みません。

そこで、商品開発部のMD（マーチャンダイザー）をヘッドにして、在庫管理と生産管理の担当者をその下に置きました。すると一人の部長の指揮のもとに全体を動かせるようになり、物事がスムーズに進められるようになりました。

縦割りの構造を変えていくと横の連携が生まれ、それぞれの担当者に問題意識が芽生え、当事者意識を持てるようになります。そうして初めて、正面から問題に向き合える体制が整えられるのです。

部下のモチベーションを上げる一つの方法

実行力のあるチームをつくるには、個々のメンバーのモチベーションが高いことが必須条件です。

当たり前の話ですが、やる気と積極性のあるメンバーでなければ、ビジネスにおける困難な課題に立ち向かえません。

部下のモチベーションを保つためには、給料を上げることが一つの方法ではあります。しかし、一時的にモチベーションが高まるだけで、持続させることはできません。

部下のモチベーションを上げ、チームや部署全体の士気を上げるのに必要なポイントは二つあります。

それは、①やりがいを与えること、そして、②コミュニケーションです。

組織の仕組みを整えることは大切ですが、仕組みを変えるだけでは、ハードは新しくてもソフトは古いままのパソコンと同じで、いずれ支障を来して動かなくなります。やはり、社員一人ひとりの心（ソフト）も無視できません。

では、どのようにしてやりがいを感じてもらえばいいのか。

私は、社員がその組織、あるいはそのチームに尊敬の念を抱くようになることが理想的だと考えています。

かつての西友の衣料品は、「ダサい」というイメージが世間に定着していました。そのため、西友で働いている社員は、自社の衣料品を買おうとは思っていませんでした。自分たちが満足できない商品は、当然お客様も手に取らないでしょう。お客様が買わなければ売り上げは伸びず、結果的に給料も上がりません。そのため、社員は自分たちの働いている組織に誇りがもてなくなってしまうという悪循環がありました。

そこで、無印良品では社員自身が満足できる商品をそろえるよう心がけることにしました。自分が欲しいと思う商品であれば、お客様にも胸を張って薦められます。そして、お客様に喜んでもらえると、それが自分にとっての喜びとなります。

やりがいとは、目に見える数値や金額だけで生まれるものではありません。目に見えない喜びや感動にこそ、価値があるのです。

部下のモチベーションが上がらないのなら、自分たちが満足できる商品やサービスを提供しているのか、再確認してみるべきでしょう。

モチベーションを上げる二つ目のポイントが、「コミュニケーション」です。

これは、とにかく伝達経路をシンプルにし、社員の意見や行動に対してしっかりフィードバックすることがカギです。

部下が三人いて、一人にだけ情報を伝えなかったら、その人には不満が生じます。すべての部下に等しく情報を伝えるのは社内でのコミュニケーションの基本です。

無印良品には毎朝、店に社員が出勤してきてパソコンを立ち上げると、画面にその日にやるべき業務や予算目標、伝達事項が自動的に表示される「朝礼システム」があります。

これを導入した理由は、各店舗に朝礼を任せると、店長によって伝える内容にバラつきが出てしまい、情報格差が生まれるからです。後から重要な情報を知らされると、社員は上司や組織に対して不満を感じてしまうものです。

そのようなことが起こらないように、朝礼をシステム化して、情報伝達をシンプルにしました。

無印良品の場合、会社全体でコミュニケーションを徹底するためにシステム化していますが、部署レベルならメーリングリストやＬＩＮＥグループなどで一括して伝達事項を伝える方法で充分かもしれません。

また、無印良品では、「生産性を二倍に、またはムダを半分に」というＷＨ運動（Ｗ＝ダブル、Ｈ＝ハーフ）を行っています。これもボトムアップの仕組みづくりの一環なのですが、各部門に改善のテーマを決めてもらい、成果を出せた部門には「松井賞」「ホームラン賞」といった賞で表彰し、わずかではありますが金一封も渡しました。

このように、**「あなたの働きを認めています」というフィードバックもコミュニケーションの一つです**。賞を与えるところまではしないにしても、部下の仕事を評価するよう心がけるだけでコミュニケーションは円滑になります。そして、部下のモチベーションも保てるようになるでしょう。

コンサルタントには組織は立て直せない

経営戦略にしろ、人材育成にしろ、社内やチームでは解決できない問題が出てきた場合、コンサルタントに頼ることを考えるリーダーは多いのではないでしょうか。

確かに、新たな気づきや最新の情報を仕入れるために相談するのは、有益かと思います。しかし、仕組みづくりや組織改革の実行をコンサルタント任せにしてはいけません。

無印良品の業績が悪化したころ、コンサルタントと肩書のつく人が次々と私に連絡をくれました。セゾングループの幹部からの紹介で来る方など、さまざまです。仕組みづくりでいくつかの事案をお願いしましたが、はかばかしい成果が得られたケースはほんの一、二例でした。

結局、外から作戦参謀を呼んでも、社内の人間が彼らを使いこなせなければ、結果は出ないことを痛感しました。

コンサルタントのノウハウが、必ずしもその組織やチームに役立つとは限りません。

当たり前ですが、コンサルタントは、本人の専門分野や得意分野での問題解決の提案をしてくれます。しかし、それが問題の本質に迫っているとは限りません。

コンサルタントが活躍するには、結局のところ、実行力のある社内のリーダーと共に行動するしかないでしょう。コンサルタントに問題点を洗い出してもらっても、それを改善するかどうかを決めるのはリーダーです。そこで社内の抵抗勢力に阻まれ、改革を断念するケースもあれば、トップ自身が、せっかくのチャンスを握りつぶす場合もあります。

そもそもコンサルタント任せの組織は、未知の課題に直面した際に、自分たちでその解決策を生み出そうという風土や意識が失われています。

何事も、人に教わって直すようでは身につきません。自分で問題点を発見し、それをどう直せばいいのかを考えない限り、自分のものにはできないのです。

組織やチームの改革は、他力本願ではなく、自力本願でいくしかないのだと腹を括る（くく）しかないでしょう。

迷ったときは「難しいほうを選ぶ」

「未来は予測不能だし、手本もない」とは、元日本ＩＢＭ社長の椎名（しいな）武雄（たけお）さんの言葉です。

ビジネスは、日々決断の繰り返しです。

絶対に正しい答えがあるわけではなく、実行した結果、吉と出るか凶と出るかがわからなくても、「やるしかない」場面も多々あります。

多大な開発費をかけて投入した新商品や新サービスの売れ行きが芳しくない。そのような局面は、誰もが経験しているはずです。そのまま売り続けるか、撤退するかといった決断の場面では、つい簡単な道を選んでしまいがちです。

私は、あえて難しい選択肢を選ぶように心がけています。

それは難しい選択肢にこそ、問題を解決する本質が潜んでいるケースが多いからです。

簡単に実行できる解決策は、確かに魅力的ですし、〝目の前の問題〟ならすぐに解決してくれるでしょう。しかし、その問題を表面的にしかとらえていないので、いずれまた同じ失敗を繰り返すことが少なくないと感じています。

無印良品には、以前アウトレットのお店が七店ありました。私は毎年一つずつ閉鎖し、社長退任時は三店舗にまで縮小しました。現在は実店舗はすべてなくなり、アウトレット商品は公式のネットストアで一時的に販売する程度です。

アウトレットとは、見込み通りに売れなかったり、シーズンが過ぎて売り場に置けなくなった商品を集め、値引きしてお客様に提供し、在庫を処分していく方法です。とくに衣料品の業界では、多くのブランドやメーカーが在庫処理の手法として採用しています。

しかし、無印良品ではその方法に頼らず、シーズン中にすべてを売りきる仕組みをつくることにしました。

春物は沖縄から投入し、秋物は北海道から投入します。衣服雑貨の物流費はそれほど高くはないので、たとえば佐賀の店で売り上げが伸び悩んでいる春の商品を、新宿の店に移動させる。このように場所を変えるだけで、瞬時に売れていくようになります。

重要商品は先行してネットで販売すると、動向が事前につかめます。生産のアクセルを踏み、ブレーキを踏むためには、ＥＤＩ（商取引に関する情報を、企業内で電子的に交換する仕組み）を海外の産地と結ばなければなりません。そういった努力と仕組みの改革が競争力となっていくのです。安易にアウトレットで原価を削って販売する企業との差は歴然です。

未来は、リスクを取らない限り開けません。

皆さんは、リスクを取るような仕事をしているでしょうか。

そして、部下にもリスクを取るよう背中を押しているでしょうか。

チャレンジしなくなったときに、リーダーとしての資質はなくなります。

部下が簡単な方法ばかりを選び、冒険をしないのは、リーダーがそういった決断ばかりをしているからでしょう。リーダーが自ら難しい決断をし続けていれば、部下もリスクを覚悟しつつ実行できるようになるのではないでしょうか。

性格を変える、ではなく、行動を変える

部下の〝意識改革〟をしたい時、抽象的な精神論で、部下の性格や考え方を変えようとする人がいます。

「君はやればできるんだ」「気合いが足りないんだよ！」という根性論や精神論で発破をかけたところで、部下の性格は変わりません。自分の性格でさえ簡単に直せないのに、人の性格を変えようとするのは元々不可能な試みなのです。

それでは、どうすれば部下の意識や考え方を変えられるのでしょうか。

私は、行動を変えれば、人の意識は変わると考えています。

たとえば、無印良品にはブロック店長という、自分の店舗と同時に周辺の同一ブロック内の他の店舗を指導する立場の人がいます。一般的な企業では係長クラスにあたる管理職です。一人ひとりのブロック店長は性格も個性もそれぞれで、就任当初は必ずしも管理職に向いているとはいえない人もいます。

しかし、そのようなブロック店長に対し、研修で管理職の心得を説いたりはしません。日々の業務の中で、自然と管理職にふさわしい行動が取れるような仕組みを用意しておきます。

具体的には、本部の監査室の担当者を店舗に行かせて、ブロック店長が取るべき行動や業務を指導するようにしました。ブロック店長が各店舗で確認しなくてはならない事項から、スタッフの評価方法まで、「この場面ではこうしてください」と逐一指示します。できるようになるまで何度も担当者を行かせます。

ここまですると、誰がブロック店長になっても業務が標準化され、ブロック店長に求められる役割を果たすことができます。

性格を変えようとすると感情的になりますが、行動を変えるのなら、「レジ周りは整頓（せいとん）されているけれど、バックヤードが整理されていませんね」と、できていることとできていないことを伝えればいいだけです。もし何度指摘しても変わらないなら、仕組みに問題があるのではないかと一緒に考えてもらえば、できない原因が見えてくるかもしれません。

そして、**行動に結果が伴うと、自然と管理職にふさわしい考え方や意識が身に付いていきます。**

「立場や環境が、人をつくる」とよく言われています。はじめに人柄や性格ありきではなく、立場にふさわしい振る舞いになるよう、具体的に行動を変えていけば、誰でも意識が変わるのです。

もし無口な部下に積極的にコミュニケーションをとってもらいたいのなら、人との関わりの重要性を説明したり、消極性を責めるのではなく、その部下が毎日周囲に声をかけないと業務が進まないような仕組みを用意すればいいのではないでしょうか。

意識改革とは、人の性格を変えるのではなく、仕事の仕方を変えることで、自然と実現できるものなのです。

第4章　この仕組みで「生産性を三倍にできる」

「結果を出せる努力」には方法がある

仕事に向かう姿勢として、まるで少年野球チームの子どものように、漠然と「僕、頑張ります」というのは最悪です。

アマチュアの世界では許されるでしょうが、プロの世界では、頑張っても結果を出せなければ、力不足だったと判断されるだけです。

たとえ少年野球の世界でも、人の二倍練習をするのか、ランニングや筋力トレーニングをするのか——方法を考えポジションを取るまでのステップを考えて行動しなければ、レギュラーは勝ち取れません。がむしゃらに頑張るのではなく、どんな方法で頑張るかが大事です。

それはビジネスの世界でも同じです。

大人になっても、「わかりました、頑張ります」と答える社員は少なからずいます。そのような人は、努力をすること自体を重視して、「どのポイントを、どのようなステップで努力すれば結果を出せるのか」を考えない傾向があるようです。

当たり前の話ですが、結果を出して初めて仕事は成り立つものです。努力しても結果を出せないとしたら、やはりそれは努力の方法が間違っているのでしょう。

象徴的な例があります。

無印良品では、二〇〇一年に自動発注システムを導入しました。

それまで売り場の発注担当者は、仕入れの仕事に大きなやりがいを感じていました。自分が「売れる」と判断して仕入れた商品が飛ぶように売れれば、それは嬉しいでしょう。そのため、店を閉めた後も、「ああでもない、こうでもない」と商品を並べ替え、どの商品をどのタイミングで仕入れるかを思案していました。そして終電に飛び乗って帰る毎日でした。

それだけ自分の仕事に誇りを持ってもらえるのは、ありがたいことです。

しかし、そこまで努力しても担当者の思いどおりには売れず、在庫の山は築かれる一方でした。そのうえ、売りたい商品が店頭で欠品している場合も多くありました。

当時は売れなかった原因を「今月は雨の日が多かったから」とか、欠品した原因を「予想以上に売れたから」といった曖昧な理由で済ませてしまっていました。発注の仕事が、〝ギャンブル〟になっていたのです。

そこで、自動発注システムを構築しました。このシステムは、売り上げ実績・市場の動き・季節などの情報から、単品の売り上げを予測して、一週間分の仕入れを発注するものです。基準在庫を下回ったら発注するというシンプルな仕組みで、勘や経験則は入り込む余地がありません。

システムが稼動しはじめた後、すぐに現場から不満が出てきました。

発注担当者のこれまでの仕事ぶりを見てきた人は、仕事がなくなって落胆している担当者の姿を見て、「かわいそうだ」と同情しました。また、導入時はしばらく現場が混乱したので、その都度、「やはりＩＴではなく、人がやらないとダメだ」との批判も噴出しました。

それでも、しばらく経つと発注業務にかける時間は大幅に削減できました。データに基づいて発注が行われるようになった結果、不良在庫は大幅に減り、欠品も起きにくくなりました。発注作業は原則なくなり、在庫修正作業も五〇％から一〇％に減少。仕事の労力を一気に五分の一にできたと言えるでしょう。

店にとっても発注担当者にとってもいい影響が出始めると、不満は消えていきました。

発注担当者は削減できた時間の分、新しい仕事にもチャレンジできるので、結果的に仕事の幅を広げ、自分自身の成長にもつなげられます。

一生懸命、発注作業をしている姿はたしかに心を打つかもしれませんが、それが結果につながっていないとすれば、やはり努力の方法の見直しが必要です。

無印良品は、現場のムダな努力をなくすために、あらゆる仕組みをつくってきました。

多くの経営陣や部課長は、部下に「努力をしてもらうこと」を喜ぶものです。連日徹夜をしている姿を見て、「頑張っているな」と評価する場面は、いまだに多くの企業で見られます。

しかし、そういう組織はやがて衰退していくでしょう。これだけグローバル化が進むと、仕事の仕方も世界標準に合わせないと、海外に進出した際にやっていけなくなります。海外では「残業は当たり前」という考え方は受け入れてもらえません。

社員が定時に上がれて、なおかつ仕事の生産性を上げるためには、個々の努力ではなく、組織全体での仕組みづくりが必要です。本章では、無印良品で実践した、生産性を三倍に上げる仕組みづくりをご紹介します。

原因が見えた途端に問題の八割は解決する

たとえば、営業部の成績が低迷を続けていたとします。

なぜ売れないのか原因を考えた時、たいていは「売り方が悪い」という話になり、セールストークや接客態度を見直すということになりがちです。

しかし、それらは本当に問題の原因なのでしょうか。

営業部員が育たないのは、個人個人のスキルの問題ではないかもしれません。一部のトップセールスマンのノウハウを、部署内で共有していないからかもしれないのです。

そのノウハウを共有する必要がない、あるいは共有したくないと思っている人が多いのなら、そこに問題の本質が隠れています。

もし、営業部員同士を競争させて売り上げを伸ばそうとしているのなら、ノウハウは共有できず、伸び悩む営業部員はますますやる気をそがれてしまいます。その方法を変えない限り、売れないセールスマンを量産することになるでしょう。

問題は、その根本的な原因が見えなければ解決できません。本質をつかんでいなければ、トラブルが発生しても、場当たり的な対応しかできなくなります。

まずは、「問題の見える化」が必要です。

見える化ができないとしたら、組織の風土や仕組みに原因があると言えます。

一人ひとりが「面倒なことに関わりたくない」「与えられた仕事をやっていればいいだろ

う」と他人事のようにとらえているからかもしれません。でも、そんな意識を持っている限り、根本的な問題は埋もれたままです。誰かが深く踏み込んでいかなければなりません。

私が社長に就任した当初、衣服・雑貨部門の売り上げは低迷していました。それを立て直すために着手したのは、やはり「見える化」でした。

売り上げデータをオープンにし、それをきちんと分析した上で、対策を練る。文字にすると当たり前のことのようですが、これができていなかったのです。

当時、衣服雑貨は五つの部門に分かれていたのですが、部門毎の管理帳票はバラバラでした。それぞれの部門の担当者が独自にエクセルシートをつくって管理していたからです。衣服雑貨の全部門のデータを一括で見る仕組みがありませんでした。

たとえば「紳士服」だけでもＴシャツ、シャツ、ジャケット、セーター、パンツと何種類もあります。さらにそれぞれのアイテムにはＶネック、Ｕネックとデザインはいくつもあり、色もサイズも数種類あれば、無地かボーダーかなど、一つのアイテムでもこれだけ枝分かれしています。

そのうちの何が売れていて、何が売れていないかの詳細を分析し、対策を立てるのは、紳士服の担当者にまかされていました。

どこの工場にどのくらい発注し、仕掛り品（製造途中の商品）はどの程度あり、完成品はいつ、どのタイミングで入荷するのか、処分はいつからどれくらいの割引率で行うのか――などの情報は、担当者しかわからない状態でした。

この管理方法だと、個人の能力のレベルが、会社のレベルになってしまいます。その人が辞めてしまうと、すべてのデータがわからなくなり、新しい担当者は単品の前年比すら把握できないという事態に陥っていました。

そこを見える化するために、一括で管理できるシステムをつくりました。単品毎の売り上げ動向は三週間目に判断できるようにフラグを立て、すべての人が見られる状態にしたのです。

売り上げ動向に応じて、アクセルを踏む（増産）、ブレーキを踏む（生産をやめる）ということができるようになりました。商品の動きが鈍い店の在庫は、売れる店に移動できるようになり、ネットで先行販売し、売り上げ動向を把握するという今ではスタンダードになったテスト販売もできるようになりました。

こうした本質的な解決策を導入した結果、二〇〇〇年に約五五億円あった在庫が、三年後に約一七億円にまで圧縮されました。約三分の一の減少です。売り上げはほぼ変わらないので、**ムダを減らしただけで生産性は三倍になったと考えられます。**

根本的な原因が見えれば、ピンポイントで手を打てます。問題は原因が見えた途端、八割は解決するものなのです。

大学の先生や研究者が論文を書こうと思ったら、まずはその分野の過去の研究論文や事例を調べます。その上で、これまでの研究や実験では解き明かされていない事象や事例に対し、自分なりの仮説を立てて、それを実証します。

ビジネスの問題の解決方法も、基本は同じでしょう。

過去のトラブルや成功例を分析し、自分なりの解決策を考えて、実行する。スタート時点での分析が甘ければ、それ以降の解決策も不十分になります。

問題は、意外なところに潜んでいるものです。それを見逃さないためにも、私は組織を丸裸にするような思いで、見える化に取り組んでいました。

「机の上がきれいな会社は伸びる」理由

どこのオフィスにも、書類やファイルが積み上げられて今にも雪崩を起こしそうなデスクや、席の周りに段ボール箱を積み上げて砦のようになったデスクが、一つはあるのではないでしょうか。

無印良品の本部にも、かつてはそのようなデスクが多数ありました。

机の上には資料が積み上げられて、作業をするスペースといえば紙一枚分ほど。机の下には段ボール箱に入れられたサンプルなどが置かれていて、まさに足の踏み場もない状態です。どのように仕事をしているのかが不思議なくらいでした。

しかし今は、クリアデスクルールを実施し、すべてのデスクが整理整頓（せいとん）されています。

退社時には、私物や進行中の仕事の書類などを残してはいけないことになっており、机の上に載っているのはパソコンと電話ぐらいです。

もちろん、机の上のものを引き出しに詰め込むだけでは、問題の解決にはなりません。

まず、ハサミやホチキス、のりなどの使用頻度が低い文房具は、部門ごとで共有するようにしました。個人で文房具を所有していると、際限なく所有物が増えます。この活動をスタートさせるにあたって、普段使っていないホチキスやハサミなどの文房具を集めたところ、机の上に山が築かれたぐらいでした。それだけコストもかかっていたし、スペースがいくらあっても足りなくなってしまう原因の一つだったので、個人の所有を止めることにしました。

さらに、共有文書で仕事をするよう、徹底しました。

これには、「紙の資料を減らす」以上の狙いがあります。

個人で情報を抱えてしまうと属人化してしまうので、「個人」に「仕事」を紐（ひも）づけるのではなく、「組織」に紐づけるために、共有文書でやり取りをする習慣をつけることにしました。

作成した文書は自分で保管せずに、誰もがいつでも取り出して見られるようにファイルにまとめて、部署ごとにキャビネットに入れています。さらに、キャビネットの扉も取り払ってしまい、見える化を進めました。

ここまですると、「三カ月前に会議でもらった資料はどこに行った」という話になっても、パッと探し出せるようになります。資料が山積みになったデスクや、何がどこに入っているのかわからないキャビネットでは、書類を探すだけでムダに時間がかかります。こうしたムダの積み重ねが、生産性を下げている要因でもあるのです。

共有文書にすれば社員同士のコミュニケーションもとりやすくなり、情報の伝達力が上がるというメリットもあります。

担当者が長期休暇をとっている最中や出張で不在のとき、取引先から問い合わせがあり、慌てて担当者に連絡をするというのはよくある話です。

共有文書を一括で管理しておけば、ほかの社員が代わりに対応できるようになります。もちろん、担当者が異動になった時も、スムーズに引き継ぎができます。

見える化は、やると決めたら徹底してやらなければなりません。

無印良品の場合は、クリアデスクを推進するチームをつくり、各部署のデスクやキャビネットをチェックして回り、徹底的に整理をしました。その結果、キャビネットの数を減らすことができたので、空いたスペースにはコーヒーサーバーなどを置き、社員が打ち合わせや休憩ができるコーナーを設けました。

このオフィスの改革は、一時で終わらせたわけではありません。二〇一五年には社員でチームを組み、オフィスリノベーション・プロジェクトがスタートしました。オフィスのレイアウトやデザインを変えるのに合わせて、木材を基調にしたデスクやキャビネットを取り入れて、無印良品の収納グッズを利用してスッキリしたオフィスに生まれ変わりました。収納用品の選定や収納ケースに貼るテプラのデザインも一つひとつ話し合って決めて、無印らしい、こだわりのあるオフィスとなりました。

自分たちでつくったオフィスはやはり愛着が湧きます。そこで、全社員が毎朝五分間、自分たちの働く場を掃除する習慣も生まれました。また、自分たちでフロアのゴミを収集するようになり、そのなかで生まれた、カップラーメンのつゆはどのように捨てるべきなのかという疑問を自治体の清掃局に問い合わせるなど、真剣に自分たちの働く場をどうするかを考えるようになったのです。

オフィスの整理整頓から始まり、結果的には社風を変えるまでの大改革になりました。これは経営陣が陣頭指揮をとらずに社員の自主性に任せていたのですが、自分たちで議論しながら働く場をつくりあげたことに大きな意義があると思います。

店舗でも同様に見える化を進めました。

かつては倉庫に商品を取りに行くときには、婦人服なら婦人服の担当者、文房具なら文房具の担当者しか、どこに在庫が置いてあるのかわかりませんでした。

そこでMUJIGRAMで在庫管理の仕方を細かく決め、担当者以外の人でも在庫を見つけられるようにしました。これも、情報の伝達力を上げる取り組みだといえます。

クリアデスクや倉庫の管理は、単に整理整頓だけが目的ではありません。それに伴って、組織の風土や働き方を変える効果もあります。

無印良品は、この経験をもとにオフィスづくりの事業化も始めました。オフィスづくりのプロに頼まずに、自分たちでオフィスを変えたことが自信となり、ノウハウを外部に提供しようという話になったのです。これも社員を成長させるいい仕組みであったのだと、改めて実感しています。

「仕事のデッドライン」を見える化する

「締め切りを設定していない作業」は、仕事とはいえません。

チームのリーダーは、自分の仕事だけではなく、部下に割り振った仕事にも必ずデッドラインを設けているはずです。

しかし、「デッドラインを設定した」だけで満足してしまい、進捗状況を把握せずに、デッドラインが守られないのは、よくある話です。傍から見るとそれほど仕事量が多くない社員でも、「他の仕事で忙しくて」「急に頼まれた仕事があるから」と言い訳をするものです。デッドラインを設けても、守れない。これも見える化する仕組みをつくれば、解決できます。無印良品では、二つの仕組みによって、すべての業務のデッドラインを見える化しています。

一つ目の仕組みは、「デッドラインボード」です。

これは部門単位で管理され、部門長のデスクの近くに置かれています。部門長は部下に仕事の指示をしたら、デッドラインボードに担当者と指示の内容、デッドラインを書き込みます。デッドラインが守れれば○、守れなければ×をつけます。

これにより、誰がどのような仕事を行っているかが見える化でき、その進捗も把握できるのです。締め切りを社員全員がチェックできるので、いい緊張感が生まれます。

二つ目の仕組みは、社内ネットワーク上にあるDINAというシステムです。

DINAとは、Dead Line（締め切り）、Instruction（指示）、Notice（連絡）、Agenda（議事録）の頭文字を取ったもので、パソコン上で全部門の業務の指示や連絡事項などが共有できる仕組みです。

会議の後は企画室の担当者が議事録をつくり、DINAシステムに投稿して、全社員で閲覧できるようにします。「本日、テレビでこの商品が紹介されます」といった連絡事項があれば、ここに投稿して、情報を共有するのです。

部署内で済むような小さな仕事はここには投稿しませんが、出店計画のように他の部署も関係するような案件については必ずアップします。

たとえば、ある会議で生活雑貨部に対して「商品の組み立て説明書の質を上げる」ように指示が出たとします。会議ではデッドラインも決めるので、指示の具体的な内容といつまでに実施するのかをDINAシステムに投稿します。

投稿を全員が閲覧して、部署全体で共有できているかのチェックも重要です。

DINAシステムを閲覧していない人がいるときは、画面には×がつきます。部署内の誰が見ていないのかもわかるようになっているので、上司は全員が見ているかどうか確認することができます。これで会議に出席していなかった人にも、情報が漏れなく伝わります。

DINAシステム上でも、業務がデッドラインまでに完了した場合は、指示を出した人が完了のチェックを入れます。万一、期日までに完了しなかった場合は、指示の内容やスケジュールを再度見直し、改めてデッドラインを設定します。

こうすることで、業務の進捗はすべて見える化できるようになりました。

このシステムは、広島にある病院で導入されているシステムを参考にし、無印良品流に開発したものです。

これらの仕組みには、二つの効果があります。

一つ目の効果は、PDCAサイクルの実行です。

PDCAサイクルは、計画（Plan）、実行（Do）、評価（Check）、改善（Act）のプロセスを順に実施するマネジメントの手法ですが、PとDはできても、CとAはなかなかできません。

CとAを誰もが実行できる仕組みをつくって初めて、いい仕組みだと言えます。

上司が「企画を考えておいてよ」と指示を出すとき、急ぎでないならデッドラインを設定しない場合もあるでしょう。デッドラインがないと計画がどこまで進んでいるのかわからないので、実行、評価、改善とつながっていきません。デッドラインを必ず設けて、さらにそれを見える化すれば、あらゆる仕事が計画倒れにならず、実行に結びつきます。そうやって、ＰＤＣＡサイクルは回るようになります。

二つ目の効果は、上司が指示の内容を忘れなくなるという点です。

多忙な上司は自分が出した指示をつい忘れてしまうので、見える化して全員で情報を共有するようになれば、それを防げます。

無印良品では、デッドラインを見える化した結果、生産性は格段に向上しました。

業務が漏れなく遂行された結果でもありますが、同時に見える化することで、何が何でもそれまでに完了させなくてはいけないという緊張感も強くなったからでしょう。

ホウ・レン・ソウが「人の成長を止める」！

新社会人の多くは、報告・連絡・相談、いわゆる〝ホウ・レン・ソウ〟が仕事の基本であると教わります。

確かにホウ・レン・ソウは大切な業務なのですが、多忙なリーダーがすべての部下から報告を受けたところで、対応できません。自分の仕事だけで手いっぱいなのに、細かい報告を受けて指示をするところまですべて引き受けていたら、リーダーの仕事の生産性が落ちてしまいます。

無印良品では、ホウ・レン・ソウの代わりに、前項で紹介したＤＩＮＡシステムで仕事の進捗状況を確認します。

デッドラインの日付になった時点で上司が成果を確認し、できていなければ、どこで問題が起きているのか、そこで確認すれば充分対応できます。

基本的には、小さな問題は各部署で解決を図ります。ただし、万一重大なトラブルが起きた場合は、速やかに経営トップまで情報を上げ、経営レベルでの解決を行う仕組みを整えています。ホウ・レン・ソウはまんべんなく行うのではなく、要所要所で行うようにすれば、仕事のスピードを緩めずに済むのです。

ホウ・レン・ソウは、部下が上司に逐一報告することでコミュニケーションをとれるのと同時に、トラブルやミスを小さいうちに発見して、後々大事になる前に解決できるというのが一般論です。しかし、**行き過ぎたホウ・レン・ソウは人の成長の芽を摘んでしまう行為だ**と、私は考えています。

常に上司が仕事に絡むので、部下の自主性や自分自身で創意工夫しようとする意識が育たなくなります。

「今朝、指示のあったこの仕事は終わりました。次は何をすればいいですか？」

「A社に企画書を送ったのですが、反応が鈍くて。どうしましょう」

このように、部下は報告をするたびに、上司の判断を仰ぐことになります。そうなると、自分で考えて動く判断力も実行力も育ちません。

上司の指示がないと動けない人間になると、上司が出張や打ち合わせで不在のときに、仕事が滞ります。その結果、仕事のスピードが落ち、生産性は落ちるでしょう。

また、ホウ・レン・ソウを過度に行うと「縦のつながり」が中心になってしまい、「横のつながり」がおろそかになります。上司への報告と相談ばかりが重視されると、他部署との連帯を考えなくなるのです。

「部分最適」と「全体最適」という言葉があります。

部分最適とは、全体の中の一部や個人だけが最適な状態であることを優先し、全体最適とは、組織やチーム全体が最適な状態になることを重視する考え方です。

私はよく、「部分最適の累積は、全体最適にはならない」と社員に話していました。

たとえば、総務人事部が組織改編のため、各部門から人員の要望を聞いたとします。海外事業部からは海外出店数の増加に応じて増員の要請があり、品質保証部からは品質レベルの向上のための増員要請が上がってきました。こういう場合、すべての部門の要望を聞いていると際限なく人員はふくらんでいき、人件費が跳ね上がります。一方、増やす人員は売り上げの伸び率以下に抑えなければいけません。

無印良品では、社長がこの問題の決裁をします。なぜなら、〝全体最適の視点〟を一番持っているからです。どんなに海外への出店が好調でも、ずっとそれが続くとは限りませんし、品質レベルの向上も大事ですが、今いる人員の業務を見直したら、充分人手は足りているかもしれません。そのように組織全体のバランスを見ながら判断するのがトップの役目です。

ピーター・ドラッカーは、「いかに優れた部分最適も全体最適には勝てない」という言葉を残しています。私もこれには賛成です。一部門だけがすぐれていても、他の部署が低迷していたら、その組織に未来はありません。

行き過ぎたホウ・レン・ソウは社員の意識を自分の部署に縛り付けてしまうので、内向き思考になり、〝部分最適〟の温床となります。全体最適の視点を養うためにも、リーダーは手綱（たづな）を締めすぎないことが大切です。

「一八時三〇分退社を徹底する」理由

無印良品はフランスやイタリア、スペインといったヨーロッパにも出店しています。開店するときに私も現地に行って視察しましたが、ラテン系の国の人たちと、日本人の生き方はつくづく違うものだと実感します。

日本人は食事をするのもタスク（仕事）のようになっているのか、仕事が終わった後にレストランに行くとしても、メニューは三分ぐらいで決めて、翌日も仕事があるからと早々に帰宅の途につきます。食事は空腹を満たすための行為という感じです。

一方、ラテン系の国の人たちは、ランチに二時間とるというのは有名な話です。さすがにランチにワインを飲むことはありませんが、おしゃべりを楽しみ、エネルギーをたっぷり充電してから午後の仕事に取り掛かります。

その分、仕事が終わるのは遅くなり、八時を過ぎると今度はディナーです。ワインを何にするか、何を食べるかを三〇分ぐらいかけて、仲間とワイワイ話し合いながら決めます。そしてとことん飲み、料理はしっかり食べ、会話はつきることなく、深夜一時ぐらいまでディナーを楽しむのです。

「そんなに遅くまで遊んでいて、明日の仕事は大丈夫なのか？」と思っていると、翌朝九時にはきちんと出社しています。

人生を楽しむというのは、こういう生き方をすることなのだな、と思います。仕事以外の自分の時間を楽しむ彼らの生き方のほうがよほど人間らしいでしょう。

一〇年間ぐらいラテン系の国に赴任させていた社員に、日本に戻ってくるよう命じても、「もう日本の企業文化には戻れない」と、会社を辞めて現地に住むのを選ぶ人が数名いました。「ラテン系の国には一〇年以上赴任させないようにしよう」と、暗黙の異動基準も考えられたぐらいです。冗談みたいな話ですが、ラテン系の国で働くと、それほど価値観が変わってしまうようです。

翻って、日本のビジネスマンの生活を見てみると、対照的です。

早朝から夜遅くまで働きづめで、週末は仕事の疲れから出かける気力も起こらない。そんな会社人生を何十年も送り、定年を迎えた頃、自分には何が残っているのでしょうか。

無印良品の本部の社員もみな仕事に熱心で、残業するのは当たり前という風潮がありました。とくに商品部の社員は毎日終電まで仕事をし、週休二日のうち、一日は洗濯や掃除で追われ、もう一日で何とか休めるという状況でした。こういう生活を送っていては、生産性は上がらないし、仕事のアイデアもなかなか生まれません。

そこで、私は社員の残業をなくそうと決意しました。

とはいえ毎日の残業をゼロにするという目標は、いきなり掲げて達成できるものではありません。まずは週に一日、「ノー残業デー」をつくることから始めました。

毎週金曜日に全社員が定時退社をするようにしたところ、これは意外とすんなり達成されました。そこで、半年後からは水曜日もノー残業デーにしました。さすがにはじめは少し混乱もありましたが、これもそこそこ達成されました。

そして、いよいよ完全に残業をなくす取り組みを始めました。全社一斉に、毎日一八時三〇分退社を徹底したのです。

ここからが大変です。定時になると社内の電気を消して回らせていたのですが、いったん帰ったフリをして、時間をおいて戻って来る社員もいました。家に仕事を持って帰る社員もいて、これでは残業をなくす意味がありません。

残業をする人は、たいてい同じ人でした。そういう人に共通しているのは、非常にまじめだという点です。

仕事には太い幹の部分もあれば、些末（さまつ）な枝や葉のような部分もあります。たとえば、会議で新商品のプレゼンをするとき、太い幹は「企画を通す」という部分です。しかし、まじめな人は時間をかけてプレゼンの資料を用意し、枝葉も徹底してやりたがります。

残業をなくすために仕事の質を落とせばいいという話ではありません。時間内に終わらせることの重要性を認識させ、工夫してもらわなければ生産性は上がらないのです。

たとえば、会議で必要な資料をパワーポイントでつくるにしても、そのフォーマットを部署で決めておけば、集めた材料を当てはめていけばよくなるので余分な手間が省けます。情報の共有化によって、仕事の質を落とすことなく生産性を上げられるようになります。

また、八時間きっちり働いているようで、遊んでいる時間は結構あるものです。無印良品でも、社員のインターネットの使い方を調べてみると、二五％は仕事とは関係のないサイトを見ている人もいました。このように、仕事の仕方を見直してみると、やらなくてもいい仕事や、ムダな時間が結構あるものです。

仕事の本質を見定められるようになると、格段と生産性は上がります。同じ八時間労働でも、今まで以上に仕事量を増やせるようになるでしょう。

なぜ、残業をなくせないのか

残業をなくすために一番有効なのは、デッドラインを設けることです。限られた時間内で仕事を済ませようとすると、集中力が生まれますし、仕事に優先順位をつけて取り組めるようになります。

ただし、デッドラインだけでは、残業をなくすには不十分です。

もし仕事量を減らせないのなら、社員を増やすか、時間を増やすかのどちらかしか対処法がないのも、また事実です。しかし、社員を増やす方向に、本当の改善策はありません。同じ質の仕事を社員の数を増やして対応しようとするのですから、進歩はないでしょう。

従って、やはり仕事量を減らす方向に本質があるのだと言えます。

私は残業をなくすための提案を、全部門から出してもらいました。

たとえば、商品部からは「今使っているデータでは必要な情報が取れないので、自分で加工して資料をつくっている」という声が上がってきました。そこで、システム部と相談して、必要なデータをすべて打ち出せるようにしました。こうした積み重ねで、全社の「人時（にんじ）（作業量）」を二〇％以上減らすことができたのです。

しかしながら、残業を完全にゼロにするのは難しいので、途中で「一〇％ルール」を設け、一八時三〇分以降に残っている人数は各部門で一〇％以下にするように決めました。決算や商品の展示会などで、どうしても残業しなければならない仕事があるからです。

これを二〇一三年は七％にし、さらに生産性を上げようと取り組みました。その結果、経理の決算期や商品の展示会などがあっても、全社では七％以下になりました。

残業を減らせないのには、個人の仕事の仕方だけではなく、会社の仕組みも関係します。

無印良品では、まずは「夕方には新しい仕事を人に頼まない」というルールをつくりました。上司が夕方の五時に、作成に二時間程かかりそうな資料をつくるよう部下に指示すれば、当然そのために残業することになってしまうからです。

さらに上司からだけでなく、他部署からの依頼ごとも、午前中の早めの時間に済ませるようにしました。これで指示を出すほうもデッドラインを早めに逆算して、仕事を割り振るようになるので、生産性が上がります。

二〇一五年から国を挙げて「働き方改革」に本格的に取り組むようになりました。大企業は早い段階で定時退社を実施する企業が増え、コロナショックの前からテレワークを導入する企業もありました。

一部では劇的に働き方は変わりましたが、それでもまだまだ残業をなくせない企業も多くあります。

デッドラインを設ければ残業が減るというわけではなく、上司が仕事の頼み方を変えたり、常に業務の改革改善を行って「人時」を削減する（仕事をなくす・効率化する）等の工夫をし、ようやく実現できるものなのです。

私は何事も徹底しないと気が済まないので、自分が残業するときは残業申請を人事部に提出するようにしていました。上がやっていると、部下も従わざるを得なくなります。残業申請をその都度出すのも面倒なので、残業を減らそうという意識が強まります。

もし、残業を仕事に対する熱意の表れだととらえているのなら、まずは上司がその考え方を改めなければなりません。仕事への貢献度は時間で測るものではなく、結果で測るべきではないでしょうか。

提案書は「Ａ４一枚」

国会中継を見ていると、しばしば居眠りをしている議員の姿を見かけます。

自分は発言せず、他の議員のやり取りを聞いているだけでは、眠くなっても仕方がないでしょう。学校の授業と同じで、一方的に話を聞いていると、集中力はどうしても途切れてしまいます。

多くの企業では連日会議が行われていますが、無印良品でもその点は同じです。

とはいえ、時間を浪費するだけの会議では意味がありません。

議論をするのは大事ですが、あくまでも「決めて、実行する」ための会議であるのが大前提です。会議の後が本番であり、そこに至るまでは準備段階にすぎません。

理想は「実行九五パーセント、計画五パーセント」です。そのためには、会議の準備にかける時間は最小限にとどめて、実行に時間をかけなければなりません。

無印良品では会議の時に使う提案書はＡ４一枚（両面）と決められています。新規出店のような大型の案件でも、提案書はＡ４一枚。これは、資料作成に時間をかけないためです。外部での講演資料ならともかく、社内の会議で大量に作成する必要はなく、手書きのメモ一枚であってもいいぐらいです。

この仕組みも、最初からすんなり受け入れられたわけではありませんでした。

Ａ３で作成した資料をＡ４に縮小コピーするという悪あがきをする者もいれば、パワーポイントのスライドを数枚割り付け印刷して、「一枚です」と提出する者もいました。こういうことに関しては、みな知恵を絞るものです。

提案書のフォーマットはとくに決まっていませんが、必要な数値や重要な情報が入れてあるかどうかがカギになります。

新規出店の提案の場合は、候補となっている土地の周辺情報、売り場の面積、賃料や保証金、周囲に無印良品はあるのかどうかといった基本的なデータや売り上げ目標のほか、五年分ぐらいの損益計算書（どれだけ利益を得られるかを表す財務諸表の一つ）も予測を立てて入れます。

会議でプレゼンする際は、建物の外観写真や出店場所のフロア図面、周辺地域の地図などをプロジェクターで投映しつつ、説明しなければなりません。

これを内容を絞り込み一枚の紙におさめるためには、事前のマーケティングや調査が必要になります。そのための指標となるのが、業務基準書です。

候補地周辺に住んでいる客層を調査したり、周辺の通行量を調べたり、周辺の商業施設の調査をしてどれだけの売り上げが見込めそうなのか分析したり、調べるポイントは業務基準書ですべて決めてあります。郊外でファミリー層が多く、車や自転車で来店できそうな場所なら、手堅く利益をあげられるのではないか、などと調査結果をもとに判断するわけです。

その調査自体は「実行」に直接つながるので、時間をかけてやらなければなりません。しかし、提案書はただの文書ですから、その作成に時間をかけるのは仕事の本質から外れているというわけです。

パワーポイントを駆使し、イメージ画像やイラストを多用したり、複雑な図を入れたりと、凝った提案書をつくる人がいます。しかし、それは仕事の本質ではありません。企画を通すのが目的であり、見栄えのいい提案書をつくるのが目的ではないでしょう。

私自身、以前は数十ページに及ぶ提案書を何日もかけて作成していました。

数十枚の提案書だと、つくるのに時間がかかるうえ、会議で一時間以上かけてプレゼンしなければならなくなります。話す側も聞いている側も労力を使いますし、他の議題を話せなくなるので、いくつもの生産性を奪っているようなものでした。

そもそも**数十枚の提案書でも、重要なポイントはＡ４一枚でおさまるほどしかないもので**す。どの段階の作業に時間をかけるかを見定めないと、いたずらに時間を費やすだけです。

さらに、何よりも情報量の多すぎる文書ではコミュニケーションがとれません。

仕事をしていれば日報や指示書など、かなりの量の書類に目を通さなければなりません。大部の文書だとポイントを理解するのが大変なので、Ａ４一枚程度にしておかないとすべてに目を通せません。

とくに、経営はコミュニケーションの量とスピードで決まります。コミュニケーションを阻害する大量の提案書は、経営の実行力を著しく落としてしまいます。

ちなみに、パワーポイントを禁止にしている企業もありますが、無印良品ではそこまではしていません。プレゼンの時に必要な情報を伝えるために、パワーポイントやエクセルを使うのはいいですが、それはあくまでも手段であることを意識すべきです。伝えるべきポイントを自分で把握しているかどうかは、A4一枚で要約できたときに初めてわかるでしょう。

「形だけの会議」をなくそう

企業の「実行力」は、会議を見ればわかります。

かつて無印良品の会議は形骸(けいがい)化していました。いわゆる根回しがまかり通っていたのです。たとえば新しいお店を出すことになったとします。店舗開発部長が責任者として、役員や各部門長が一堂に会した場でプレゼンを行います。ところが、その説明の内容を理解できる人間はごく限られた人でした。その案件が妥当なのかどうかは、店舗開発部長と社長ぐらいしか判断できません。

それにもかかわらず、他の部門の部長も、出席したからには何か言わなければならないと思い、適当な意見を述べます。「その付近の通行量はどうなの？」「どんな人が住んでいるの？」といった質問を投げかけ、答えられないと再調査となります。担当者は調査し直し、再び議題にかけても、また重箱の隅をつつくような質問をされ、数カ月間かけてリサーチをしたにもかかわらず、あっさりと否決されることもありました。こうなると、担当者としてはたまったものではありませんし、何より経営の効率が著しく落ちます。

その結果、社内に蔓延したのが根回し主義でした。

その案件に対して影響力のある役員などへの根回しは、とくに重視され、事前に案件を内諾してもらうように働きかけていました。こういう風潮は官僚主義の最たるものです。根回しによる会議の効率化とは名ばかりで、次第に自分一人が責任を負うのを避けるようになり、共同責任の人を増やしたいという心理が働くようになっていきます。

こうなってしまうと、もはや会議は単なる儀式です。重要な案件は事前に結論が出て、些末な議題だけ話し合うような状況でした。活発な議論ができないので、組織の活性化など望めませんでした。

実行より手続きが大事な会社は、衰退していくばかりです。

私が社長に就任した頃も、そのような状況は変わっていませんでした。何かあるたびに、部長や担当者から「会議の前に説明をしたいので、時間をいただきたい」と言われることが度々ありました。

そこで、根回しを禁止しました。担当者が自ら決断して、自分の責任でもって実行する仕組みに変えることにしたのです。

同時に、提案は役員か部長がすることにしました。これは、その部門の責任者がすべてを把握し、リスクを取って実行する「当事者意識」を持たせるためです。当事者意識は実行力に大きな影響力を持ちます。

その結果ビビッドな会議になり、それこそ「英知を集められる場」になっていきました。

さらに、会議で発言する人はどうしても二〜三人と決まってしまうので、私が議長を務めているときはあちこちに話を振るようにしていました。すべてのデータが頭に入っていないとパッと答えられないので、出席者は緊張感を持って会議に臨むようになります。会議は、参加者が能動的になる環境づくりも大切です。

会議が形骸化するかどうかは、仕組み次第です。仕組みを変えれば、会議は組織の成長エンジンとして機能するようになるでしょう。

第2部

無印良品の、人の育て方

第1章　無印良品は、なぜ離職率がこれほど低いのか

「人が成長する会社」を「いい会社」という

「いい会社の条件は何ですか？」

こう尋ねられたときの答えの一つは、「**人が辞めない会社**」です。

もちろん、辞めさせないように無理やりしばりつけて働かせるのではありません。社員が喜んで働き続けたいと思う会社、人が辞めない会社であるのは、経営者にとっては究極の理想像でしょう。

人が辞めない会社とは、「働きがいのある会社」とも言い換えられます。そのような企業を目指して、経営者たちは今までもこれからも、模索を続けています。

働きがいは、お金だけで生まれるものではありません。

日々の仕事の中で評価されて達成感を味わったり、自分の成長を感じたり、成果を出して心が揺さぶられたときにもっとも実感する感情ではないか、と私は考えています。

キレイゴトを言っていると思われるかもしれませんが、もしそれを得られる企業を実現すれば、業績も、会社としての発展も必ずついてきます。

ここまでの章で無印良品が二〇〇一年に赤字転落してからV字回復をするまでの話を書きました。V字の底にいる時期、社員には元気がなく、ギスギスした雰囲気が社内に漂っていました。さまざまな仕組みをつくりはじめて回復の兆しが見えてからも、社内には反発を抱く人が多くいました。そんな時に社員から聞いた言葉が、「無印良品は好きだけれども、良品計画は嫌い」でした。

無印良品というブランドは好きだけれども、会社の体制は好きではないということです。改革には痛みを伴うものですが、やはりショックでした。

どんな企業でも浮き沈みはありますし、いい面もあれば悪い面もある。社員全員が一〇〇%満足できる企業はないのかもしれません。

今、無印良品の中枢を担っているのは、浮き沈みを経験してきた社員が大半です。沈んだ時に離れていった社員も少なくありませんでしたが、それでも一緒に無印良品を立て直す道を選んだ人たちです。

当時、二〇代や三〇代の彼らが、二〇年前の会社が低迷していた時期に、転職するのではなく、なぜ働き続けることを選んだのか。理由は人それぞれにあったと思いますが、もっとも大きなものは、今の仲間と一緒に仕事を続けたい、あるいは自分らしさを発揮できるのはこの会社だ、という理由だったのではないでしょうか。そして最終的には、無印良品と成長し続ける道を選んだのだと思います。

私は、経営者として社員が自己実現できる会社を目指して環境をつくることに腐心してきましたが、社員もそれに協力してくれました。みんなが自分を常に磨き、どんな場面でもくじけない強い意志を持ち、まわりと協力しながら成果を挙げてきたのです。V字回復した後、無印良品の社員はかつてないほど強くなっていると私は感じていました。

二〇一〇年代、**無印良品の本部社員の離職率は五%以内**におさまっていました。その一〇年ほど前は一〇%を超えていた時期もありましたが、年々離職率は下がっていました。卸売業・小売業の平均的な離職率は一五・四%（厚生労働省令和元年雇用動向調査）ですので、かなり低いほうです。アルバイトやパートなどのパートナー社員の離職率も、三〇～四〇%か

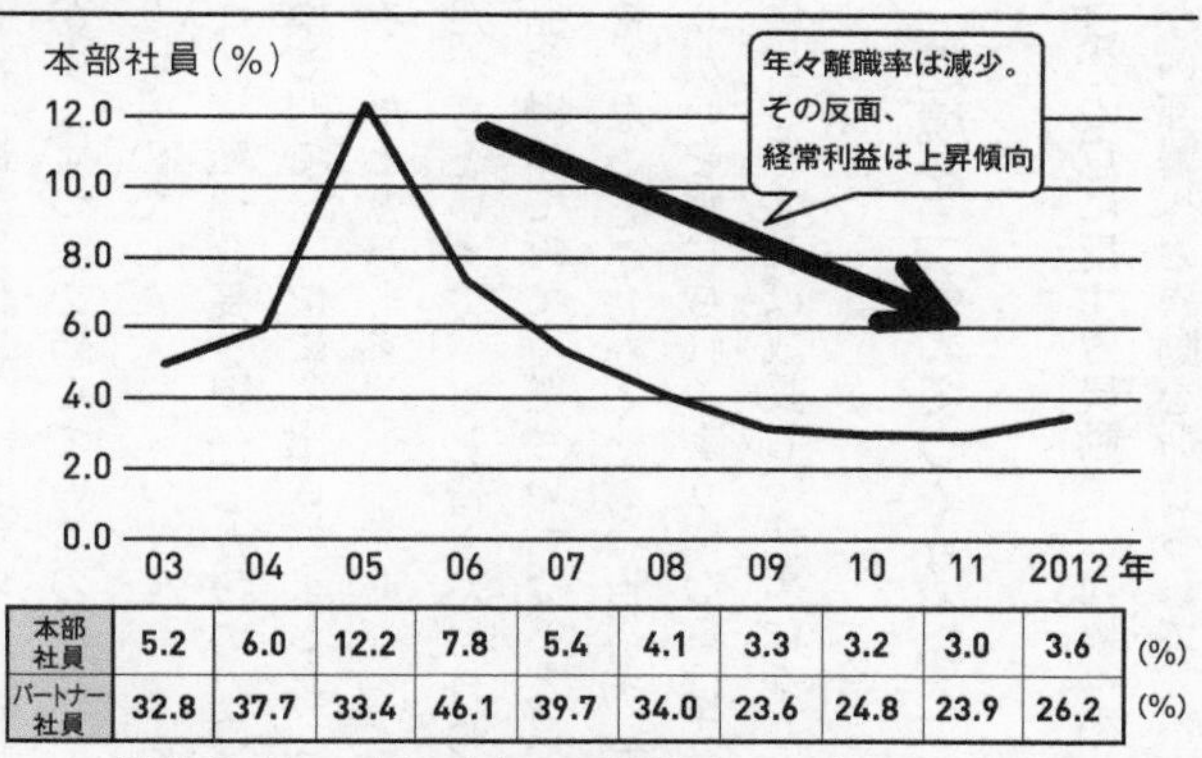

	03	04	05	06	07	08	09	10	11	2012	
本部社員	5.2	6.0	12.2	7.8	5.4	4.1	3.3	3.2	3.0	3.6	(%)
パートナー社員	32.8	37.7	33.4	46.1	39.7	34.0	23.6	24.8	23.9	26.2	(%)

「働きがい」を感じる職場をつくることを本気で目指した結果、離職率は減少した

ら減少して二〇%台に落ち着いていました。

数字だけで測ることではありませんが、離職率が低いことは、会社への満足度が高いことの一つの表れと考えられます。

「Great Place to Work® Institute Japan」という調査機関が毎年行っている、「働きがいのある会社」ランキングがあります。これは各企業の社員にアンケートを送り、信用、尊重、公正、誇り、連帯感の五つの要素について尋ねる調査で、各企業の人事や経営陣は、アンケートの内容にはタッチできないので、純粋な社員の評価がわかるというものです。

私が会長を務めていた当時、良品計画は、二〇一二年は二五位、二〇一三年は二一位と、いつも三〇位以内にランクインしていました。最高位は二〇一五年の一四位でした。働きがいのある会社を目指してやってきた成果が少しずつ実を結んでいるのかな、と感慨深く、私にとってはこれらの結果が、何よりも嬉しいものでした。

なお、私が会長を退任した後の二〇一七年には、「働きがいのある会社」ランキングの大規模部門で一〇位に選出されました。着実に無印良品は社員に愛される企業に育っていっているのだと思います。

だからといって、もし皆さんが今の仕事にやりがいを感じていないのだとしても、「無印良品で働いてみてください」などと言うつもりはありません。

そんなことをしなくても、自分の「心の仕組み（持ち方）」を変えるだけで、今の仕事にやりがいを感じられるようになるはずです。ここからは無印良品の人材育成を紹介するとともに、どうすれば成長し、仕事にやりがいを持てるかを考えてみたいと思います。

逆境を「あえてつくりだす」理由

自分の意に反する異動で、仕事へのモチベーションが落ちた。突然、海外赴任や思いもよらない部署への異動を命じられて、不安や不満を感じている。そのような体験をしているビジネスパーソンは多いでしょう。

第1部でもお伝えしたように、私も新卒で入社したのは西友でしたが、四〇歳の時に、当時は規模の小さかった無印良品に異動になりました。自身のことだけでなく、今まで私は多くの人が出世争いで敗れたり、失敗したりして、左遷されるケースを見てきました。

そして左遷されると、その後は二つのタイプに分かれます。

一つは、ショックを受けても新天地で懸命に結果を出そうと働くタイプ。

もう一つは、いつまでもまわりを恨み、どんどん腐っていくタイプ。

後者は学歴の高い人ほど多いような気がします。立ち直ることなく組織から姿を消し、次の職場でも尾を引いて低迷するという悪循環にはまる傾向にあるようです。

私はそういう人たちを多く見てきたこともあり、無印良品に移ってからは「与えられたミッションを着実にこなそう」と心に決めました。そして、数年後に西友に戻るかと尋ねられた時、多くの出向者が戻る道を選択したなか、無印良品に留まる道を選びました。

自分を成長させるためには、どうすればいいのか。

資格をとったり、ビジネススクールなどに通う人もいますが、そういった場で身につけられる知識やスキルでは、それほど成長できません。実体験を伴っていないからです。

自動車の免許を取るとき、教習所でさまざまな理論を学び、運転の基本も学びますが、実際に上達するのは、免許を取って一人で道路に出るようになってからでしょう。最近はシミュレーション装置で〝運転〟もできますが、実際に運転をして事故を起こしそうになってヒヤッとするような経験のほうが、一〇〇倍役に立ちます。

泥臭い話になるかもしれませんが、**「逆境に身を置く」のは、一番効果があります。**

今は逆境を経験する場が少なくなりました。大学は全入時代になりましたし、多くの学校は過度な競争を避ける教育をしています。社会に出てからも、「今の若者は折れやすい」という理由で、失敗させないような社員教育をしている企業が増えました。

それだと、一度大きな失敗やトラブルに巻き込まれたら、簡単につぶれてしまいます。企業間の競争も、海外への進出もますます激しくなっていくなかで、打たれ弱い人材は生き残っていけません。反対に、打たれ強い人は、どんな時代でもどんな環境でも生き残っていけます。しかし、今はそういった試練の場は、自分から求めていかないと、なかなか体験できないのかもしれません。

そこで、私は、ときに大胆な異動をしました。

販売部門の役員と管理部門の役員を互いに入れ替えたこともあります。こういう場面では問答無用。ときに「現場が混乱する」と戸惑う声があっても、聞き流してしまいます。

また、新入社員はまず店舗に配属するのですが、半年ぐらい経った時点で、別の店に異動させることもありました。新入社員にとっては、ようやく仕事や環境に慣れてきた時点での異動なので、不安に感じたかもしれませんが、その経験が後で役立つと考えたからです。

海外赴任の話も、「一カ月後に中国に行ってほしい」という感じで、いきなり通達することにしていました。担当者は一カ月の間に慌てて語学を勉強したり、赴任先で住む場所を探したりしなくてはなりません。無印良品の商品はソフトな印象でも、社内の環境は意外とハードでした。「パワハラでは？」と感じる方もいるかもしれませんが、このような場面でも耐性のある社員を選んでいるので、本人は逆境を楽しみながら海外に出発していきます。

多くの社員はそういう体験を通して打たれ強くなっていきます。そして、どんな場面になっても「何とかなる」と開き直れれば、**自分のエンジンで走れる**ようになるのです。

異動の七割は希望通りにいかないという説もあります。

皆さんのなかにも、意に反する場所で働いている人は多いのではないでしょうか。しかし、実はそれは素晴らしいことなのです。居心地のいい場所を探すのではなく、今の環境や仕事に自分を合わせ、結果を出してください。逆に、今いる場所を居心地よく感じるようであれば要注意です。それが慢心を生み、成長の芽を摘んでしまうのですから。

最近、自分はチャレンジしなくなったと感じているのなら、あえて未体験の環境に身を置いてみるのをお勧めします。異動願を出すという方法もあるでしょうし、新しい取引先を開拓するのも一つのチャレンジになるでしょう。手持ちのカードで満足せず、新たなカードを増やさないと、人は衰退していくばかりです。

「無印生まれ・無印育ち」の社員を育てる

無印良品では、本部にいきなり外部の人を入れることは基本的にありません。中途採用も、一年に二～三人いるかいないか、ぐらいの割合です。とはいえ、無印良品でも離職率はゼロではないので、辞めた人の穴は埋めなければなりません。そういう場合は「内部採用」をします。

内部採用とは、パートナー社員から本部の社員になってもらうことです。パートナー社員は店舗で働くアルバイトやパートのスタッフのこと。週に二八時間以上働ける方はパートナー社員として契約し、そこから契約社員、正社員へと続く道が用意されています。そのパートナー社員出身の人を、本部に起用するわけです。内部採用では、性別も学歴も、年齢も関係ありません。実力でステップアップしてきた人を公正に評価します。

実は、私が会長を務めていた時期の数年間は、新卒採用より、内部採用の数のほうが上回っていました。それは、無印生まれ・無印育ちのパートナー社員に優秀な人材が増えたからです。

無印良品では、店舗に配属されたら誰もがＭＵＪＩＧＲＡＭをもとに指導を受けます。ここまでの章でＭＵＪＩＧＲＡＭを紹介しましたが、改めて簡単にご紹介します。ＭＵＪＩＧＲＡＭは一般的なマニュアルとは違い、トップダウンでつくるのではなく、現場で働く社員の提案やお客様の要望を集めて、マニュアルにしたものです。さらに一度つくったら終わりではなく、毎月内容を更新していき、今でも常に進化をし続けています。

商品の洋服を畳んだり、品出しをしたり、店内の掃除や在庫の管理など、無印良品には「何となく」する作業はありません。すべての作業には目的や意味があります。作業を教える前に、まず作業の目的を教えるのがＭＵＪＩＧＲＡＭの特徴です。

「目的」を教えることは、無印良品の理念や哲学を、現場の作業を通して教えることでもあります。一つひとつの作業を通して無印良品の考え方を教えるうちに、理念や哲学が体に染みこんでいく。そうやって無印生まれ・無印育ちの社員は育ちます。

「そうはいっても、店舗の経験者が本部に配属になっても、仕事が全然違うではないか」

そういう疑問を持つ方もいるでしょう。

無印良品では基本的に、店舗で店長を経験した人間でないと、本部の社員にはなれません。

そして店長は単なるお飾りではなく、一人の経営者としてのスキルや自覚を持ってもらうよう、ＭＵＪＩＧＲＡＭなどを使って教育しています。

商品に関する知識を持っておくのはもちろんのこと、店舗のスタッフとのコミュニケーション、経理などのお金の管理、在庫の管理、店の宣伝など、店に関するあらゆる業務をできなければなりません。さらに、トラブルが起きた時には先頭に立って解決し、売り上げ目標を立てるのも〝経営者〟である店長の仕事です。そんな経営者感覚を店舗で身につけてから、本部に配属となります。

たとえば本部での商品開発は、店舗とは一見関係はなさそうですが、そんなことはありません。日々、店頭でお客様と接していた〝元店長〟のほうが、お客様のニーズがよくわかるでしょう。人事に携わるとしても、お店でアルバイトやパートの採用をして育ててきた経験があるのですから、人を見る目も、人を育てる力量も備わっています。

つまり、店舗で働く体験を通して、無印良品本部の社員として必要なあらゆる能力を、一定レベル身につけているのです。中途採用したての人では、そこまで簡単に無印が求めているものを理解することはできません。

そもそも、**人の問題を、数で解決するという方法は、会社を弱くします。**

たとえば、売り上げが一〇％アップして、仕事が増えたから、社員も一〇％増やそう――

こういう考え方をする会社は多いようですが、これはリスクの高い発想です。

この発想で増員し続けると、業績が好調なときはいいのですが、悪化したときは一気に人件費が負債となってのしかかります。不動産などに限らず、人材の過剰投資・拡大路線も慎重にすべきです。

私の経験則で言うと、中途で採用した人は、多くが数年後に辞めてしまう傾向があります。以前、経理の担当者を数名中途採用したとき、しばらくは順調だったのですが、人材派遣の会社に引き抜かれてしまいました。ほかの社員も同じ時期に辞めていき、決算の直前だったので社内は大混乱になりました。

その時痛感したのは、「お金だけで人材を引っ張ってきたら、お金で引き抜かれる」ということでした。組織の風土をよく理解している人たちで会社を回している限り、軸はぶれません。そのためにも、時間はかかっても無印生まれ・無印育ちの社員を育てるのが最善策なのです。

どうして今、「終身雇用＋実力主義」を目指すのか

無印良品は終身雇用を目指しています。そう聞くと、「旧態依然とした組織なのかな」と

誤解する人もいるかもしれません。正確に言うならば、「実力を的確に評価する制度を整えつつ、終身雇用で社員に安定した生活を保障する環境をつくろう」としています。

バブル崩壊後、終身雇用のイメージは悪くなりましたが、それは年功序列とセットになっていたからです。実力がなくても勤務年数さえ長ければ出世できるという、正しい競争の起きないシステムに問題があったのです。

私は、社員が定年まで安心して働ける環境は大切だと考えています。それがないと、仕事への愛着や愛社精神は育たないでしょう。同時に、給料も少しずつでも上がる仕組みでないと、やはり社員は働きがいを感じません。

いわゆる〝ブラック企業〟ばかりが注目されているなか、東洋経済が毎年行っている「新卒社員が辞めない会社」ランキングＴＯＰ３００では、新卒社員の三年後定着率一〇〇％の企業は七一社もあります（二〇一一年）。分析・計測機器大手の島津製作所は、三年前に入社した九八人の新卒社員が一人も辞めていないそうです。他にも、機械や電気機器、精密機器などのものづくりの企業は、意外と離職率は低い傾向があります。

つまり、多くの若者は三年で辞めたいと考えているわけではないのだといえます。一生働ける職場に巡り合えれば幸せでしょう。しかし、年功序列は排除しなければなりません。

世界に目を転じてみると、ホワイトカラーの社員の終身雇用を採用する企業はほとんどありません。海外は職務給が一般的です。職務給は「仕事の内容」に対して給料が支払われます。したがって、経験年数や年齢などは一切関係なし。給料を上げるために夜は学校に通って資格を取るなど、みな貪欲に勉強し、働きます。海外でホワイトカラーの生産性が高いのはそのためでしょう。

対して日本は職能給です。職能給は「仕事の能力」に応じて給料が支払われるという仕組みですが、日本では働く年数が長ければ能力が高いと思われているので、年功序列というルールが生まれたのです。

日本のホワイトカラーの生産性が低いと言われるのは、能力がなくても自動的に昇給するシステムになっていたからです。それもバブル崩壊と共に限界が来て、欧米型の職務給をベースにした成果主義が日本企業にも流れ込みました。

そのようにして日本に入ってきた〝欧米型の成果主義〟は、残念ながら多くの企業にとっては劇薬になりました。多くの若者は「これで、実力で評価してもらえる」と喜びました。一方で、自動的に昇進できなくなると焦ったベテラン社員も多くいました。そこで何が起きたのか。上司は自分の評価を上げるために部下に仕事を教えなくなり、気に入らない部下の評価を低くしました。失敗を恐れて当たり障りのない仕事ばかりをする人が続出するなど、多くの企業で内部がガタガタになってしまいました。

私は、欧米型の成果主義は日本にはなじまないと考えています。

日本はチームワークで仕事をするので、隣の人がライバルになる成果主義は向いていません。欧米はもともと個人主義が基本なので、成果主義が機能するのでしょう。

やはり、**単なる流行りものに「真実」はありません**。多くの企業が導入しているから、という理由で飛びついた企業は、かなり痛い目にあったはずです。

実は、無印良品も一時期、成果主義を導入していました。

けれども、激しい成果主義は企業にとって一番大事な「協働」や「協力」といった力を弱めてしまいます。無印良品が目指すのは、チームで業績を出すチームワーク、みなで協力し合う環境です。

そこで、協調性を保ちながら個人の実力をきちんと評価するシステムを構築しました。たとえば、評価内容に部門全体の評価を配点しました。すぐれた成績を挙げた部門には、賞与原資が成績に応じて配分されます。

また、販売部門においては、お客様の評価を全店で上げるため、個人目標にもお客様評価への項目を加えています。小集団活動の「WH運動」では、給与明細のウェブ化という目標を掲げた人事部門に、販売部・システム部が一丸となって達成させる風土づくりも進展していきました。

終身雇用であっても年功序列ではない。実力を評価しても欧米型の成果主義ではない。それが無印良品の雇用体制であり、辞めたくない会社づくりの方法でもあります。これこそ日本の企業に向いているのではないでしょうか。年功序列を排除しきれない企業や、社員の実力をきちんと評価できない企業には、ぜひ参考にしていただきたいと思います。

第2章　若手社員を「折れない社員」に育てる仕組み

「現実」と「理想」のギャップを体で理解する

入社して三年以内で会社を辞めてしまう若者が社会問題としてとりあげられてから、若者を定着させるための取り組みをしている企業が増えてきました。

企業はコストと手間をかけて、新入社員を育てます。入社三年といえば、ようやく独り立ちできるぐらいになった段階です。これで責任のある仕事をどんどん任せられると思っていた社員が出て行ってしまうわけですから、入社三年以内の早期離職は企業にとっては大きな損失です。

私たちはこの問題に、どう対応していけばいいのでしょうか。

それにはまず、「なぜ若者は早期離職をしてしまうのか」という理由を明らかにしていかなければなりません。

理由はさまざまあると思いますが、第一に考えられるのは、理想と現実の違いを知る、いわゆる「リアリティ・ショック」です。

新社会人は、希望や理想をもって会社に入ってきます。しかし、現実の会社というのは、一見すると矛盾だらけの中で動いているものです。また、やりたい仕事があっても、そう簡単にやらせてもらえるほど会社は甘くはありません。厳しい現実を突きつけられて、「自分が想像していた世界と違う」「自分にはもっと向いている仕事があるのではないか」と考えてしまうのです。

こういうケースには、**「現実を前もって知ってもらう」方法が一番いい**と私は思います。

無印良品では、新卒採用の内定者には、店舗でアルバイトをしてもらいます。もちろん、仕事ですので時給は払います。

アルバイトをひと月ふた月やっていると、だいたい仕事の内容がわかってきます。

昔から無印良品のファンで店に通っていたとしても、実際に自分が店に立つと、抱いていたイメージと現実はまったく違います。立ち仕事はそれだけでつらいですし、届いた商品を倉庫に運んだり、倉庫から店頭に運んだりの力仕事もそれなりにあります。商品数が多い店では、商品をすべて覚えるのは大変でしょう。もしかしたらお客様から理不尽に感じるようなクレームを言われることもあるかもしれません。

そういった体験を通して、現実がじわじわと身に染みていきます。

さらに、店舗に配属されている社員から話も聞けるので、社内の様子が段々わかっていきます。そうやって事前に現場を体験してもらい、会社というものの現実を知ってもらったほうが、学生も覚悟を固めることができます。なかには、この段階で辞退する学生もいますが、入社前に自分の理想と合わないとわかるほうが本人にとっても幸せでしょう。

晴れて新入社員になってからは組織の一員として、会社の持っている哲学や、コンセプト、価値観といったものをしっかり理解してもらわないといけません。無印良品では、そのためにＭＵＪＩＧＲＡＭや業務基準書といったマニュアルがあります。

たとえば、会社に入ったばかりのころに、掃除やお茶の用意、コピー用紙のチェックなどの仕事を任された人もいるでしょう。業務とは直接関係ない雑務ですから、「面倒だな」と思ったかもしれません。

新入社員には、「なぜその作業が必要なのか」「どこにどう役立っているのか」という目的や理由を考えさせ、教えてあげなければなりません。それをしないと、「これは仕事ではない」と雑務を疎かにしてしまいます。教える側は面倒であっても、小さな仕事こそ、目的を教えるべきです。目的を教えられないのなら、教える側が今まで何も考えずにやっていたということになります。

また、新人だけに原因を求めるのは正しくありません。

たとえば入社前の研修で、身だしなみについて教えたとします。

しかし上司たちの身だしなみが整っていなければ、新入社員は「やらなくてもいいんだ」と解釈します。**若い社員が仕事をサボるのは、たいてい上の人がサボっているからです。**

新入社員は、上司や先輩の行動をしっかりチェックしています。新人に教える方は、まず自分が模範となることができているのか、再確認してみるべきだと思います。

この章では、主に無印良品での「新入社員の育て方」を紹介しながら、若い社員を強く育てるために必要なことを考えてみます。

入社後三年間で、「無印生まれ・無印育ち」の社員を育てられるかどうかが決まります。

鉄は熱いうちに打て。そこでうまく打てなかったら、人は育つどころかしぼんでいきます。

新入社員が成長するかどうかは、教える側にかかっているのです。

なぜ入社約三年で「店長」を任せるのか

若い世代のビジネスマンは、出世を希望しない人が増えているとよく聞きます。管理職に昇進したところで、給料はあまり増えないのに責任は重くなる。これ以上仕事に追われるのは嫌だ。部下の面倒を見るのは大変そう――そんな思いがあるのかもしれません。しかし、**「現状維持」は実は一番危険な選択**です。

現在、グローバル化があらゆる分野で加速し、多くの企業が海外進出に軸足を移しています。海外の投資にお金をかけたい企業としては、人件費はなるべく抑えたいのが本音でしょう。早期退職を募り、管理職ではないベテランには早々に出て行ってもらい、安い給料で雇える新人で補いたいと考える企業は年々増えています。

つまり、出世せずに今と同じように仕事をしていくことは、真っ先に切り捨てられるリスクと隣り合わせなのです。

無印良品でのキャリアは、全国にある店舗の店長からスタートします。すべての新入社員は、入社後数年で店長になると決まっています。

新入社員は「商品の開発をしたい」「海外に行ってみたい」「広報の仕事をしてみたい」と

いろいろな理由で入ってきますが、まずはお店のスタッフとして店舗に配属されます。そして、約三年で店長を目指してもらうのが既定路線なのです。

無印良品以外にも、飲食店や小売業では、新入社員をまず店舗に配属して、店長を経験させている企業があります。こういった業種では店舗がビジネスの最前線なので、現場を肌で感じてもらおうというのが企業側の狙いでしょう。

無印良品でも、「現場の大変さやお客様の声を知らずに本社に入っても、なにもできない」という考え方があります。しかし、それだけではありません。**店長を務めさせることで、リーダーとしての視点を養ってもらおう**と考えています。

店長は店のトップとして、すべての責任を負う立場です。商品を仕入れて店に並べて売る、それは仕事のほんの一部に過ぎません。スタッフを育てるのも、売り上げ目標を立てて販売計画を練るのも、トラブルが起きた時に対処するのもすべて店長の役割です。つまり、若くして一国一城の主（あるじ）になるということです。

社会人としての経験は少なくても、責任を負って人の上に立たなくてはなりません。それは相当プレッシャーがかかることですし、新入社員にとっての修羅場体験にもなるでしょう。その試練を乗り越えられたら、社会人として一回りも二回りも大きく成長できます。

企業という単位に限らず、少人数のチームでも、誰もがリーダーの視点を持って仕事に取り組むほうが仕事はスムーズに回ります。そのためにも、早い段階でキャリアアップさせるのは有効な手段です。

安定した店の運営を考えるのであれば、入社一〇年目ぐらいの中堅社員に店長を任せたほうが安全かもしれません。最初から大きなトラブルもなく、スムーズに運営できるスキルは備わっているでしょう。新入社員は本部に配属して先輩社員のサポート的な仕事から始めてもらったほうが、本部としても目を配れます。

しかし、それでは新入社員の育成にはつながりません。

私は、仕事は失敗しながら学んでいくものだと考えています。失敗をしないような環境を企業やチームが整えてしまっては、いつまでたっても新入社員は育ちません。

失敗をしたときに、誰に相談すればいいのかを考えるだけでも、社会人として大切な訓練になります。そうやって「何とかする力」は養われていくものです。

新入社員は、最初は仕事ができなくても、わからなくても当たり前。新入社員を教える側がそれを受け止めて許容できないと、人を育てることなどできません。育てる側が、未来を見る視点を持つことが大切なのです。

確かに、新入社員をいきなり厳しい環境に放り出すのは酷でしょう。

無印良品でも、最初は新人スタッフの一人というポジションから始めて徐々に環境に慣れてもらい、それから店長へとキャリアを歩んでもらう道筋を整えています。修羅場体験をさせるにしても、それなりの土台をつくってからでないとつぶれてしまいます。

また、新入社員を受け入れる側の店長には「受け入れ研修」を実施します。「新入社員が入ってきたら、この期間内に、ここまでを教えてあげてください」といったことを、具体的に説明するのです。「受け入れる側の態勢」もきちんと整えることで、新入社員の「土台」をつくっていきます。

そうした環境で、周りの上司や先輩が生き生きと働いていたら、新入社員も出世を嫌がるようになることはありません。結局のところ、若者が現状維持より向上を望むのは、周りの環境次第なのではないかと思います。

「部下のマネジメント」とは一体何だろう？

入社して一年半といえば、一般的な企業ではまだまだ新人扱いです。先輩の雑用をやったり、サポート的な仕事をしたりすることが多いと思います。

しかし無印良品では、店舗に配属されて一年半ほど経つと、「マネジメント基礎研修」がスタートします。店長になるための教育がはやくも始まるのです。

基礎研修は、『マネジメントサポートブック』というテキストと、『ＭＵＪＩＧＲＡＭ』を中心に行われます。

マネジメントサポートブックは「マネジメントとは何か」をまとめたテキストで、店長として人を育てるためのノウハウと、店長自身がリーダーシップを磨くために何をすべきかを中心に教える一冊になっています。

無印良品の店長に限らず、世の中のあらゆる企業のリーダーに通用する内容になっていると思います。**リーダーとは経営者や役職に就いている人に限らず、一人でも部下や後輩を持つ人すべて**が含まれます。

店長あるいはリーダーになると、どうしても売り上げ目標などのわかりやすい数字に力を注ぎがちになってしまいます。しかし、人の上に立つとは、そういうものではありません。リーダーの役割には、部下を育てるという「人の側面」と、円滑に業務を回すという「仕事の側面」のふたつがあり、それを両立させなければなりません。

そこでマネジメントサポートブックでは、その「人の側面」を教え、ＭＵＪＩＧＲＡＭで「仕事の側面」が理解できるという構造にしています。

とくに「人の側面」で部下の育成は難しくも大事な仕事です。自分の部下が今後どう成長していきたいのかをきちんと理解し、その方向に導き、そして仕事を通じて成長させる手助けをしなければなりません。

マネジメントサポートブックでは具体的に部下をどう育成すればいいのかを説いています。ここでは「第３章　部下育成」の「1．育成計画」の一部をご紹介しましょう。

部下育成（３）育成につながる仕事の割り当てをする

部下と育成目標について共有した後に、具体的な仕事の割り当てを行います。

育成のためには、本人にとって少し背伸びした仕事を割り当てることが効果的です。

ただし、初めから難しい仕事を割り当てるのではなく、順を追ってステップアップすることが大切です。

その過程で部下が成功体験を積み、達成感を得ることで、自分自身の成長が実感できるようになります。

【レベル１】今の仕事での課題解決を行う

まず、現状の仕事においての課題を克服することを目指します。現状の仕事を一通りできるようになるために、充分な体験を積ませます。

【レベル２】　多様な仕事を与える

一通りの仕事ができるようになったら、今度は仕事の種類を増やし、複数の仕事を担当させます。仕事の単調化、マンネリ感を失くし、効率性、計画性、優先順位付けなどを学ばせます。

【レベル３】　自分で判断・決定できる範囲を大きくする

仕事の計画段階から最後のチェックまで、責任を持たせた仕事を与えます。その際には、本人の能力をややオーバーした「少し背伸びした仕事」を与えます。その仕事で、視野・視点の拡大・向上、取り組み姿勢や対人面の成長、価値観や倫理観が育まれます。

ただ「部下や後輩を育てなさい」と命じるだけで、できるようになる人はいません。「部下を理解しなさい」といってみても、何をどう理解すればいいのかわからないでしょう。

そこで、マネジメントサポートブックでは部下の何をどう把握すればいいのか、それをもとにどう教えればいいのかを具体的に解説します。これなら、マネジメントサポートブックを初めて手にした新入社員であっても、すぐに行動を起こせます。

また、マネジメントサポートブックの強みは、現場の声を集めてつくられているという点です。実際に無印良品の店舗で経験を積んだ「先輩店長」たちにヒアリングをして、彼らが悩んだことや学んだことをこの本に載せています。

先述のように、研修の教材やテキストは基本的に自前で、自社に合った内容にすることがポイントです。もっといえば、研修を行う講師も、基本的には自社の社員が行うほうが、より大きな効果を生むと考えています。

多くの新人店長は、先輩店長と同じような壁にぶち当たります。その際に、テキストを読めばどうすればいいかがわかり、かつ、研修を行う講師が実体験をもとに自分の言葉（組織の言葉）で語れば、理解の深さは断然違います。

無印良品の研修に使われる教材は、ただのテキストというより、店長として目指すべき道を示す指針と言えるかもしれません。

リーダーシップは「誰でも」身につけられる

マネジメントサポートブックで展開するマネジメント、つまり経営の基礎は、普通は入社してから一〇年以上経った中堅以上の社員が教わるものでしょう。それを無印良品では、入社一年半の新入社員に教えてきました。

なぜなら、**リーダーシップはいつでも誰にでも身につけられるもの**だと考えたからです。社会人になってからの年数は関係ありません。

これはすべてのビジネスパーソンに通じることです。

リーダーシップというと、特別な能力で、選ばれた人にだけ関係することだと思う人もいるかもしれません。しかし決して難しいスキルではなく、入社して間もない社員でも、心がけひとつで身につけられるものです。ここで、マネジメントサポートブックの中の「リーダーシップ」の一部をご紹介しましょう。

3. リーダーシップ発揮の前提

店長としてリーダーシップを発揮するには、人を巻き込み、その人たちの力を引き出し、協力して業務を遂行するための、基本的な働きかけや心がけが求められます。その働きかけや心がけは……

・自分に対しては「自ら率先する」という態度、姿勢

・仕事に対しては「自ら問題意識を持つ」という心がけ

・メンバーに対しては「その人に関心を持ち、よく知る」「メンバーに動機付けをする」「サポートする」という働きかけ

の三つに分けて考えることができます。

これだけでは、実際に何をすべきかまではわからないでしょう。

そこで、マネジメントサポートブックではさらに一歩踏み込んで説明します。

■メンバーを動機づける

人は自分にとって、何らかの意義やメリットを感じられないことに関しては、積極的に力を注ぎません。人を巻き込んで仕事を進めるには、チームとして達成しようとしていることの意義やそのことによるメリットを、本気で語ることが大切です。また、メンバー個人の関心に合わせて、そのメンバーにとっての意味やメリットを結び付けて語ることも不可欠です。

具体的な動機付けの方法は、以下のようなものがあります。

①興味を持たせる

部下の特徴をつかみ、本人にとって興味の持てるような仕事の与え方や、指示の仕方をする。

②目標を自覚させる

目標をメンバー自身のものとして認識させることで、「自分事」になります。

③フィードバックをする

行動や仕事の結果をフィードバックすることで、自分を正しく評価し、次の行動の見通しがたちます。

④成功体験をさせる

成功体験が次への挑戦の意欲となります。強い成功感を持たせるためには、その部下の現在の力よりも少し高めの目標を設定することが有効です。

⑤賞罰を与える

一般的には罰より賞が効果的と言われています。

⑥競争させる

ライバル意識に訴えかける方法です。

⑦その他

強制したり協働させるなどの方法があります。

いかがでしょうか。特別珍しいことが書いてあるわけではありません。しかし、一度でもリーダーになったことがある人はピンとくる内容のはずです。

店長になってすぐに、このマネジメントサポートブックに書いてあるすべてができるわけではありません。知識で教わるのと、実践で身につけるのとは雲泥の差があります。このテキストの教えを吸収して、さらに自分なりのリーダーシップを確立するには、やはり二年ぐらいはかかります。知識は実践を通さなければ、本当の意味で自分のものにはならないのです。

新入社員が必ずぶつかる壁

入社して三年前後の社員が店長になりますが、当然店長は、その店のトップとしてアルバイトさんやパートさんと接しなければなりません。なかには自分より年上で、自分より経験年数の長いスタッフもいます。ところが自分自身は、すべての仕事ができるようになったとは言えない状態です。

そのようななかで、どのようにリーダーシップを発揮し、現場を回していくか。

これが新入社員にとっての最大の修羅場体験になります。

実際に、新人店長はみな同じような壁にぶつかります。

「スタッフが言うことを聞いてくれない」「年上の人にどう注意しよう」「友だち感覚で接し

ていたら、職場の雰囲気がだらけてきた」……こういう悩みに関しては、「こうすれば解決できる」という特効薬はありません。本人が知恵をふりしぼって、何とかしていくしかないのです。

コミュニケーションに関する問題は、すべての新人ビジネスマンにとって共通する悩みでしょう。学生時代は、同世代の友人がコミュニケーションの主な相手になります。狭い交流関係ではありますが、学生のうちはさほど難しさを感じなかった人が多いと思います。しかし社会に出てからは、さまざまな年代の人と交流をし、話を進めていかなければならなくなります。相手の年齢や立場に合ったコミュニケーションの取り方は誰でも必要になり、それができなければ仕事は成立しません。

どこの企業でも新入社員に向けた研修で、コミュニケーションの基本は教えると思います。しかし、大事なのは実践して体験を重ねることです。

そういう意味では、前述のように、まず新人店長になる前に店舗での経験をさせて、フォロワーシップを体験してもらうことが必要でしょう。「相手」を理解することなしに、コミュニケーションは成立しないからです。

その上で重要になるのが、現場での試行錯誤です。相手の立場を理解した上での試行錯誤

――これをしない限り、コミュニケーション力は身につきません。

とはいえ、コミュニケーションは訓練次第で誰でも上達できる部分もあります。マネジメントサポートブックには、先輩店長がよい職場づくりをするためにスタッフとどのようなコミュニケーションを心がけていたか、アドバイスが出ています。

・自分から挨拶(あいさつ)、声掛けをする
・会話をする、コンディションを把握する
・個別に話をする
・「ありがとう」を伝える
・平等に接する　など

特別なスキルではなく、子どものころに学校で教わったようなことばかりです。人と心を開いてつきあっていくには、日頃の小さなやり取りこそ重要なのです。そこを疎(おろそ)かにしている人が、急にリーダー風を吹かせて「あれやれ、これやれ」と命じたところで人が動くはずはありません。逆に基本ができていればどんな世代の人ともつきあっていけますし、トラブルが起きても早い段階で解決できます。

すべての基本は人間関係から。コミュニケーションでぶつかった壁を乗り越えられれば、新人ビジネスマンは大きく成長できます。そのためにも、新人ビジネスマンに、人と接する機会はなるべく多く与えるべきです。

若手社員育成の極意──「つかず離れず」

たとえば、新人営業マンがなかなか契約をとれずに悩んでいるとします。聞くと、電話での営業が、面会のアポイントにつながっていかないとのこと。そういう部下のために、皆さんは何をしてあげるでしょうか。

「自分でうまくいく方法を考えなよ」と突き放すか、「営業をする相手がうまく絞れてないよ。うちの企業ならこういうところに売り込まないと」と答えを丁寧に教えてあげるか。すべての業務を標準化するのが無印流なので、無印良品なら後者でしょう。

ただし、リストアップするところまでは教えても、そこから先は本人が考えて何とかしなければなりません。

第一声でどう言えば相手は電話を切らずに話を聞いてくれるか、どう説明すれば会って話を聞きたいと思ってもらえるか。そういったノウハウは、本人が試行錯誤して身につけていくしかないのです。

ＭＵＪＩＧＲＡＭでも、「いらっしゃいませ」「ありがとうございます」といった基本の挨拶や、電話に出るときの受け答えなどはマニュアル化しています。しかし、どのタイミングでお客様に声をかけるかなどは、マニュアルにはできません。状況によって変わってくることは、自分で考えて切り抜けるしかありません。そのような**「つかず離れず」が、無印流の人材育成**です。

無印良品では、入社したての新人研修とは別に、入社後の「フォロー研修」を行っています。これは入社三カ月後、六カ月後と、区切りのいい時期に行う研修です。

入社して店舗に配属された新人は、三カ月もすれば店の大まかな仕事がわかり、周りが少しずつ見えてきます。新人たちは、周りが見えるようになって初めて浮かんできた悩みや問題を、このフォロー研修に持ち寄ってくるわけです。

それぞれのお店で発生する課題や問題を出し合い、どうやって解決すればいいかをみんなで考えます。自分だけが抱えているように感じていた悩みも、みな同じようなことで悩んでいるのだとわかれば、それだけで「自分だけではないのだ」と安心できるものです。

フォロー研修では、人事部の担当が講師として、「そういう悩みはあるよね。あの年代の、あの先輩はああしていたよ」と教えます。しかし、そこで教わったことを実践するかどうかは本人次第です。

新人はみな自分なりの答えを見つけて、自分の店舗に戻っていきます。

そして六カ月後の研修までには、別の店に異動する新人もいるので、新人たちの悩みは千差万別になります。それもみんなで議論し、自分なりの考えを述べるうちに、自分の中での課題が明確になったり、どうすればいいのかが見えてきます。

このようなフォロー体制を整えると、新入社員も不安な時期を乗り越えられるのではないかと思います。

もちろん、日常的に上司や先輩がフォローするのも大事です。

無印良品の新入社員も、配属先の店長に相談事を持ちかけることは多いようです。

このとき店長は、話は聞きます。しかし、無印流が体にしみついているので、手取り足取り教えてくれるわけではありません。

作業に関する悩みなら、「ＭＵＪＩＧＲＡＭを読んでみて」と指導するでしょうし、「バイトがなかなか仕事を覚えない」といったコミュニケーションに関する悩みは、「普段はどう教えているの？」「どうすれば覚えられると思う？」と本人に考えさせるでしょう。

答えを与えると、本人の考えるチャンスを奪ってしまいますし、得られるのは「その問題の解決策」ひとつだけです。一方、本人に考えさせて答えを出させれば、考える力や決断力、責任感など、いくつもの経験値を獲得できます。したがってアドバイスはしても、どう行動するかという決断は、本人にゆだねなければなりません。

確かに、教える側にとっては、全部教えてしまうほうが本当はラクです。教えずに部下が失敗したときは、自分がフォローしなければならないでしょう。しかし、それでも部下が自力で何とかできるようにするのが上司の役割です。

上司の側にも気を付けるべきことがあります。つかず離れずの絶妙の距離感で「育成」を実現するには、**先輩社員やリーダーが〝当たり前のことを、当たり前のように行っている〟ことが大切**です。その上で、「つかず離れず」を実践すれば、部下は早く独り立ちしますし、そのほうが結果的には上司もラクになれます。

新入社員を「人を育てさせて」育てる

どこの企業でも、上司にとってはまだまだ新人でも、入社二年目からは誰もが次の新入社員の先輩になり、人に教えるという機会が生じます。

そのときに上司が新人に「今年の新入社員に教えておいて」と丸投げすると、教える側も教わる側も混乱する恐れがあります。教える内容が不完全かもしれませんし、自分が間違って覚えていることを教えてしまう可能性もあります。それでは教わる側は戸惑い、教える先輩も自信をなくしてしまうでしょう。

何を教えればいいのか、どういう順番で教えればいいのか。それらを上司が決めておけば、先輩になった彼らも、新入社員に対して自信を持って順序よく仕事を教えられます。

そして自信を持てば後輩からの信頼を得られますし、先輩としての自覚が生まれ、成長できます。

無印良品では新人店長になると、リーダーとして店内のスタッフ全員を指導する立場になります。社会人としてはまだまだ新人ですが、社員である以上、これは必ず通る道です。店舗を切り盛りするだけでなく、仕事を通じて部下を成長させるのも、リーダーの大事な役割なのです。

まだ新入社員といえる彼らに、なぜ人を育てさせるのか。それは、**人を育てることが、もっとも人を成長させる**からです。

人に何かを教えようとするとき、教える側はその内容を深く理解していないとうまく教えられません。普段自分が何となくやっている仕事を教えるのは意外と難しく、「あれ、いつもどうやっているんだっけ」と迷いが生まれます。思わぬ質問をされ、自分が知らないことに気付く場面もあるでしょう。人に教えることによって自分の仕事を振り返り、自分が何を理解し、何を理解していないのか整理ができるのです。

さらに、相手に理解してもらうにはどう説明すればいいのか、頭をフル回転しなければなりません。二、三教えれば一〇を理解する人もいれば、一〇教えないと一〇わからない人もいます。その人のタイプに合わせて教え方を変えないと理解してもらえないでしょう。

何度も同じことを教えているうちに、つい苛立って声を荒らげたりするかもしれません。教える相手との関係がギスギスして、仕事に支障を来すこともあります。逆に、なかなか仕事を覚えられなかった人ができるようになったときは、喜びを感じるでしょう。

そのような苦い体験や嬉しい体験を通して、コミュニケーションの取り方を学んでいくしかありません。

無印良品では、スタッフへの指導はＭＵＪＩＧＲＡＭを使って行います。ＭＵＪＩＧＲＡＭは仕事のノウハウがすべて詰まったマニュアルですから、これさえあれば新人店長でも人を教えることができます。

また、店長にはスタッフの仕事ぶりを評価するという重要な任務があります。それもベテラン社員が代わりにやることはありません。新人店長にやってもらいます。

好き嫌いのような個人的な感情が入らないように評価しなければ、現場はめちゃくちゃになります。そのために、「ステップアップシート」を使います。ステップアップシートは、「スタッフの何を評価すればいいのか」が、細かく項目になって書き出されている評価表です。

たとえば、勤務シフト通りに出退勤できているか、身だしなみはルール通りにできているか、いつも笑顔で目を見て挨拶ができているか、といった働くうえでの基本的な姿勢が評価の対象になっています。また、レジや電話での対応ができているのか、売り場づくりはMUJIGRAMに基づいてできているのか、といった業務に関することも項目になっており、スタッフの成長度に合わせて指導し、評価していきます。

評価はできていなければ「×」、できているレベルに応じて「○」「◎」をつけるだけです。

このステップアップシートさえあれば、初めて人を教える立場に立った人であっても、的確に評価できます。同時に、このシートを把握していれば、スタッフに何を教えて育てていけばいいのかもわかるようになっています。

さらに、**「スタッフに目標を立てさせる」という高度なステップも新人店長に任せています。**

自分の目標を立てるのでさえ頭を悩ませるのに、人に目標を立ててもらうのは至難の業でしょう。しかし、やみくもに働いていてはなかなかスタッフの能力を伸ばせません。そこで、マネジメントサポートブックとステップアップシートをもとに、目標を立てさせる指導をするようにしています。

まず上司がスタッフを育成する方向をイメージする。次にスタッフの希望をヒアリングして方向性や目標をすり合わせる。大きく分けてこの二段階になります。

このときにステップアップシートでスタッフ本人のできている部分とできていない部分を確認します。そうすれば、「レジに慣れてきたから、次はギフトの作業をできるようにしましょう」「売れ筋比較リストを確認しながら、陳列を考えましょう」と目標を立てられますし、具体的に何をすればいいのかも見えてきます。

こうやって教える仕組みをつくっておけば、誰でも人を育てられます。

中国には「良師は三年かけて探せ」ということわざがあります。安易に、教えるのが下手な先生についてしまうと、上達するどころか、変なクセがついて取り返しのつかないことになってしまいます。最初に誰に教わるのかは重要なのです。

無印良品では、誰でも「良師」になれるようにＭＵＪＩＧＲＡＭやステップアップシートというツールを備えました。人を良師に育てるのももちろん大事ですが、それには何年もかかります。良師として教えられるような仕組みをつくるほうが、現場の混乱を抑えられるし、簡単に成果を得ることができます。

赤点を付けられた時から「真のキャリア」が始まる

新人時代の三年間は、社会人にとって最初のキャリアを形成する時期です。

その三年間で、新人は能力を判断され、今後の伸び代をはかられます。それでは、新人時代に「赤点」を付けられた人は、そのあとの巻き返しは不可能なのでしょうか？

私は赤点を付けられた後こそ、真のキャリアを築いていけるのではないかと考えています。

無印良品で店長を経験したすべての社員が、うまく店を切り盛りできるわけではありません。店長になるまでは新人にそれほど差はありませんが、店長になってから、やはり差が出てきます。

スタッフとの関係をうまく築けずに店の雰囲気が悪くなってしまったり、複数の業務をこなさなければならないのでパニックになったり。状況によっては違う店に配属して様子を見ますが、それでも殻を破れない社員はいます。

もちろん店長に対するフォロー体制も整えています。エリアマネージャーやブロック店長（各地域をいくつかのブロックに分け、ブロックごとにリーダー格となっている店舗の店長）が新人店長の上司になり、相談役となります。ただ、彼らがサポートをしても、立ち直れない社員もなかにはいるのです。

しかし、そこでその社員の能力が決まってしまうことはありません。

いわゆる大器晩成のタイプで、人の上に立つのが時期尚早だったのかもしれませんし、あるいはマネジメントが苦手だったとも考えられます。また、そんなふうに伸び悩んでいた社員が、本部に配属になってから、どんどん実力を発揮しはじめたという例はいくらでもありました。

社会人人生は長いのですから、一度の失敗ですべてが終わったと思う必要はないでしょう。いくらでも持ち直すことはできます。挫折を知らずに成功し続けている人よりも、むしろ失敗してから生き方や働き方を変えた人のほうが、底力のある社会人に成長するのは言うまでもありません。そして、そういう人が経営者になるケースもまた多いのです。負け知らずの人より、負けを知っている人のほうが、ビジネスの世界では圧倒的に強いと断言できます。

人は何がきっかけで成長の芽を出すかわかりません。

皆さんの会社にも、同期との差を感じたり、伸び悩んでいる新人がいるかもしれません。もしそんな新人の上司であるなら、部下を長い目で見るように心がけてください。

そして、伸び悩んでいる当人なら、「この会社は自分に向いてない」などと安易に転職を考えないように。職を変えても、おそらくは今の挫折をひきずったままになります。今の会社での失敗は、その会社の中でしか取り返せません。再び立ち上がるチャンスを、自分から捨てないようにしましょう。

ただし、一つだけ大切なことがあります。それは人を理解しようとする姿勢です。

相手のことを考えられない人は、何をやってもうまくいきません。仕事は一人で進めるものではなく、同じ部署のチームのほか、他部署とも、取引先とも連携をとって進めていかなくてはならないものです。

コミュニケーションの取り方の上手下手にかかわらず、相手の考えを理解しようとする姿勢があれば、いくらでも復活のチャンスがあるでしょう。むしろ失敗を経験したからこそ、誰よりも相手を思いやることができるでしょうし、自分の力を過信せずに前に進むことができるのです。

問題から「逃げない」。絶対に

この章の最後に「覚悟」の話をします。

仕事がうまくいかないときは誰にでもあるでしょう。上司や部下と対立することもあれば、力を入れて取り組んだ仕事を評価してもらえないこともあります。

そのようなとき、私は「気持ちを切り替えよう」と考えるのではなく、「正面から切り開いていくしかない」とますます覚悟を決めます。

気持ちを切り替えたところで、問題を解決していないのなら先送りされるだけです。そして、多くの問題は時間が経てば経つほど悪化していきます。

だからといって妥協すれば自己嫌悪に陥り、いくらお酒を飲んで気を紛らわせようとしても、ずっとモヤモヤした気持ちが残るでしょう。

そういう思いをするぐらいなら、その問題と真正面から向かい合い、とことんつきあうほうがよほど健全です。うまくいかなかった理由を追究して変えていかない限り、問題は解決しません。

たとえば周りの人とうまくいっていないなら、コミュニケーションの取り方を変えるしかない。ここで「あの上司は現場のことをわかってない」「あの部下は人の言うことを聞かない」とグチをこぼしたところで、何の解決にもなりません。それは問題の本質から目をそらし、逃げているだけです。

相手が自動的に変わってくれることなどありません。上司に現場の状況を理解してもらえる方法を考えたり、部下に従ってもらえるよう指示の出し方を変えるしかないでしょう。そうやって正面突破すれば何かしら方法はあるものですし、必ず解決します。

問題から逃げないと覚悟を決めたほうが、実は精神的にもラクです。逃げる方法を考えていると、余計にストレスがたまっていくのではないでしょうか。それで世の中のビジネスマンは元気がなくなっていくのではないかな、と思います。

一九九七年に消費税が五％に上がったとき、無印良品は大混乱しました。値上げ前に買えるものを買っておこうというお客様が殺到し、商品の配送が追いつかなくなってしまったのです。

配送会社はほかの企業とも契約しているので、無印良品の商品だけに集中できません。二〜三週間、物流の機能が頓挫して動かなくなってしまい、連日問い合わせや抗議の電話がお客様から殺到しました。

そのとき私は物流の担当役員でした。部下たちは電話に出ると、「荷物が届かないじゃないか。どうなってるんだ。責任者を出せ！」と責められ続けるので、電話に出るのが怖くなり、逃げてしまいました。私は責任者として逃げるわけにいかないので、可能な限り電話に出て、謝罪をするしかありませんでした。

配送会社が動けるようになるまで待っていられないので、赤帽（軽自動車による個人運送業者）を手配して府中の物流センターから弘前まで荷物を届けたり、その時点でできること・思いついたことを片っ端からやりました。

まさに休む間もなく働いた時期です。このときの修羅場体験によって一番鍛えられたと、今でも思います。

このときの経験は、今にも活かされています。

二〇一四年の「消費税八％」への増税の際は、無印良品は価格も表記も据え置くと発表しました。

無印良品の価格は、末尾の桁が「００円」「０００円」となるような数字にしてあり、増税分を転嫁したら価格表示のすっきり感がなくなります。そこで増税後も変えないと決めました。物流費を見直したり、東南アジアでの生産比率を高めるなどして価格を抑える方向にしたので、商品のほとんどは実質値下げしたことになります。

数週間前に告知をし、メディアにも取り上げてもらいました。それでも駆け込みで買おうというお客様が殺到し、配送は乱れました。ただ事前に対策を練っておいたので、前回ほどのパニックにはならずにすみました。

やはり、問題は、逃げずに正面から突破するしかありません。

逃げれば逃げるほど、問題は大きくなって追いかけてきます。そのときできる限りのことをすれば、何とか乗り切れるものなのです。

第3章 「チームワーク」はつくるのではない。育てる

無印良品に「チーム」はあっても「派閥」はない

日本人はチームワークを発揮するのが得意だと言われてきました。

あの誇り高い中国人も、「一対一なら日本人には負けないけれど、チームプレーになったら日本人には勝てない」と言っているぐらいです。

しかし、チームワークが悪い方向に働くと、派閥が生まれてしまいます。

人は三人集まると、二つの派閥ができる可能性があると言われています。会社や学校でも、政治や行政でも、さらに趣味のサークルでも派閥が生まれるものです。

日本人はとくに群れたがる特性があり、主体性を持って行動する習慣をあまり持っていま

せん。自分で考えながら行動するより、長いものに巻かれるほうがラクです。だからあらゆる組織が派閥の温床になるのではないでしょうか。

派閥は一見、連帯感があるように見えます。果たしてそうでしょうか？

私は、**派閥こそ組織を蝕(むしば)む「獅子身中の虫」**だと思います。

派閥ができると、自分たちの利益を囲い込もうという意識が生まれます。自分たちのチームに有利な情報を独占し、自分たちが優位になるよう権力を持とうとし、ほかの派閥との足の引っ張り合いも始まるでしょう。

そこには「組織のために」「会社のために」という目的はありません。みなが「自分たちさえよければそれでいい」という意識になってしまったら、組織は衰退していくばかりです。

小売業では、商品部と販売部は昔から仲が良くないのが常でした。私が在籍していた西友も例外ではなく、役員などの強い権限を持つ人の周りには、取り巻きがいたものです。長く業績が低迷していた理由はそればかりではなかったかもしれませんが、もし、一人ひとりが派閥ではなく組織のことを考えていたら、違う結果になっていたように思います。

無印良品も、基本的にはチームで仕事をします。しかし、チームワークはあっても派閥はありませんでした。

以前は派閥らしきものがあった時期もありましたが、ひんぱんに異動をさせるうちに、特定の「人」や「立場」にしがみつく意味がなくなったようです。

業務を標準化させていることも、派閥が生まれない理由でしょう。誰が、どのタイミングで、どの部署に配属されても、それまでその部署にいた人たちと同じ仕事をする。入社一年目の社員であっても、一〇年以上のベテランであっても、同じ仕事をできる仕組みを整えると、特定の個人がいなければ仕事が滞る事態がなくなります。

これが「人に仕事をつけない」という意味です。その人がいなくても業務は回るので、一人の人に権力が集中することはなくなります。一人勝ちしても意味がないと気づけば、チームへの帰属意識が芽生えるでしょう。

また、人に仕事をつけなければ、一つの部署に権力が集中するのも防げます。販売部だけが強くても組織全体を引っ張って行けるわけではありません。商品開発の力も必要ですし、それを売る店舗を開拓する力も、店舗を切り盛りする力も、すべてがないと組織は成り立ちません。

無印良品では社員にさまざまな部署を体験させているので、どこの部署も大切であるという意識が自然と根付いていったのだと思います。

無印良品でチームワークが機能していたのは、社員一人ひとりが同じ「目的」を持って働いていたからです。

その目的とは、無印良品というブランドを継続させること。目的の向かう方向が〝社長や会長〟であるのは論外です。会社の将来やチームの成功に向いていないといけません。

ここから、無印良品流のチームワークのつくり方をご紹介します。

それは特別な方法ではなく、ごくシンプルな方法ばかりです。必要なのはカリスマ性のあるリーダーでも、四番バッターのように優秀なメンバーをそろえることでもないとわかるはずです。

チームワークは日々のコミュニケーションで固めていくしかありません。その基本をおろそかにすると、チームは迷走してしまいます。

最強のチームは「つくる」のではなく、「育てる」

プロ野球が好きな方ならご存じでしょうが、巨人が四番バッターばかりを集めていた時期があります。それで巨人は優勝できたかというと、そううまくはいきませんでした。**最強のメンバーを集めれば、最強のチームができるわけではないようです。**

コツコツと出塁する確率の高い選手がいないと得点を重ねることはできませんし、走塁が得意なメンバーがいないと、攻撃に広がりが生まれません。野球は攻撃だけではなく守備も大切です。投手陣も先発や中継ぎなど、さまざまなタイプの選手が必要ですし、しっかり守れる外野手も重要でしょう。

みながホームランを狙って大振りばかりを繰り返していたら、得点には結びつきませんし、失点を防ぐこともできません。野球はチームワークで決まるスポーツなのです。

企業での仕事も、基本的にチーム単位で動きます。

チームのリーダーとなった人は、「優秀なメンバーをそろえたい」と思うでしょう。

しかし、全員を優秀なメンバーで固めたらどうなるのか。スタンドプレーばかりが目立ち、統率がとれなくなるかもしれません。仕事には事務的な作業が付きものですが、優秀な社員ほど地味な仕事をおろそかにする可能性もあります。

私はチームとは、つくった時点で完璧（かんぺき）にしようとするのではなく、**つくってから全員の力で強いチームにしていくもの**だと考えています。

チームをつくるときはやはり、「部分最適」ではなく、「全体最適」をリーダーが考えなければなりません。個別にレベルや効率を上げていく部分最適も大事ではあります。しかし、何度も言うように、部分最適はそれぞれをいくら足しても、その総和が全体最適にはならないのです。

自分の部署だけではなく、全体との調和を考えながら、会社にとって最大限の結果を残せるチーム。その視点で、チームのメンバーを選ばなくてはなりません。

たとえば一つの部署に営業部の優秀なメンバーを集めたら、その部署の営業成績は上がります。しかし、会社全体の均衡は崩れるでしょう。自分の部署のメリットを考えるのは大切ですが、そればかりを考える人が集まれば、部分最適しか実現できなくなります。

チームをつくるときは最初の人選でよくよく考えないと、全体最適になりません。

無印良品では大きなプロジェクトの場合、基本的に異なった部門のメンバーを集めてチームが構成されます。人事部や販売部、商品部といった垣根を越えて協力ができなければ全体最適を目指せないからです。プロジェクトに関係しそうな部門の人、さらに各部門に影響力のある人を一堂に集めるようにしていました。

部署内でチームをつくるときも、基本は同じです。

チームのメンバーをそろえるときに必要なのは「優秀な人材を集められるか」ではなく、「役割に合った人材を集められるか」という考え方です。さまざまな能力、さまざまな性格、さまざまな視点を持つ人を集めないと強いチームになりません。

リーダー格の人は一人いれば十分で、何人も入れると「船頭多くして船山にのぼる」になってしまいます。リーダーの右腕になる人や調整に長けた人、分析力や調査力に優れた人など、あらゆるタイプをバランスよくそろえられたらチームは力を発揮できます。

くれぐれも、リーダー自身がお気に入りの人材だけで固めないことです。それをすると、なあなあの関係になってしまい、チームがまとまらなくなる可能性が高くなります。

さらに、イエスマンではなく、「ノー」を言える人を入れられたら、最強のチームになるのは間違いありません。

そして一番大事なのは、やはりそれらのメンバーを引っ張るリーダーです。このリーダーの力量によって、そのチームは最強にも最弱にもなります。リーダーに必要な基本的な要素は、

・メンバーを束ねられる
・物事の本質が見えている
・障害を乗り越えられる
・仕事を納期までに着地、完成させられる

大まかにこの四つにしぼることができます。皆さんがリーダーを選ぶ立場であるなら、これらの要素を持った人を選ぶ。逆に、皆さん自身がリーダーになるなら、これらの要素を身

につけなければチームは強くならないのだと思ってください。

ただし、リーダーもチームと共に育っていくものです。メンバーを束ねる力も、障害を乗り越える力も、大抵は最初から備わっているものではありません。何があっても最後までチームを引っ張る覚悟が、実はもっとも重要なのかもしれません。

理想的なリーダー像は「ない」

長い間「日本には真のリーダーがいない」といわれています。理想の上司やリーダーのランキングがメディアを賑わすのも、こうしたリーダー不在という空気の表れなのかもしれません。

では理想のリーダーとは、一体どういったものなのでしょう。リーダーシップや対人関係、問題解決力や意思決定力、そして自己管理力。そういう能力をバランスよく持ち合わせているのが理想のリーダーだと考える人が多いのではないでしょうか。

結論から言うと、私はリーダーに理想像というものはないと考えます。

リーダーに必要な要素は前項で紹介しましたが、リーダーが一〇〇人いれば一〇〇通りのタイプがあります。リーダーには自分なりのリーダーシップを見つけることが求められるのです。

リーダーに求められるタイプは、時代やその時の文化、会社の組織や性質と、あらゆる変数の中で変わっていきます。たとえば昔は本田宗一郎氏や松下幸之助氏のような、皆を力と情熱で引っ張っていく、力強いリーダーが求められていました。高度成長期の勢いのある時期は、皆が同じ方向を向いて進むための絶対的な牽引役が必要でした。

現在は、以前ほど強いカリスマ性は求められていないように感じます。部下と同じ視点に立ち、親身になって話を聞いてくれる、コミュニケーション上手なタイプがリーダーとして実績を挙げているのではないでしょうか。

「これをやれば一流のリーダーになれる」という方法は、残念ながらありません。

二〇〇〇年にアメリカで発表された歴代大統領ランキングによると、一位はジョージ・ワシントン、二位はエイブラハム・リンカーンと偉人が続き、三位にフランクリン・ルーズベルトが入っています。

ルーズベルトは世界恐慌が起きた時にニュー・ディール政策を打ち出したことで知られています。公共事業を次々と実施し、失業者の雇用の受け皿を整えました。社会保障制度をつくって貧困層や失業者、障碍者を救済する仕組みを整えるなど、革新的な政治家でした。

日本でも人気のあるジョン・F・ケネディは、意外にも一八位です。ケネディはソ連との核戦争が起きるのを阻止し、ベトナム戦争からも早期撤退を検討し、人種差別を廃絶しようと画策した良識派です。アポロ計画を推進するなど、アメリカ国民に大きな夢を与えた功績もあったでしょう。

けれども、ケネディのように正義感の強いリーダーが必ずしも高い評価を得られるわけではない。どのタイプが理想というより、**その時代が求めているリーダー像と合っているかどうかで評価は決まる**のでしょう。

トップダウンか、ボトムアップかはそれほど大きな問題ではありません。人としてのモラルを大事にし、相手の立場に立った気配りができれば、メンバーは信頼してついてきてくれるでしょう。

リーダー論やマネジメント論を求める人は多く、書籍も多く出版されています。しかし、一番大切なのは「仕事にかける思い」です。人はノウハウでは操作できません。仕事に対して真摯（しんし）な態度で取り組めば、その背中を見たチームのメンバーも必ず信頼してくれます。

リーダーの資質――「朝令暮改を躊躇（ためら）うか」

先週決定した計画が今週になって状況が変わり、すぐに作業を修正しなければいけない。

いわゆる「朝令暮改」のケースは、ビジネスで度々起こります。

朝令暮改という言葉は悪い例としてしばしば取り上げられますが、私は**朝令暮改ができるかどうかは、リーダーの資質を決める一つの条件**だと考えています。

もちろん、気まぐれで周りの人を振り回すのは言語道断です。基本的にリーダーは慎重に判断しなければなりません。それでも、どうしても変更しなければならない時は、やはりあります。そのときは、躊躇（ちゅうちょ）せずに変えるしかないのです。

人は誰でも完全無欠ではないので、判断を誤ることがあります。大事なのは、その後の対処です。うやむやにしたり、決断を先延ばしにすると、問題は複雑化していきます。気がついたらただちに軌道修正するしかありません。

小さな作業のやり直しなら簡単にできますが、大きく動き出してしまった計画を覆すのは、やはり勇気がいるでしょう。

たとえば、部下が立てたイベントの企画を了承したとします。部下は場所や機材の手配、スケジュール調整などを行い、企画は周囲も巻き込んで進み始めていました。しかし、イベントでの集客はタイミング的に悪いと判断したら、すぐに舵（かじ）を切らなくてはなりません。ある程度の損失には目をつぶり、大きな損失を防ぐ決断をするのがリーダーの役割でもあります。

このとき、自分の判断が間違っていたのなら、きちんと認めて伝えるべきです。ここでごまかそうとしたら、部下には不信感が芽生え、それ以降の指示に従わなくなる可能性もあります。

また、ぐずぐずと、「もう少し様子を見てみよう」などと先送りしてしまうと、その分コストも、部下たちの労力もムダになってしまいます。ただちにすべての作業をストップさせるのが、部下やチーム、さらには会社のためでもあるのです。

朝令暮改で起きる周囲の不満は、短期間でリセットできるでしょう。しかし決断が遅れた末の方向転換は、不信感を募らせるだけです。

ただし、朝令暮改をするとき、**「方法を変えても、方針は変えない」**という一点は守らなければなりません。会社の根幹に関わる理念やポリシーといった軸がぶれなければ、方法を変えても問題ないでしょう。

ある商品の価格を一〇%下げるためにコストを五%抑えると決めたとします。ところが、円安で材料費が値上がりしてしまった。そのようなときは、すぐに商品の価格引き下げ幅を見直すのが自然な流れです。それを、無理にコストを抑えるために商品の強度や質を落としてしまうのであれば、品質のよい商品を提供するのがポリシーである会社の場合、軸がぶれてしまいます。

軸をぶれさせないためには、環境や条件が変わった時は、すぐに変更すべきことは変更すべきです。

「老舗の味」を標榜しているお店でも、昔から変わらない製法をそのまま守りつづけようとしたら、おそらく衰退していくでしょう。時代によって人の好みも、材料の味も変化します。それに合わせてつくり方を変えないと、老舗の味は守れません。守るべきは味と信用であり、その方法ではないはずです。

今はスピード経営が重視される時代です。会社が置かれる環境は日々変わり、情報も目まぐるしく書き換えられていきます。まさに「変化することが日常」と言えるでしょう。

そのなかでリーダーは、変化に対応する力を身につけ、素早い判断を下さなければなりません。昔なら一カ月かけてじっくり検討できた事案も、今や数日で決断しなくてはならない場合もあります。

したがって、走りながら考えるしかありません。走りながら考えて、どうしても判断が間違いだと思ったら、すぐに撤回する。そんな変化に強いリーダーが、変化に強いチームを育てていけるのではないでしょうか。

モチベーションは「成果物」から生まれる

チームの運営は、いかにメンバーのモチベーションを保つかが重要課題です。「今月の売り上げ目標は五〇〇万円」と数字を伝えるだけでは、やる気は出ません。ノルマを課してプレッシャーを与え続けていると部下は疲弊していきます。かといって給料を上げるといったインセンティブを与えるのも、一時的にはやる気を出せても、長続きしない可能性があります。

チームのメンバーがモチベーションを保てるのは、「会社やチームの役に立っている」「社会に貢献している」などの大きな満足感を得られたときです。つまり、モチベーションの素(もと)は、仕事による成果物です。大きな契約が取れたり、開発した商品がヒットしたりすれば、一番のモチベーションになります。

しかし、そういった大仕事をいつも、誰もができるわけではありません。会社は大仕事だけで成り立っているわけではなく、小さな仕事、小さな成果の積み重ねの上に成り立っています。だからこそ、小さな仕事の成果を認め、評価する。これが、小さくても、恒常的なモチベーションアップにつながります。

『はじめてのおつかい』というテレビ番組があります。その番組では、子どもが初めて一人でおつかいに行き、無事に買い物を終えて帰ってきたとき、家族全員で、「よく頑張ったね、偉かったね」と褒めてあげています。子どもには自信がつき、その後の「お手伝い」へのモチベーションもアップするでしょう。そんなとき、「やっとできるようになったんだ」「これぐらい、お隣の子はとっくにできるよ」などと否定的な言葉を言えば、子どもはすっかりやる気をなくします。

子どもに限らず、実は私も含め、大人も同じです。

たとえば、無印良品には、お客様の事故防止を担当するセクションがあります。ある日そこに、店内でお客様が使う鉄製カートに関する指摘が寄せられました。鉄製カートは四角くつくられており、その角がお客様に当たったら危険ではないかという指摘です。実際に事故の報告もあがっていました。

すぐにそれに対処するためのチームが組まれ、丸いパイプでつくられた、より安全なカートが出来上がりました。最初は一〇店舗ぐらいに置いてしばらく様子を見たところ、無事に安全性をクリアできると判断。そのカートはすぐに、無印良品の全店で使われることになりました。

カートを改善しても、店の売り上げアップに直接つながるわけではありません。商品ではないので、お客様も変更に気づかないでしょう。しかし「安全で快適に、楽しく買い物をしていただく」のは、無印良品という会社の理念を実現するために大切なポリシーです。新しいカートで事故が減ったという効果を実感したそのチームは、皆で成果を出す面白さを感じたのではないかと思います。仕事とはそういう小さな喜びの積み重ねであり、それがさらなるモチベーションやチームワークにつながっていくのです。

言葉で「頑張れ」「期待しているよ」と励ますだけでは、モチベーションは長続きしません。しかし、成果が実感できるような仕事をつくれば、モチベーションは引き出され、チーム全体の士気も上がっていきます。

リーダーはただ励ますのでなく、「励み」になる方法をつくらないといけないということです。

「問題のある部下」への対処法

労働問題を専門に扱う弁護士や社会保険労務士によると、会社が持ちこむ相談の多くは「問題社員への対応」だといいます。

リーダーはすべての部下に対して平等に接するのは当たり前です。しかし、こちらが普通に接していても、攻撃的な部下や、仕事をサボる部下はいます。よほど深刻なケースはカウンセリングを受けてもらうか、法律の専門家に相談するしかないかもしれません。

ただ、多くは日常のコミュニケーションの取り方で解決できます。問題をこじらせないためにも、早め早めに対処すべきです。ここでは、タイプ別の対処法をご紹介します。

・手を抜いている部下

仕事をサボる人は、性格的な部分もありますが、たいていはそのミッションに賛成していないか、本当はやりたくないのに任されている場合がほとんどです。

こういう部下に対して、「やる気を出せ」「たるんでいるんじゃないか」と精神論を説いても意味はありません。何度も同じ指示を出したところで、ますます部下のやる気がなくなるだけです。

こういうケースは、**そのミッションを達成することが会社の中でどんな役割を果たすのか、説明する必要があります**。それも、本人が納得するまで説明するのが基本です。たいていはその説明が足りずに、「指示を出せば部下は従うのが当たり前」と考えている上司が多いように感じます。

あらゆる仕事には、その前に「先工程」があり、後ろに「後工程」があります。すべての工程がつながって一つの仕事になるのであって、自分の担当している仕事だけで完結しているわけではありません。

たとえばデータの入力作業を任せるのなら、そのデータがどこから来たのか、これが先工程になります。さらに、データを入力することによって、どういうところに影響が出てくるのか、これが後工程になります。先工程と後工程を説明して、その作業にどういう意味があるのかを伝えるのです。

その作業が会社全体のなかでどのような位置づけで、どのように影響するのかを根気よく説明するのは時間がかかります。「黙ってやれ」で済ませるほうがラクでしょう。けれども、指導にかかった時間は長期的に見ると必ずプラスになります。部下に当事者意識が芽生え、自分のエンジンで走り出せるようになれば、そこから先の指導はあまり必要なくなるからです。

ドストエフスキーの『死の家の記録』に、「土の山を他の場所へ移してからそれをまたもとに戻すという作業が罰になるのは、単調な作業を繰り返すことに人は耐えられないからだ」という主旨の話が出てきます。人は「種をまく」といった目的のために穴を掘るのは苦ではありませんが、ただ掘って埋めるだけという意味のわからない作業だと苦痛を感じるものです。

仕事でも、目的がわからず「やらされ感」がある限り、働くことを苦痛に感じ続けます。

・スタンドプレーが目立つ部下

まわりに相談せずに自分だけで仕事を進めて成果を出そうとする人。あるいは「私がやりました」と自分の成果をことさらアピールする人。こういうスタンドプレーが目立つ人は、〝優秀なビジネスマン〟であるケースが多いと思います。

欧米ではそのようなタイプのビジネスマンが好まれますが、日本は出る杭を徹底的に打つ傾向があるので、チームプレーの中では、少し抑えたほうがいいかもしれません。

こういうタイプは、「認められたい」という、「好印象欲」をもっています。多かれ少なかれ、誰にもそういう欲求はあります。その欲求が強く出すぎているだけなのです。

これは性格によるところが大きいので、直そうと思って直せるものではありません。こういうタイプに、頭ごなしに「目立つな」「チームの和を乱すな」と指導すると、プライドが傷つき、仕事への情熱が失われる恐れがあります。

したがって、あまり深刻に伝えるよりは、飲みに行った際に「あなたが仕事ができるのはみんなわかっているんだから、これ以上アピールしなくてもいいんじゃないかな」と冗談ぽく伝えるのがいいかもしれません。

「動く前に一言だけ相談してよ」と、さらりと釘を刺すことも必要かもしれません。

・何でも反対する部下

人の意見を「でも、それってさ……」といつも否定する。

「どうせ何をやっても給料は同じなんだから」と非協力的な態度を示す。

「今どき、そんなの流行りませんよ」と批判はしても代案を出さない。

このように、世の中を斜めに見ている人がいます。しかし、そういうメンバーにも参加してもらわなければ、チームの力は発揮できません。

人の言うことを聞かない部下なら、「じゃあ誰の言うことなら聞くのか」を分析します。

そして、そのカギになる人に頼んで、指示を出してもらうのです。

たとえば部下が、自分の指示にいちいち反発するとします。調べてみると、前の部署の上司とは仲がよくて、その人の言うことは素直に聞いていたようだ。それなら、その上司から話を持ちかけてもらうのが方法の一つです。

こういうときは、自分自身の小さなプライドなど捨てるしかありません。「他の部署の人に頼むなんて、自分の能力がないみたいだ」と躊躇するかもしれませんが、部下に仕事をしてもらうのが最重要課題です。どういう方法であれ、指示に従ってもらうという結果が手に入るなら良しとしましょう。

あるいは、人の意見を認めたくないタイプは、その人自身に決めさせる方法もあります。上司が命じるのではなく、選択肢をいくつか与えて、部下にどの作業を担当するのかを選んでもらいます。自分で選んだ仕事なら、やりたいと思うでしょう。

また、部下が否定的な意見ばかりを言ってくる場合は、その意見を、仕事の精度を上げるためのアドバイスだと捉(とら)えるのはどうでしょう。保守的な人は、「万が一こういう事故があったらどうするの？」「取引先が難色を示したらどうするの？」と片っ端から懸念を示します。もしその懸念をすべて解消できたら、リスクはゼロに近くなります。保守的な人の意見は、仕事の精度を上げるために役立つ場合も多いので、うまく利用するかどうかはリーダーの腕にかかっています。

〝問題部下〟に対してリーダーがとるべき行動には、共通点が一つあります。それは、やはり「目の前の問題から逃げない」という点です。

どんなに相性の悪い部下でも、邪険に接したり、仕事を与えないなどの行動をとった時点でリーダー失格です。業務を遂行させるためには、個人的な感情に流されないようにしなければなりません。これればかりは経験を積んでいくしかないでしょう。

もし問題部下の影響で、チームで業務を遂行できない状況になったら、メンバーを替えるしかありません。これは最終手段であり、「気に入らないから」という理由で安易に替えたり、メンバーチェンジを繰り返すようでは、チームはますます、まとまらなくなります。自分にとってベストなメンバーが、必ずしも仕事を進めるうえでのベストとは限りません。最初から最強のチームはない。リーダーがメンバーと最強にしていくしかないのだと思ってください。

「調整」と「決断」を混同していないか

チームで同じゴールを目指していても、意見のぶつかり合いは頻繁に起こります。むしろ、真剣に仕事に取り組んでいるからこそ、衝突が起こるのです。衝突がまったく起きないのであれば、みんなが流れ作業的に取り組んでいるのか、何か思うところはあっても黙っている可能性もあります。

意見の対立はリーダーの胆力が試される場です。対立している双方の意見を聞くのは基本中の基本で、そこから先をどうするか、最後に決断するのがリーダーの仕事です。

たとえば商品を開発する場面で、販売部と商品部の意見が割れたとします。

「売れ筋の商品をつくれ」という販売部側の意見と、「他社と同じようなものはつくりたくない」という商品部側の意見。どちらが正しい・間違っているという問題ではなく、立場によって考え方が違うのは当然です。

ここで、たいていは意見をすりあわせようと、対立する意見の真ん中をとるような妥協点を探すのではないでしょうか。実は、これは最悪の選択です。

リーダーはどちらの意見がよりミッションや目的を実現するのかを、冷静に判断しなければなりません。

対立が起きると、どちらの立場にも配慮をして、決断を下したくなるでしょう。

「売れ筋を考慮した商品をつくりつつ、カラーバリエーションと材質で変化をつけよう」と折り合いをつけるかもしれません。しかし、**最優先すべきは平和的な解決ではなく、企業やチームの目的に適(かな)っているかどうかです。妥協や調整は、決断ではありません。**

「今は確実に売りたいから、売れ筋で攻めよう」という結論になるかもしれませんし、「新しさを前面に出して、挑戦してみよう」となるかもしれない。どちらの意見を採用するかを決めたら、その理由をきちんとみんなに説明して理解してもらうのも、リーダーの任務です。

選ばれなかった側からは「不公平だ」と不満が出るかもしれませんが、それを恐れて玉虫色の決着をつけるほうが、双方にしこりを残します。

もちろん、時には双方の要望を合わせた方法が一番いいという結論が出る場面もあるでしょう。

たとえば小売業では、商品を仕入れる側と、それを販売する側で意見が対立することがあります。仕入れ側は、仕入れコストを下げるために一度にたくさん買いたいと考え、販売側は不良在庫を抱えたくないために、仕入れの数を調整してほしいと思います。

こういう場合は、在庫を管理する倉庫代なども含め、すべてのお金の流れを把握している経理担当に意見を聞いてみる方法があります。仕入れコストが抑えられても、倉庫代などの管理費がかかっていては意味がありません。会社の規模にそった適正な仕入れ数を計算して、新たに提案することが最適解になります。

いかなる決断を下すときも、最後はやはり部下に説明して理解してもらうというプロセスが重要です。それをきちんとやっていればリーダーの〝独断〟にはなりません。

チームの目標は全員で共有する

チームで仕事を進めるうえで、目標設定はとても大事です。

目標には、会社から与えられるトップダウン型のものと、部下から自発的に生み出されるボトムアップ型のものの二つがあります。いずれにせよ、その目標を達成するためのカギは「いかにチーム内で目標を共有できるか」だと考えてください。

まず、トップダウン型のミッションでチームが組まれた場合。

この場合は、経営者が経営目標や会社の理念、方向性を社員に示します。各リーダーはミッションの意味を理解し、咀嚼(そしゃく)し、個々のチームの具体的な目標を設定しなければなりません。

たとえば会社が今年度の利益アップを目標とした場合、それに向かってコストダウンを命じられる部署もあれば、売り上げアップを命じられる部署もあるでしょう。「売り上げアップ」を命じられた販売部でチームが組まれた場合は、会社の目標にそって「前年比三〇%アップ」や「五〇〇万円アップ」という数値を割り出してチームに命令を下します。

しかし、それではまだチームの目標としては完成していません。

その「三〇%アップ」のために具体的に何をしなければいけないのか。営業エリアを絞り込むか、ダイレクトメールやチラシをつくるか、ターゲット層の再リサーチは必要か。そういった作戦をリーダーが練って、訪問件数やスケジュール設定など、メンバーがどう動けばいいかわかるような目標にしなければいけません。

　このようにトップダウンの目標をチームとして達成する時には、リーダーが先頭に立ち、舵を取ることが重要です。上からの「前年比三〇%アップ」という数値をそのままチームの目標に据えても、高単価商品を重点的に売ればいいのか、売れ筋の商品を売ればいいのか、捉え方はバラバラです。それではチームとして足並みがそろいません。

　次に、ボトムアップ型のミッションでチームが組まれた場合です。

　前述しましたが、無印良品ではWH運動（W＝ダブル、H＝ハーフ）というボトムアップの活動があります。WH運動は「生産性を二倍に、またはムダを半分に」をスローガンに、社員から社内の環境改善や顧客満足度を高めるための提案をしてもらう制度です。

　一例として、以前は店舗で使う什器（じゅうき）や備品は店長が依頼書を書いて販売部や業務改革部に申請し、総務部と店舗開発部が予算を審査し、取引先に発注する――という流れになっていました。お店に什器が納入されるまで一八日もかかっていたのです。

　あるとき、店舗開発部から「店長が直接取引先に発注すればいいのではないか」と提案を受けました。この方式に変えてから、六日間で納品されるようになりました。まさに三分の一の効率で仕事ができるようになった実例です。

現場ならではの知恵が集まるのが、ボトムアップのメリットでしょう。

トップダウンで下りてきた命令はメンバーの意見を聞くのではなく、リーダー一人で決めるほうが目標はぶれずに済みます。ボトムアップの場合は社員の自発的な行動によるものなので、みんなで意見を出し合い、それらを上手(うま)くまとめて、みんなが納得のいく目標を設定するのがベストでしょう。

まとめると、トップダウンの目標は、リーダーが咀嚼して、メンバーに目標を伝える。ボトムアップの目標はみんなの意見を引き出して、最適な目標をみんなでつくり上げる。

目標設定の仕方は大きく異なりますが、どちらもその目標をメンバーが理解し、共有できるかどうかが大事です。この共有の度合いによって成果の大きさが変わってきます。

新人リーダーは「ざっくばらんに」

この本を手に取られた方の中には、これから初めて船長として航海に出る、新人リーダーもいるでしょう。新人リーダーがいきなり本書で紹介した方法を真似しても、最初はうまくいかないかもしれません。ここまで書いてきたことと矛盾するようですが、あれこれ頭で考えたり、いろいろなノウハウを駆使しようとするより、新人リーダーはざっくばらんにやるのが一番です。

「みんなに手本を見せなければいけない」「チームのために完璧なリーダーでなければならない」――そんな風に気負ってしまいがちですが、昨日まで教わる側だった人が、今日教える側に回って、急にできるようになることはありません。

できないなら、できないなりにやっていけばいいだけです。

一人ですべてを抱え込もうとせず、「新米リーダーなので、いろいろと勉強させてください」と周りの人にサポートをお願いしたほうが、手助けしてもらえるでしょう。

私の知る限り、**優秀なリーダーほど、自分の弱みを相手に見せています。**

「商談での交渉は得意なんだけど、書類をまとめるのは苦手なんだ」

「会社の机はきれいに使ってるけど、自分の部屋はどうにも片付けられなくて」

このように自分の弱点をさらしたほうが、周りの人は心を開いてくれます。

人は弱みを見せてくれる相手には、自分の弱みも見せやすいものです。逆に完璧主義の人に対しては、周りは緊張して接します。

現場でミスやトラブルがあった時、いち早く報告してもらわなければなりません。それもリーダーが率先して話しやすい雰囲気をつくることで、報告や連絡をしやすい環境にできます。

また、自分の弱みをよくわかっている人は、人を認める余裕があります。

「自分は完璧だ」と思い込んでいる人は、視野が狭くて人を受け入れられません。そして、人を受け入れない人は、人に受け入れてもらえるはずはないでしょう。そういう人がリーダーに向いていないのは、言うまでもありません。

とはいえ、リーダーを任されて、皆の前で肩の力を抜くのは、言うほど簡単ではありません。私が初めて社長に就いた時もそうでした。やはり最初は肩に力が入って、「社長たれ」と思いながらやっていたものです。

ある時、当時社外取締役をお願いしていた吉野家の社長（当時）・安部修仁さんにこう言われました。

「松井さん、もっとざっくばらんにやったほうがいいんじゃないの？」

個性をそれなりに評価して社長に選んでくれたのだから素のままでやるほうがいいのではないか、というアドバイスでした。その一言で、ずいぶん気がラクになったものです。

皆さんもおそれずに自分の個性を出してみてください。それができるだけで、もうリーダーの第一歩は踏み出しています。

リーダーと、先生や師匠などの人の上に立つ人は、似て非なるものです。先生や師匠の立場の人は、能力的にも人間的にも勝っていないと生徒から信頼されないでしょう。しかし、リーダーは完璧ではなくても部下や後輩はついてきてくれます。

皆さんが自分なりのリーダーシップを築けるようになることを、私は心から応援します。

第4章　モチベーションを引き出す「コミュニケーション」術

「褒める・叱る」をきちんとしていますか？

「部下は褒めて伸ばす」という考え方が、現在は主流になっているようです。

今の若者は打たれ弱い面がありますから、腫（は）れものに触るように接した結果、そういう考え方が増えたのかもしれません。

褒めて伸ばすことは大いに賛成ですが、叱るべき時に叱らないようでは、本人は成長できません。

もちろん、感情にまかせて怒鳴るのは避けるべきです。相手のできていないこと、間違っていることを指摘し、どうすればいいのかを教えればいいだけです。このとき、「考えが足りないんだよ」などと個人を攻撃するような意見をつけくわえてしまうから、人間関係がこじれてしまうのです。

褒める時はしっかり褒めて、叱る時はしっかり叱る。これがコミュニケーションをとる上での原則でしょう。無印良品の『マネジメントサポートブック』には、こう書いてあります。

叱るべき時は叱る、誉めるべきときは誉める

職場においては

・「皆がしていること」は、良くないことでも「やって良い」こと

・「皆がしていないこと」は、良いことでも「やらなくて良い」こと

と捉えられがちです。

やるべきこと、やってはいけないことを徹底させるためには

①「すべきこと（奨励されるべきこと）」「してはならないこと」を全員の前に明示する

②リーダー自らが、自分の行動として示す

③全員に対して例外なく対応する

この三つが大切です。

特に「すべきこと」がされれば誉め、「してはならないこと」がされた場合は必ず叱るメリハリがとても重要です。叱るべきときに叱らないと、その行動は「黙認されること」として、メンバーに捉えられてしまいます。

私自身の考えも、これと基本的に同じです。すべきこと・してはならないことの線引きを「褒める」「叱る」で徹底しないと、それぞれが独自に「良い・悪い」の判断をしてしまいます。そうなると現場は混乱するばかりです。リーダーは時には嫌われる覚悟をもって、相手を叱らなければなりません。誰にでもいい顔をするのがいいリーダーではないのだと、肝に銘じるべきでしょう。

そして、叱った後のフォローも、コミュニケーションにおいては重要です。フォローをしないと、感情的なしこりが残ったままになる恐れがあります。

叱っている内容がたとえ正論であっても、厳しく叱られたら誰でも面白くないものです。そのまま放置していると、「あの上司は苦手だ」と不満を募らせるかもしれません。

私は会議で部下を厳しく叱責(しっせき)したときは、会議が終わってから「さっきは強く言っちゃったけど、頼りにしてるから」という感じで、相手に声をかけていました。そうすると、相手もなぜ叱られたのかをわかっているので、素直に受け止められるのではないかと感じています。互いの気持ちがクールダウンできるので、一言声をかけるのはとても大切だと思います。

こうしたフォローは、できるだけ早くするのがコツです。ほとぼりが冷めるのを待とうと時間を置いたら、たいていの場合は逆効果です。

ここからは、私が普段コミュニケーションを取る上で心がけていることや、無印良品の現場で指導してきたコミュニケーションの取り方についてお話しします。

本当に褒めたいときは「直接伝えない」

無印良品の店長たちも、スタッフの褒め方には苦心しているようです。

マネジメントサポートブックにも、「何でもいいから必ず1点は褒める」「結果がよかった場合は、まず褒める」「否定より肯定から話をするようにする」といった、先輩店長のコメントがあります。やはりコミュニケーションにおいて褒め方は重要なポイント。とはいえ、普段から褒めることが習慣になっていないと、いざ「褒めよう」と思っても、やり方がわからず困ってしまいます。

人は誰でも「自分を認めてほしい」という気持ちを持っています。ですから、人に褒められて嫌な気分になる人はいません。自分の存在や行動に対して、正当な評価を受けているのだと実感できれば、その人は高い満足感を得て「もっと頑張ろう」とモチベーションを保てるでしょう。

本人に向かって褒めるのもいいと思いますが、私は**「間接的に褒める」という方法**をよく使います。直接相手に褒め言葉を伝えるのではなく、第三者を介して「こちらが褒めている」という事実が伝わるようにするのです。

たとえば、雑誌などの取材を受けた時に、「その取材テーマなら、この部署のこの部下に話を聞いてほしい。無印良品の中国ビジネスが成功したのは、彼の功績があったからだ」とインタビュアーに伝えたりしていました。

すると、インタビュアーがその部下に取材をしたときに、「松井さんからこういう理由で推薦していただきました」と必ず伝えてくれます。そうすれば、部下も「自分の仕事ぶりを認めてくれているんだ」と思うでしょう。

面と向かって「よくやってくれた」と褒めるより、間接的に伝わるほうが感激度は高いのではないかな、と考えています。

マーケティングでも活用されている心理効果として、「ウィンザー効果」というものがあります。人は、当事者に「これはいいですよ」「これは美味しいですよ」と勧められるよりも、利害のない第三者に「これいいよね」「これ美味しいよね」と言われるほうが、信用するし、好印象を持つ。つまり、直接的な宣伝よりもクチコミのほうが効果絶大というわけです。

「間接的に褒める」のは、これと同じことかもしれません。

たとえば同僚と飲みに行ったときに、そこにいない部下の話を出して、「最近、あいつは頑張ってるよな」と褒めてみます。その同僚を通して、「課長が君について褒めてたよ」と伝わるかもしれません。

もしくは取引先に対して「私の部下の○○に仕事を引き継いでもらいますが、彼はわが社の期待の星なんです」と、部下を褒める方法もあります。取引先が部下に会ったとき、「あなたの評判は聞いてますよ」と伝えたら、部下は自分が評価されているとわかり、喜んでくれるはずです。

このように、褒めた言葉が本人に届きそうなルートを考えて、間接的に褒めます。その言葉が本人の耳に入った時、「こんなに自分を認めてくれているのか」と喜び、よりモチベーションを上げてくれるでしょう。

「ミスの背景を探る」のはリーダーの仕事

チームで仕事をしていると、誰かがミスをするという事態は必ず起こります。

このとき、ミスをしたことを責めてもあまり効果はありません。本人は言われるまでもなくミスをしたことを悔いているからです。かといって、「次は気をつけろ」と言うだけでは、問題を解決、あるいは次のミスを予防したとは言えません。

リーダーの仕事は、相手を叱る前に、まずミスやトラブルの背景を探ることです。

ミスの理由が、単純な「ヒューマンエラー」の場合は、仕組みを見直して改善するしかありません。

たとえばチラシや広告をつくるときに、誤字の見逃しがあったとします。

こういう場合、「次回は気をつけて」で済ませたらミスがなくならないでしょう。二重チェックでダメなら、全員同席でチェックする、チェックする時間を強制的につくるなどの仕組みを整えるほうが、問題を解決できます。人は間違えないように気をつけていても、どうしても間違えます。その大前提を忘れて「しっかりやれば絶対失敗はない」などと信じると、逆に大きなトラブルになります。ヒューマンエラーで起きる単純なミスは必ず仕組みを見直さない限り、減ることはありません。

次に、理解度が足りなくて起きるミスの場合。

「この資料、取引先に送っておいて」と部下に頼んだところ、部下は別の取引先に送ってしまった。これは指示をした上司が正しく伝えなかったか、あるいは上司は正しかったけれども部下が正しく理解をしなかったかのどちらかです。

どちらにしても理解の仕方が違ったときは、その場面に遡り、「あの時、どこでどう間違えてしまったのか」と一緒に考えなければなりません。

部下の理解が足りなくて間違えていた時には、次からは復唱してもらうか、上司がもう一度確認するなどの対策を講じればいいでしょう。上司が正しく伝えていなかった場合は、素直に謝罪をして、次からはメモで渡すなどの方法をとれば解決します。

こういうミスを防ぐには、直接指示を出した後にメールや文書で伝えると、より確実に伝わります。口頭での説明は、どうしても限界があります。とくに時間や場所、数字といった、誤解が生まれそうな指示や説明は、必ず文字にすべきです。

文字にすると、万が一トラブルが起きてしまった時も「言った」「言わない」の泥仕合にならず、何が問題なのかを振り返りやすいというメリットもあります。

ミスやトラブルの背景にはさまざまな原因があります。

大事なのは、次のミスやトラブルを未然に防ぐこと。最悪なのは、ミスやトラブルが隠ぺいされることです。もし個人的な責任を追及するような組織であれば、必ず「隠そう」という意識が働きます。たとえそれが小さなミスであっても、隠すのが日常化されれば、大きなミスやトラブルも隠ぺいするようになります。

そうならないためには、速やかに原因を聞き出し、未然に防ぐための対策を考えるしかありません。

ミスやトラブルこそ、組織やチームにとってもっとも共有すべき情報でしょう。ミスは必ず起こりますし、怒りをぶつけても何も解決しません。相手を責めても何もいいことはないのだと考え、リーダーは冷静に対処するよう心掛けてください。

「部下の反論」は八割正しい

「お言葉ですが部長……」

そんな風に部下が反論してくると、上司はどうしても立場上プライドが邪魔をして、相手の反論を倍返ししてしまいがちです。

しかし、上司に対して部下が進言するのは、それなりの理由があるからです。そうでなければなかなかできないものです。部下の反論は聞いてみれば正しい場合が多く、もしそれが**“強めの反論”であれば、相手が正しい場合が八割以上**だと私は思っています。

したがって、上司は部下の反論には「耳を傾ける」のが最善策です。

「そんなことをしたら部下になめられるのではないか？」と思うかもしれませんが、なめられるどころか、信頼されるようになるでしょう。

前にも紹介しましたが、私は会社に挨拶（あいさつ）の習慣を根付かせようとしていました。そこで、他の役員と共に毎朝八時にエレベーターホールに立ち、出勤してくる社員に挨拶を続けていました。

ところが、程なくして「松井さんが入り口に立っていると、朝から緊張してしまいます」という意見が社員から出てきました。

ここで、もし私が「いやいや、挨拶の習慣がしっかり浸透するまでやめない」と拒否したら、どうなるでしょう。とたんに、挨拶は「強制」になります。人はやらされ感を持っている限り、何かが身につくことはありません。自発的に「やろう」という気持ちにならないと、自分事にはなりません。

私はみんなの意見に素直に従って、入り口に立つのは月一回だけにしました。その後、社員の中から「挨拶隊」という挨拶を推奨するグループが生まれて、毎朝交代でエレベーターホールに立ち、挨拶するようになりました。

プライドというのは、半分は「意地」で成り立っています。

つまらない意地で部下の意見を押さえつけてしまうのは、会社にも、チームにも、リーダー自身にも、建設的な行為ではありません。そもそも上司だから正しい、部下だから正しくないと考えるのは傲慢（ごうまん）です。

また、**上司は「小さなプライド」を捨てるのと同時に、「小さな正論」も捨てなければいけません。**

たとえば昔は、就業時刻を過ぎると部屋のドアを閉めて、遅れた社員を中に入れないようにしてしまう慣習がありました。遅刻は確かに周りの人に迷惑をかけるので、ドアを閉めてしまう行為は一見正論のように思えます。しかし、今はそんな行動を取ったら、締め出された社員は翌日には会社に来ないかもしれません。「遅刻するほうが悪い」と断罪するのではなく、遅刻しない方法を考えるしかないわけです。

大事なのは小さな正論ではなく、大局観をもって物事を見るということです。

「目上の人を敬うべきだ」「自分のほうが経験年数は長いからよく知っている」

そんな小さな正論をふりかざしても、部下は不満を持ち、上司について行く意欲をなくすだけでしょう。

部下の意見に耳を傾けてみれば、立場や利害、人間関係というしがらみがない分、本質をついている場合も多くあります。その意見を採用すれば、チームにとっても企業にとっても多大なメリットがあります。

チームのためなら私心を捨てられるのが、よきリーダーなのです。

言い訳は「きちんと追い詰める」

ミスやトラブルを起こした時、人はつい言い訳をしたくなります。

言い訳は聞き流したりせず、〝追い詰めて〟いかなくてはなりません。

ただしこれは、言い訳をする人を責めたてて追い込むのではなく、問題が起きた原因を探り当てる、という意味です。

まずは問題の関係者が複数いる場合です。

たとえば発注ミスが起きたとき、それに関わる人は社内だけではなく社外にもいます。一回だけのミスならどんなに気をつけていても起きるものなので、「次回から気をつけましょう」でおさめてもいい。しかし、頻発しているなら見逃すわけにはいきません。

こういう時は関係者を一堂に集めて、現場で事実を確認するのが大事です。取引先にもお願いして参加していただくしかないでしょう。

誰か一人から話を聞いたり、あるいはあちこちに聞いて回るのは、問題解決にふさわしい方法ではありません。個別に話を聞けば、誰もが責任を回避したくて言い訳をします。すると個人的な感情や憶測が混じりますし、嘘や隠ぺいが生じ、さらに嘘を重ねて問題が複雑化します。そうなると根本的な原因が見つかりづらくなるのです。

だから全員を集めて、「いや、こちらはちゃんと納期を伝えた」「こちらも注文時に確認した」という個別の言い分を聞きながら、原因を探っていくのが最善策です。互いの発注履歴などのデータを持ち寄れば事実関係を追っていけるので、どこでどんな行き違いや間違いが起きたのかを確認できるでしょう。

工場で問題が起きた時は工場で、店舗で問題が起きた時は店舗で集まるのも重要なポイントです。発注ミスの場合は「送った・送らない」という水掛け論になる可能性もあるので、双方で事実を前にして確認するほうが話はこじれません。

そして原因がわかった時は、「あなたの対応が悪かったんだ」と責めるのではなく、「今後どうしていきましょうか？」と、そのミスが再発しないような方法を一緒に考えます。そうすれば、問題はこじれずに解決します。

もし記録が何もなくて口頭だけでやり取りしていた場合は、そこが問題が生じる原因です。データでやり取りをする仕組みを整えることが解決策になるでしょう。

いずれにしても、人の行動を責めても問題は解決しません。言い訳せざるを得ない事実をどう直すかを考えなければならないのです。

次に、単独でミスやトラブルを起こした場合です。

部下に頼んでおいた資料が、まだ仕上がっていなかったとします。頼んだ部下が「他の仕事で忙しかったのです」と言い訳をした場合、皆さんはどう対処しますか。

「できないならできないって、言うべきだろ！」と相手を責めたところで、やはり問題は解決しません。これも言い訳を追及していけば、「忙しかった」という理由の奥にある本当の原因に突き当たります。

部下の仕事量が多いのかもしれませんし、他の上司から任された仕事があったのかもしれません。実は、パワーポイントの使い方を知らないといった、初歩的な事情があるとも考えられます。そうやって原因を探っていくうちに、上司側が部下への指示の出し方を改めなければならないことにも気づくでしょう。

単純に、「いつまでにこの資料が必要」と伝えていなかったのかもしれません。

「急ぎでね」と指示したところで、相手はどれぐらい急ぎなのかわかりません。誤解を招かないためにも指示を出す側が、いつまでにやればいいのか、どんな目的でその資料が必要なのか、どんなことに注意をしてつくればいいのかを伝えるのが基本です。

ミスやトラブルが起きた時こそ、コミュニケーションをしっかりとらなければなりません。それをうやむやにしていると互いに不信感が募り、関係が悪化してしまいます。

クレーム対応で、報告を受けたらすぐに顧客のところに飛んで行って話を聞くのは、今や当たり前になりました。それと同じで、何か問題が起きた時こそ、最優先で対処しなければならないのは言うまでもありません。

言い訳をするのを許しても、原因の追究をしないのは許さない。それぐらいの心構えを持っていれば、どんな問題であっても解決できるはずです。

人の短所は「直らない」と心得る

私はめったに声を荒らげて怒ることはありません。これは、周囲の人も認めるところだと思います。そんな私が、思わず声を荒らげた出来事がありました。

以前、ある取引先が懇親会を開いてくださった時の話です。

お酒の勢いもあったのでしょう。私の部下の一人が、「今日、オレは大事な用事があったんだ。なんでこんな日に懇親会を開くんだ？」と取引先の人に聞こえる場所で発言したのです。

その日はサッカーのワールドカップの予選の日で、日本代表チームの試合が行われることになっていました。彼は熱烈なサッカーファンだったので、テレビで観戦したかったのでしょう。

懇親会が終わった後、私は彼を呼び止めて「お前、何を言ったんだ！　具合悪いよ」と叱りました。今でもその光景を覚えている当時の部下がいるくらいですから、それこそ烈火のごとく怒っていたのでしょう。とくに「具合悪いよ」は私の怒りがかなり強いときに出る言葉です。

彼は仕事のできる優秀な社員でした。仕事に対する熱意もあります。しかし、部下に対しては非常に厳しく、取引先の人たちのことも見下している面がありました。先方が設けてくれたねぎらいの場で、それを隠そうともしなかったのは、自分を過信していい気になっていたのでしょう。

それでも、叱った後に反省してくれるなら構いません。ところが彼は言い訳に終始し、その後もずっと不満タラタラでした。どんなに誠意をもって叱ったところで、人はそう簡単に変えられるものではないと実感した出来事です。後日、彼は無印良品を去りました。

人に欠点や短所がある場合、周りの人はそれを直そうと考えるでしょう。おとなしい性格の部下に対して、「人前で話すのに慣れたほうがいい」とプレゼンを任せたり、うっかりミスの多い部下にはメモを取らせたり。しかし、たいていは空振りに終わります。

自分の性格でさえ直すのが難しいのに、他人の性格を変えることなどできません。人の短所は直らないものであり、無理に矯正しようとすると相手を追い詰めてしまいます。

そうかといって、その人を放っておくのも難しい。そのままでは本人のためになりませんし、周りにもよい影響は与えません。

リーダーはこういう場合、どうすればいいのでしょうか。

性格を変えることはできませんが、行動を変えることはできます。

人の行動を変えるためには、周囲の環境を変えることと、その人に対する自分の考え方を変えることという二つの方法があります。

・環境を変える

私は整理整頓があまり得意ではありません。部屋の中も散らかりがちです。

しかし、仕事で使う共有文書に関しては、Ａ４一枚にまとめられます。なぜなら、そのほうが効率がいいからです。

つまり、私は「整理」のために行動するのは苦手でも、「効率」のための行動ならやろうというモチベーションを持てるということです。

モチベーションを保てるように環境を変えれば、行動は変わるでしょう。

たとえば失敗を恐れるあまり、新しい仕事にチャレンジできない人がいたとします。私なら、その人ができるだけ失敗を恐れる必要のない環境をつくります。「失敗しないで済む」環境ではなく、「失敗をしてもいいんだ」と思えるような環境をつくるということです。

会議で吊し上げにしたり、ミスをネチネチ責める上司や先輩がいれば、萎縮するばかりです。そうならないように、「会議の時は、議題そのものに集中する」「失敗をしても、皆の前では決して叱らない」「叱るときは短く」といった点を心がければ、本人も「会議で発言してみよう」「失敗を恐れずにチャレンジしてみよう」と行動を変えられます。

自分がチャレンジしたことを報告する仕組みをつくってもいいかもしれません。部下が日報で「今日は会議で○○の意見を提案しました」と報告し、上司が「あの発言はよかったね」と認めるだけでも、次からも発言してみようとモチベーションが上がるでしょう。

・その人に対する自分の考え方を変える

人の性格を変えるのは至難の業ですが、それに比べれば、自分の考え方を変えるのは、さほど難しくはありません。

それには、相手の長所を褒めて伸ばす「美点凝視」の視点を持つことです。

長所と短所がある場合、人間はどうしても短所に目が行きやすい性質を持っています。相手のいいところを見つけるより、アラを探すほうが得意なら、そうした自分の視点をまずは変えましょう。

よく、「仕事は丁寧だけど、時間がかかる」という人がいます。そういう人に対しては、「仕事が丁寧」という点を認める。仕事は早いけれど雑な人より、時間がかかっても丁寧な人のほうが信頼できるでしょう。慎重な性格の人に、「もっと大ざっぱにやれ」と言ってもできませんし、その逆も無理な話です。できないところを変えようとすると、長所もつぶしてしまう結果になりかねません。

本人の性格はそのまま受け止める。その上で、時間を短縮したいなら何に時間を取られているのかを分析して、改善策を考えます。たいていそういう人は、さほど重要ではない作業に時間を取られていることが多いので、優先順位のつけ方さえ身につければ、適切な時間で作業できるようになるかもしれません。

慣れてきたら自然と時間は短縮できます。そのとき「ずいぶん早くできるようになったね」と褒めれば、次からも早く作業できるよう努力するようになると思います。

このように、性格そのものを変えるより、行動を変えるよう対策を練るほうが、実は簡単です。精神論で人を動かそうと考えるより、現実的でしょう。

「やる気のない部下」のやる気に火をつける

部下の「やる気」をどう引き出すか、多くのリーダーが悩んでいると思います。

「頑張れ」「期待してるよ」と励ましたところで、効果はあまり長く持ちません。

かといって、報酬や地位はそう簡単に与えられるものではありませんし、そもそも報酬や地位というニンジンだけで人は動くわけではないでしょう。

やる気のない部下の多くは、目の前の仕事にやりがいを感じていません。やりがいは本人の気持ち次第だと思うかもしれませんが、私は周りの人がやりがいを引き出す環境をつくることをできると考えています。

たとえば単純作業や雑用は、なかなかやりがいを感じづらいものです。

無印良品の店舗での仕事に、衣類を畳む単純な作業があります。これを新人スタッフに、ただ「畳んでください」と指示しても、「面倒だな」と思うでしょう。お客様が手に取って見た後に畳み直すうちに、「きれいに見てくれればいいのに」と本末転倒な考えがわいてくるかもしれません。「とりあえず畳んであればいいや」と雑に畳む人も出てきます。

しかし、きちんと畳んで陳列してあると、お客様は見やすいし、気持ちよく買い物できます。服を畳んだり、乱れたディスプレイを直すといった小さな作業も、お客様がまた訪れたいと思う雰囲気をつくるために、非常に重要なことです。

散らかったままにしておいた場合と、きれいに陳列してある場合とでは、どれぐらい売り上げに差が出るのか、実験をしてみてもいいかもしれません。

そういった作業の目的や重要性を伝えると、初めて自分の作業が「お客様が気持ちよく買い物をするために役立っている」と理解できます。そして、自分が重要な仕事をやっているのだと感じれば、やりがいにつながり、やる気も湧いてくるでしょう。

そしてもう一つの方法が、成功体験を積ませることです。

自分の成功を喜ばない人はいませんし、もっともやりがいを感じられます。

少し背伸びするぐらいの仕事を任せ、それができれば徐々にレベルの高い作業を任せていきます。その繰り返しで自分の成長を感じ、達成感を得られるのです。

この場合、いきなり大きな仕事を任せたらつぶれてしまうので、慎重に見極める必要はあります。そして、仕事を遂行できたときは、周りの人が褒めてあげることです。こういった細やかな対応で、やる気のない人にも火をつけられるでしょう。

やる気は外から「注入」できるものではありません。相手の内側から湧き出るものです。だからこそ、それを引き出す方法を考えなければならないのです。

一〇〇の議論より、一度の飲み会

ビジネスでもっとも大事なのはコミュニケーションです。業務を遂行する能力は二の次であり、コミュニケーションさえ円滑であれば、たいていの仕事は大きな問題もなく進みます。

コミュニケーションを取るために、会議などで議論を交わすのももちろん大切ですが、それだけでは相手の素顔は見えてきません。

最近は飲み会などを苦手とし、仕事でだけ付き合えばいいというドライな考えの若者も増えています。それは最近の若者がコミュニケーションを取るのが苦手だからかもしれませんが、本当の理由はコミュニケーションの楽しさを知らないからかもしれません。

飲み会に行っても上司や先輩が仕事のグチをこぼしたり、自慢話をするようでは、聞いている側は面白くないでしょう。それで敬遠する若者も多いのではないでしょうか。

それなら、上司や先輩が面白い話をすれば喜んで参加するということです。飲み会の参加者が集まらないリーダーは、自分自身に人をひきつける魅力がないのかもしれません。

自分は若いころは我慢して飲み会に参加していたのだから、今の若い人も我慢すべきだと考えていませんか？　それだと若者は離れていくばかりです。そもそも、**部下の心をつかめないリーダーが、果たしてお客様の心をつかめるのでしょうか。**

昔ながらのコミュニケーションの取り方ではあるのですが、食事会や飲み会にはやはり、それなりの効果があります。一〇〇の議論を交わすより、一度飲みに行くだけで、腹を割って話せるような関係になることもあるものです。

皆でお酒を飲む場は、とくにリーダーになったばかりの人は積極的に設けたほうがいいと思います。お酒ではなく、一緒にランチやコーヒーを飲みに行くだけでもいいでしょう。

そうすることで、自分のチームのメンバーがどういうタイプの集まりなのかを、早くつかめるようになります。会社で当たり障りのない話しかしないと、なかなか互いに心を開くことはできませんが、オフィスから離れて、趣味やプライベートの話をすれば、打ち解けやすくなります。

ただ、部長のような管理職になってくると、どうしても部下との間に距離感が生まれるので、飲みに誘っても相手は敬遠してしまうでしょう。立場やステージによってコミュニケーションの取り方が変わってくるのは、避けようのないことです。

管理職クラスは、基本的には普段の業務を通して、コミュニケーションを取るしかないと割り切り、打ち上げなどの特別なときに飲み会を設けるくらいがベストです。

また、悩みを抱えたメンバーの話を聞いてあげるためにも、オフィスから離れた場は役にたちます。

小森孝（こもりたかし）という、情報システムや総務人事を担当していた人物がいます。彼はオフィス家具メーカーなどを経て転職してきて、当時物流部長を務めていた私のもとに配属となりました。

彼は仕事を確実にやりきる力があり、優秀ではあるのですが、繊細な性格の持ち主です。自信をなくすと、「会社を辞めたい」としょっちゅう漏らしていました。悩んでいると顔色が青白くなるので、一目見て「何か悩んでいるんだな」とわかるくらいです。

そういうとき、私は彼を飲みに誘って、よく話を聞いていました。

彼は「メーカーの物流のノウハウが通用しない」とすっかり自信を喪失していました。無印良品はボールペンといった小物から衣料、家具まで、さらに食品は商品ごとにサイズが違います。彼が経験してきた在庫の管理や輸送の仕方とはまったく違いました。

メーカーはたいていが同じサイズの荷物なので、トラックにも積み込みやすく、積載率が高いという傾向があります。積載率が高いほうがコストは削減できるので、私としては、彼の持っているメーカーでのノウハウをもとに、新しい物流システムをつくりたいと考えていました。彼にはそう説明し、また、本人が悩んでいるほど周りは深刻にとらえていないのだと、説いた記憶があります。その後、彼は西友の物流センターなどから真似られるものは真似し、無印良品独自の物流センターの仕組みをつくり上げました。

上司は一人ひとりの部下に対するフォローをするのも仕事のうちです。

最近の上司はプレイング・マネージャーとして現場でも結果を出さなければならない、厳しい状況ですが、仕事をスムーズに進めるためにも、日頃のコミュニケーションの取り方は肝要なのだと考えてください。

基本は、自分から心を開くということ。そうすれば時間がかかっても、相手は心を開いてくれるでしょう。

第3部

無印良品が、世界でも勝てる理由

第1章 「巡航速度」でビジネスを広げよう

大成功をおさめた一号店の出店

無印良品の海外店「ＭＵＪＩ」は、今でこそ売り上げ一〇〇〇億円を突破しましたが、そこにたどり着くまでには長い道のりがあり、無数の失敗を重ねてきました。その経験は無印良品にとっても私にとっても、何物にも代えがたい〝財産〟になっています。

コロナショックで世の中は大きく変わり、今現在は海外に自由に渡航できない状況が続いています。しかし、オンラインでのやり取りが増えたのを機に、世界はますますグローバル化が加速していくかもしれません。今まで海外に赴いて進めていた商談を日本にいながらできるようになれば、誰でも気軽に起業して、海外とビジネスをするチャンスを得られる可能性があります。

そう考えると、無印良品が海外進出で悪戦苦闘して得た教訓は、今こそ皆さんにとって有益なテキストになるかもしれません。企業の大小を問わず、海外で勝つ方法はそれほど変わりないのではないか、と考えています。

無印良品は、これからも現地に店舗を展開していく方針は変わらないでしょう。店舗を展開しない企業であっても、ブランドやビジネスモデルの確立の仕方、現地でのコミュニケーションの取り方など、参考になるところはあるのではないでしょうか。

ここからは無印良品が築き上げてきた「海外で勝てる方法」をご紹介します。

ところどころに「勝つ」「負ける」という表現が出てきますが、それは他社と勝負をするのではなく、「どんな時代でも生き残れる＝勝つ」という意味で使っています。

無印良品が今回のコロナショックでも過去最高業績を挙げられたのは、この二〇年ほどで勝てる体質をつくりあげてきたからです。海外戦略もその一つです。

まずは、無印良品がたどって来た海外戦略についてお話ししましょう。

ＭＵＪＩが海外一号店を構えたのはイギリスのロンドンにあるリバティ百貨店です。

リバティ百貨店は一八七五年に創業された老舗（しにせ）の高級百貨店で、日本の百貨店のように多店舗展開ではなく、一店舗だけしかありません。現在の建物は、一九二四年に建造されたクラシカルで重厚な雰囲気の、地上五階建てのチューダー様式です。日本でも人気のある花柄やペイズリー柄のリバティプリントは、このリバティ百貨店でつくられています。創業者はイギリス人デザイナーたちと共に、アーツ・アンド・クラフツ運動や、アール・ヌーボー（フランスとベルギーを中心に広まった国際的な芸術運動）に関わっています。

ちなみに、アーツ・アンド・クラフツ運動とは、産業革命によって粗悪な商品が大量生産されることに対するアンチテーゼとして生まれた運動で、手仕事による工芸品を見直そうとしました。日本の民藝運動（思想家・柳宗悦が始めた、無名の職人がつくった日用品に美的価値を見出す運動）のようなもので、無印良品の原点と通じるものがあるかもしれません。

そのような由緒ある百貨店から、「うちの店で出すのにふさわしい」とお墨付きをいただき、認められたのです。そのころは元々の母体であった西友も海外に進出していましたが、西友の一角に店を構えるところからスタートしたのであれば、そこまで盛り上がらなかったのではないかと思います。

さっそく無印良品の初期のアドバイザリーボードのメンバーであるデザイナーの田中一光さんやクリエイティブディレクターの小池一子さんも現地に乗り込み、店舗のデザインを決定していきました。これを聞くだけで、相当な力の入れ具合だったことがわかります。出来

MUJI の海外１号店、ロンドンの「West Soho」

上がった売り場は今のＭＵＪＩの店舗とは違い、黒を基調にしたシックな雰囲気でした。店名は、無印良品をローマ字で表記しようと考えていました。しかし、欧米の人には発音しづらい。そこで、リバティ百貨店の女性プロデューサーが「ＭＵＪＩ」と省略したところ、ＭＵＪＩ＝無地という言葉の意味も無印良品に通じるものがあるのでピッタリだという話になり、それがそのまま海外で使われることになりました。

そして売り場には、そのころ日本で販売していた商品がそのまま並べられ、ファッションや寝具、収納グッズ、文房具のほか、みそや醬油（しょうゆ）などの日本の食材も売られました。

開店当時は現地で大変評判になりました。余計なものをそぎ落としたシンプルなＭＵＪＩの商品は、ロンドンの人たちにとても新鮮に映ったようです。何も柄の入っていない、色も白や黒を中心にしたベーシックなＭＵＪＩの商品は、「ソフィスティケート（洗練されている）」「モダン」「革新的」と絶賛されました。とくに禅や茶道の精神を強調して売っていたわけではないのですが、ロンドンの人たちはＭＵＪＩの商品から、自然と日本人の美学を感じ取っていたようです。

ヨーロッパ進出に暗雲が立ち込める

ＭＵＪＩは海外でも受け入れられる、それ以上に国内よりも思想的に共感をする人が多いのではないかという兆しを感じ、当時の関係者もみな手ごたえを感じていたでしょう。

しかし、そこから苦難の道が始まります。ロンドンに続けてイギリスではリバプールと、スコットランドのグラスゴーにも出店しました。

リバプールはビートルズが生まれた街で、歴史のある港町です。ところが、ロンドンでの評判が嘘のようにお客様は入りません。お客様が商品に触らないので、売り場は朝から晩まで乱れることなくきれいなままです。

リバプールは、今は大きなショッピングモールができたようですが、ＭＵＪＩが進出したころは静かな街で、夜も一〇時を過ぎると食事をする場所にも困るような田舎でした。ロンドンの人とはライフスタイルがまったく違ったのです。

当時のＭＵＪＩの商品は日本から輸出していたので、価格は日本の三倍ぐらい。質の悪い鉛筆やノートに慣れている現地の人は、「こんなに高いペンやノートは買えない」と思っていたでしょう。

グラスゴーも同じような状況で、売り上げは散々です。結局、これらのお店は早々に撤退が決まりました。

ロンドンの記念すべき一号店も、開店してから六年後、五〇対五〇で資本を出し合っていたリバティ百貨店の経営が行き詰まったため、パートナーシップを解消し、店を閉めることに。ヨーロッパへの進出は早くも四～五年で暗雲が立ち込めていました。

海外のMUJIは「二一年間、赤字」だった

一方で、イギリスに出店したのと同時期に、香港にも一号店をつくり、アジア進出も果たしています。アジアではMUJIは受け入れられやすかったため、欧州よりもハイペースで次々と出店していきました。

アジアでは現地の人にとってMUJIは憧れのような存在でした。ヨーロッパのようにMUJIの思想に惹かれたのではなく、「質のいい日本製の商品」を買うことにステイタスを感じているような雰囲気がありました。

こちらも価格は日本の三倍以上なので、現地の人はそう簡単には買えなかったかもしれません。それでも買った人は、使いやすくて質のいいMUJIの商品に惚れこんでくれたようです。

しかし、アジアでは次々と出店するのと同時に、閉店も相次ぎました。その原因は、現地のオペレーションがずさんだったからです。

アジアではウィンオングループという香港の会社と合弁会社を立ち上げ、現地の運営はほぼ任せていました。ウィンオングループの人たちは不動産業者から持ちかけられた物件に言い値で出店したので、家賃は高額。そしてＭＵＪＩをよく知らない現地の従業員たちが売り場をつくり、売り方を知らない人たちが売っていたので、残念ながら、売り上げには結びつきませんでした。

運の悪いことに、一九九七年にはアジア通貨危機が起き、家賃が急激に上がりました。ウィンオングループはあっという間に商品の代金を支払えないほど経営が悪化したため、合弁会社を清算することになります。最盛期には一三店舗ありましたが、すべて閉めて全面撤退しました。

この段階で海外進出を根本的に見直していれば、まだよかったのでしょう。

しかし、そのころ国内の無印良品は絶好調で、売り上げが七五〇億円、経常利益が七〇億円近くになっていたこともあり、ブレーキをかけるどころかアクセルを踏んでしまいました。一九九八年ごろ、「海外に五〇店舗をつくって売り上げを一〇倍にし、海外売り上げ二〇〇億円を目指そう」と大号令がかかりました。そして、それまでヨーロッパでは年間に一〜二店舗ずつしか出店していなかったのが、一九九八年に五店舗、一九九九年に八店舗、二〇〇〇年に七店舗と一気に増やしたのです。

急激に膨らんだ風船が割れるように、転落は急に訪れました。二〇〇一年、良品計画は三八億円もの赤字を出して経営危機に陥ってしまった顛末（てんまつ）はここまでの章で述べてきましたが、その大きな原因の一つは無謀な海外出店にありました。

当時、良品計画の社長に突然就任した私から見ても、国内の店舗の立て直しだけではなく、海外事業にもメスを入れなければならないのは明らかでした。MUJIは海外に進出してから一度も黒字になったことはなく、一一年間ずっと赤字だったのです。

その状況だったら、海外からは全面撤退する選択もあり得たでしょう。国内の店舗が落ち着いてから、改めて海外戦略を考え直す方法もあったと思います。

しかし、私には一一年間の海外戦略を無に帰する考えはありませんでした。むしろ、失敗をした原因を探れば、成功する可能性を見つけられるのではないかと考えました。

それ以降の海外展開は、巡航速度で少しずつ進めていきました。それでも閉店がゼロになるわけではありません。アジアは中国を中心に毎年二桁（けた）の出店をしても閉店はそれほどありませんが、ヨーロッパは少しずつ出店を進めても毎年二～三店舗は閉店しています。よくよく分析をしてから進出しても、ユーロ危機などのどうしようもない要因が売り上げを直撃するのが原因です。

ビジネスは正解のないことばかりですから、やってみないとわからないものです。チャレンジをした上での失敗も無数にあるでしょう。重要なのは、諦めないことと、失敗をそのままにしておかず、同じ失敗を繰り返さないこと。その失敗を次のチャンスに活かせたら、成功のための糧にできたと初めて言えます。

海外で勝てる七つの方法

国境を超えてＭＵＪＩが支持され、愛される理由は、ブランドコンセプトに多くの人が共感し、お店を訪れてくれるからです。しかし、それだけでは足りません。企業として、勝つための戦略、戦術を立てていなければ、世界で勝ち続けることはできないでしょう。

これから紹介するのは、無印良品が海外で〝失敗〟から学び、〝成功〟に転じた方法の一端です。これらの方法は、無印良品だけに当てはまる特別な方法というわけではありません。さまざまな業種、業態で応用できるはずです。

現在または将来、海外への進出を検討しているみなさんに、具体的に参考にしていただけるよう、七つのトピックに絞って紹介します。

方法１　オリジナリティを持つ

・独自性のない企業は「勝てない」

海外で勝つためには、オリジナリティのある商品やサービスを提供しているのが大前提です。オリジナリティがなければ、あっという間に淘汰（とうた）されてしまいます。

無印良品の武器となるオリジナリティとは何か。

それは、日常生活の中で使うものを通して、「ライフスタイルを提案する」というコンセプトそのものです。

無印良品が提供する〝シンプルでムダがない家具〟は、そのまま〝シンプルでムダのない生活〟を提案しています。落ち綿を使ったフキンなどの〝環境に配慮した商品〟は、〝環境に配慮したライフスタイル〟を提案するものです。また、使いやすく美しい食器類は、便利な生活にも機能美が大切であることを静かに主張します。無印良品の商品を選んで使うことが、そのまま一つのライフスタイルになる――という点に強みを持つビジネスモデルです。

また、扱っている商品のジャンルでもオリジナリティを出すことができます。

たとえば「無印良品の競合店はどこか？」という質問を受けて、名前があがる企業・ブランドといえば、ユニクロ、H&M、GAP、ZARAなどです。ただ、これらの企業は衣料品という分野だけでの競合です。イケアやHabitat（ハビタ：フランスのインテリアチェーン）、フランフランと比較されることもありますが、これも家具や雑貨・日用品の部分だけ。部分的に競合する企業はあっても、すべてのジャンルで、無印良品に競合する企業はありません。

つまり、「衣食住全般にわたってライフスタイルを提案する」というビジネスモデルを持つ企業は、世界的に見ても類がないということです。競合する企業がないことが、無印良品が海外でビジネスを展開する上で有利に働いているのは間違いないでしょう。

無印良品の商品は、基本的にどこの国でも同じですが、生活習慣の違いや、マーケットの成熟度合いの違いによって、同じ商品でも色々な使い方がされています。たとえば、陶器の器はお皿として使ってもいいし、物入れとして使っても、灰皿として使ってもいい（無印良品がそのような使い方を推奨しているわけではありませんが）。使う人が自分の価値観で選び、そして使う、というのが成熟したマーケットの商品のあり方だと言えます。

個別の商品を見てみると、ステーショナリーの売り上げが比較的大きい割合を占めている点も、無印良品の特徴の一つです。ステーショナリーを専門的にオペレーションしているグローバル企業は、今のところ世界でも無印良品しかありません。クロスなどのステーショナリーメーカーはあっても、小売という分野では例がないのです。ステーショナリーは国内でも海外でも主力アイテムの一つですから、これも無印良品のオリジナリティと言えるでしょう。

昔から日本人は、既存の商品を改良して小型化したり多機能化するのは得意でも、まったく新しいものを発明するのは苦手だと言われています。日本の企業が海外で苦戦する理由の一つは、オリジナリティで勝負しないからです。しかし、ここまで見てきてもわかるように、特許が取れるような機能や、画期的な新しい商品を開発しなくても、オリジナリティを出すことは可能です。

競合店、競合企業に勝つために知恵をしぼっている企業は多いと思いますが、元々競合する相手がいなければ、それを考える必要はなくなります。競争でムダに消耗することも避けられます。

真似のできないオリジナリティのメリットは、他社との競合を避けるだけではありません。ときには他社との〝共存〟も可能にしてくれます。実際に、ＭＵＪＩが入っているショッピングモールにユニクロやＨ＆Ｍが入っていても、それぞれ成功しているケースは多々あります。他社に食われず、他社を食うこともない。そのポジションを目指してきたわけではなく、ブランドを確立したら自然と唯一無二の存在になったのだと、私は分析しています。

日本国内で「世界初」「日本初」という宣伝文句に、多くのみなさんが惹かれるように、海外でも目新しいもの、今までになかったものには注目が集まります。「鶏口となるも牛後となるなかれ」ということわざもあるように、他の人がやらないことをやって独自の路線を歩み続けるのは、プラスになることはあっても決してマイナスにはなりません。自社の商品やサービスにオリジナリティがないのであれば、まずそこから考え始めなければならないでしょう。

方法2 郷に入っては郷に従え

・世界にあるのは「ローカルマーケットだけ」

私は常々、「世界にグローバルマーケットはない。あるのはローカルマーケットだけだ」と言い続けてきました。

海外進出というと、「グローバルな視点で」とか「グローバルなマーケットに向けて情報発信する」といったスローガンを掲げることが多いものです。しかし、そもそもグローバルとは何でしょうか。「世界的な視点を持て」と言われても、ピンときません。結局のところ、グローバル企業になるということは、その土地ごとに合わせたビジネスができるということです。世界各地でローカル対応ができる企業が、グローバル企業になれます。

海外から日本へ進出してきて失敗した企業の例を考えるとわかりやすいでしょう。

日本のマーケットに適合できなかった企業は、しばらくすると撤退します。フランスの大手スーパーのカルフールなどもその例の一つです。彼らが失敗したのは、自分たちのビジネスのスタイルを、日本のマーケットにマッチさせることができなかったのが原因です。海外でビジネスをするときは、その国の人たちに受け入れられるようなビジネスにしない限り、成功できません。

グローバルに展開している企業は、どこへ行っても同じ商品を同じように売っているように思われがちですが、必ずしもそうではありません。企業によっては、現地向けに商品を開発したり、売り方を変えたり、会社の仕組みの部分で現地に合わせようとしています。

日本に進出しているコカ・コーラは、缶コーヒーの「ジョージア」や、緑茶飲料「綾鷹（あやたか）」など、日本発の商品を多数生み出しています。スターバックスにも「抹茶 クリーム フラペチーノ®」や「ほうじ茶 ティー ラテ」、春限定のＳＡＫＵＲＡシリーズなど、日本オリジナルの商品がかなりの割合で存在します。アメリカの商品をそのまま持ってきても通用しないので、日本人の好みに合う商品を開発しているのです。

ＭＵＪＩは海外で売るためだけの商品をつくっていませんが、人事・労務関係は国によって違うので、その国ごとに合わせた対応にしていますし、商品の配達方法や返金、商品の交換の流れなども国ごとに変えています。

日本の全店舗に置いてあるマニュアルＭＵＪＩＧＲＡＭは、英語版、中国語版、韓国語版、シンガポール版、オーストラリア版も作成しています。〝日本語版を翻訳するだけ〟では対応できない部分もあるため、随時改善して、その地域なりのＭＵＪＩＧＲＡＭをつくりあげています。

そのように柔軟に対応していくのが、本当のグローバル化だと思います。日本で売っている商品や商習慣をそのまま海外へ持って行って展開することだけが、グローバル化ではありません。

もう一つ例をご紹介しましょう。

ＭＵＪＩが出店するとき、大々的なマーケティングはしませんが、現地調査はある程度します。ＭＵＪＩが中東のクウェートに進出する前に、現地のスタッフを有楽町の店舗に招いて意見を聞きましたが、そこで初めて、クウェートではキングサイズのベッドを使うのが一般的だと知りました。クウェートは家が広いので、一人部屋でもシングルサイズのベッドを使わないと言うのです。テーブルなどの家具も大きいものが好まれることがわかりました。

そこで、元々無印良品にはなかったキングサイズのベッドを中東用に開発し（これは特例ですが）、販売することを決めました。さらに大きめのサイズのテーブルを充実させるなど、クウェートで受け入れられるラインナップにアレンジしました。これもＭＵＪＩ流の「ローカライズ」の一つでしょう。

・「これは売れるだろう」は当てにならない

海外進出では、その国へ出てみないとわからないことが多々あります。予想と違う事態が起きることもしばしばです。

たとえば、日本ではほとんど売れないドライバーセットがヨーロッパではよく売れています。ヨーロッパでは家の手直しもＤＩＹ（Do It Yourself ＝自分自身でやる）する人が多いので、各家庭に本格的な工具があることは珍しくありません。ところが、女性が「鍋（なべ）の取っ手の緩みを直す」とか、「リモコンの電池を交換する」といった、ちょっとした作業をするのに適当な、コンパクトで、それでいて実用に足るクオリティのドライバーセットは簡単には手に入りません。ＭＵＪＩのドライバーセットは、そのようなニーズにぴったり合って、長く売れ続ける商品になりました。

また、一年中気温が高いタイでは、厚手のニットやアウターなどは売れないと思われがちですが、実はそうではありません。タイの人が冬の日本や韓国などへ旅行するときの防寒用としての需要があり、継続して一定数が売れています。

日本の中で「これは売れるだろう」「売れないだろう」などと考えて商品をそろえても、現地で予想を裏切られることは少なくありません。意外な商品に人気が集まる場合もあるので、下手な先入観を持たず、まず現地へ行ってみるのが大事です。

海外で成功できるかどうかは、それぞれの国のマーケットに合わせて、柔軟に対応できるかどうかにかかっています。そのためには、現地のスタッフがどれだけ状況を見極めて判断し、行動できるかも大事なポイントです。

方法３　グローバル化の三条件を確立させる

海外でビジネスを成功させるには、次の三つを確立することが必要です。

①ブランド
②ビジネスモデル
③オペレーション力（実行力）

この三つが同時にそろわないと、グローバル化はうまくいきません。これについては、Ｍ

ＵＪＩが海外でビジネスを展開してきたなかで学んできました。

・「ブランド＝信用」をどう育むか

「ブランド」は「信用」とほぼイコールです。ブランド力なしで海外で勝負するのはなかなか難しいと思います。

ブランドという点では、シャネルやグッチなどの高級ブランドも無印良品（ＭＵＪＩ）も同じです。ブランドの力が認められているからこそ、お客様がお店を訪れて、商品を手に取ってくださるのです。

海外で成功するには、まずブランドの名前を広めて、その国の人々の間に浸透させなければなりません。そのためには、ブランド戦略を考えないといけないでしょう。もちろん、その前に、日本国内でブランド力をつけておくことが大前提です。国内で無名のブランドが海外で成功する例は稀（まれ）です。自分たちのブランドのポジションをどのようにつくっていくか、というブランディングが重要になります。

ＭＵＪＩの場合は、一九九一年にロンドンのリバティ百貨店へ進出した当初から、「禅」や「茶道」にも通じる日本の伝統的な価値観をベースにライフスタイルを提案するブランドという路線を貫いてきています。華美・多機能ではなく、ムダなものをそぎ落としていく方向性は、まさに禅に通じる引き算の美学です。

禅でよく用いられる言葉に「知足（足るを知る）」というものがあります。遺教経に出てくる、次のようなブッダの教えに由来する言葉です。

「足ることを知っている者は地べたに寝るような生活であっても幸せを感じている。しかし、足ることを知らない者は天にある宮殿のような所に住んでいても満足できない。足ることを知らない者はいくら裕福であっても心は貧しい」

人間の際限ない欲望を戒めています。千利休が言ったとされる「家はもらぬほど、食事は飢えぬほどにて足る事也」も同様の意味で、人間の生き方に対する美意識を表現している言葉だと思います。

無印良品が提案し続けてきた、「これがいい」ではなく「これでいい」という理想の原点も、こうした「シンプルから生まれる豊かさ」という考え方がベースとなっています。

もちろん、商品やサービスが一定のクオリティを満たしていることも重要です。私たちは無印良品のブランドを表現する商品のつくり方、クオリティ、機能を吟味しながら研究と工夫を重ねてきました。単なるミニマリズムではなく、造形として美しく長く愛される究極のデザインをつくるように努力しています。

ＭＵＪＩが海外進出を始めた当時と比べると、ブランドとして浸透してきた現在のほうが、新しい場所でもはるかに成功しやすくなっています。これがブランドの力です。

ただし、無名の企業が一朝一夕にブランド力をつけることはできないので、一つひとつ積み上げていくしかありません。

海外でブランド力を獲得するには、その国の首都か主要都市の、比較的いい場所に出店するのが第一歩です。国内でいえば東京か大阪の、立地のよい場所に店を出すようなイメージです。家賃との相談は必要ですが、まずは注目が集まる場所に出て行くこと。できるだけ多くの人に認知してもらわないと、その後の展開が続かないからです。

私が社外取締役を務めていた外食チェーン「大戸屋」がかつて中国で苦戦した理由の一つは、いきなり郊外へ出店したからだと思います。和食に対するニーズはそれなりに高いので、大戸屋の定食メニューをそのまま持って行くことは問題ありません。ただ、ブランドとしてまだ浸透していないので、簡単にはお客様が集まらなかったようです。少々家賃は高いかもしれませんが、北京（ペキン）か上海（シャンハイ）の中心地に出店し、知名度を上げてから郊外へ出るようにすれば、もう少しうまくいったのではないかと思います。実際、郊外の二店を閉めて再出店した上海の店は繁盛店になりました。

立地で出店に成功したのは、一〇〇〇円のヘアカットビジネスで有名になった「ＱＢハウス」でしょう。彼らは一度海外のフランチャイジーと組んで失敗していますが、現在は独自の方法で店舗を増やし、香港では六四店舗（二〇二〇年現在）を構えるまでに成長しています。

QBハウスの出店の特徴は、地下鉄の階段の下の三坪ほどのスペースなどに店を開くことです。この手法なら香港の中心部でも家賃を安く抑えられます。サービスは日本国内と同じで、早くて安いヘアカットで人気になっています。店舗数が多いこともあり、現地でも日本ブランドとして認知されているようです。

一度ブランドとして認知されれば、長くビジネスを続けられるという利点があります。どんな業態も、時代の流れの中でそれまでのビジネスモデルが通用しなくなるときを迎えます。しかし、ブランドは普遍的な力を持っているので、ビジネスモデルの変更にも堪えることができます。

たとえば、ミニ・クーパーが有名な自動車ブランド「ＭＩＮＩ」は、企業が何度か合併吸収されても生き残ってきたシリーズです。時代に合わせて経営が変わったとしても、ブランドの力によって事業を継続することができるという典型でしょう。

・海外で「通用する」ビジネスモデルとは

海外で通用するビジネスモデルの一つに、ハイリターンなビジネス構造があります。その可能性がないビジネスを海外で展開するのは難しいと考えたほうがいいでしょう。

海外でのビジネスは、想像以上にコストがかかります。どこの国も日本以上に家賃が高く、とくに経済が成長している国では、年々家賃が上がります。物流の仕組みが違えばコストも上がりますし、人件費もかかります。そういう条件が厳しいところでも利益を出せるようなビジネスモデルでなければ、海外で生き残れません。

一番強いビジネスモデルを持っているのは、やはりシャネルやグッチ、ルイ・ヴィトンなどの高級ブランドです。

〝王室〟や〝貴族〟という超高レベルなニーズ（後述）に対応するクオリティをしっかりと守って、自社工場で一つひとつ丁寧につくるという、昔ながらのスタイルを今でも続けています。需要は山のようにあるのに、供給のほうは極端に少ない。しかし、彼らは需要に応じて大量生産をすることはありません。そして、正価販売以外はしません。各国の直営店は、基本的に一等地を購入して自社ビルを建てるところから始めます。それでも利益が出せるという桁違いにハイリターンなビジネスモデルを確立しているのです。

無印良品のビジネスモデルは、ＳＰＡ（製造小売業）と呼ばれるもので、自分たちで製造して自分たちで売るという業態です。ＳＰＡという業態の強みは、販売を通して顧客のニーズを直接聞き商品に反映させられること。また、製造を外部に発注するのと比較すると粗利が高いという利点もあります。

たとえば、売値が一〇〇〇円の商品を問屋から仕入れると六五〇円かかるところを、自社で製造すると五〇〇円に抑えられます。問屋の利益の部分がなくなるので、その分ハイリターンな構造になるというわけです。

ただし、すべてオリジナル商品ですから、商品開発や販売がうまくいかなくなると在庫の山ができるという欠点があります。その点ではハイリスクでハイリターンなビジネスモデルと言えるかもしれません。

ハイリターンなビジネスにするには、製造や販売のコストを構造的に抑えるか、売り上げを伸ばすかのどちらかしかないでしょう。

・現地のニーズに合わせるオペレーション力

オペレーション力（実行力）は、商品の販売やサービスを提供する現場での遂行力です。日本でつくりあげたビジネスを海外に持って行くときに、現地のニーズや商習慣に合わせていく現場の力を意味します。

海外ではさまざまな契約の仕方や法律による規制の違いに戸惑うこともあれば、現地の業者に騙（だま）されたり想定外のアクシデントが起きたりして、予定通りに出店の準備が進まない場合もあります。

現地のスタッフは日本人と同じように仕事をしてくれるとは限りません。日本国内なら一〇個を頼んだら一〇個商品が届きますが、海外では数が足りないことは日常茶飯事です。そういうタフな状況でも、それぞれの国に合わせてビジネスを展開していく力がなければ、海外では勝てません。必要なのは、企業としてのオペレーション力と、実際に現地へ行くスタッフたちの力です。

各国のマーケットの特徴に合わせて、ビジネスモデルを修正する柔軟性も大切です。

無印良品には「Café&Meal MUJI」（カフェアンドミール　ムジ）というカフェがあり、日比谷や渋谷、新宿など一部の店舗に併設されています。かつて有楽町にあったミールムジ（二〇一八年に無印良品店舗とともに閉店）は一〇〇坪ほどの広さで、常に行列ができ、年間の売り上げは無印良品の平均的な一〇〇坪の店舗の倍近くありました。

ただ、そもそも「カフェ」なので、夜の集客力は強くはありません。お酒を飲む人は少なくディナー向けのメニューはそれほど充実していないので、日中と比べると客足が鈍くなります。

ところがアジアに行くと状況がガラリと変わります。香港でミールムジをつくったところ夜も大盛況になりました。香港には日本とは違う外食文化があり、夜もお酒を飲まずに外食をするのが普通です。そのため、夜もお酒を飲まずに体にいい料理を食べられるミールムジを喜んで受け入れてもらえました。そのため、夜の時間帯に合わせた食事メニューに力を入れています。

どこの国の人も食に関しては保守的になりやすく、外国の食文化を受け入れるのはなかなか難しいので、ミールムジの出店は冒険でもありました。しかし、香港はイギリスの植民地であったという歴史があり欧米化が進んでいるので、中国というよりは日本と似ています。外食文化のある国ならニーズもあるだろうと踏んで、出店を決めました。香港のミールムジは三五坪ぐらいの広さしかありませんが、坪当たりの売り上げは平均的なＭＵＪＩの売り場の一・五倍と優秀な稼ぎ頭になりました。香港の人たちには「ＭＵＪＩは飲食もいいぞ」と思ってもらえたようです。

食品に関しては特に、現地の文化・習慣に合わせて、味付けやメニュー、提供方法などを工夫する必要があります。たとえば吉野家の牛丼は、日本では比較的安いＢ級グルメに分類されていますが、中国の人にとっては、一杯二〇〇〇円ぐらいの高級食です。しかも、中国の吉野家で一番売れるのはチキンのメニューのようです。その次が豚肉で、なんと牛肉は三番目。日本では牛肉が一番高くておいしいというイメージがありますが、中国ではチキンが一番人気なのです。味付けも日本より濃くなっています。

中国にはセブン-イレブンなどの日本のコンビニもありますが、幕の内弁当はほとんど売れません。一度にいろいろなメニューを少しずつ食べられて、飾り付けも美しい弁当より、ごはんの上に甘めに味付けしてある豚肉がのっているような弁当が好まれるそうです。

その国に合うメニューを考えることは大切ですが、それだけでは足りません。その国に合わせて柔軟にビジネスモデルを変える「オペレーション力」のある企業が強いのです。

方法4　コストはいつも最重視

・「採算度外視」は海外でもNG

海外進出を始めるときは、多少の赤字を覚悟してでも出店したくなるものですが、コストを度外視しすぎるのは失敗の元です。

海外が赤字でも国内の黒字で補えば問題ないという考え方もありますが、毎月大幅な赤字が出る店は、いずれ会社全体の経営を圧迫することになります。赤字の回収が見込めない店舗は、早々に撤退を考えておかなくてはなりません。これはＭＵＪＩの過去の失敗からも切にそう思います。

コストを考える上で重視すべきは、まず家賃ですが、売り上げやブランド力向上との兼ね合いも大事です。そういう意味で、海外で成功するには、「どの場所に進出するか」がとても重要です。

「ブランド力」のところでも触れましたが、海外でブランド力を確立するためには、まず首都または主要都市に進出することが必須条件です。イギリスではロンドン、中国なら北京、上海、フランスではパリ、イタリアならローマかミラノ、アメリカではニューヨーク、サンフランシスコなどがターゲットになります。

その中でも、一等地と言われるような、比較的いい場所に出て行って注目を集めなければ誰でも知っているブランドとして認知されるようになりません。ブランド力をつけるためにも進出場所にはこだわったほうがいいでしょう。

コーヒーチェーン店のドトールコーヒーは銀座四丁目の交差点という、日本で一番地価の高い場所にカフェを構えています。「ル　カフェ　ドトール」という名称で、ドトールの中でも高級店の位置付けになっています。銀座のど真ん中という立地ですから、お店はいつも満席に近い状態で、内装もメニューもほかの店舗よりランクアップしたものになっているようです。一般的なドトールならコーヒー一杯二二〇円のところを四五〇円ほど（二〇二一年現在）とやや高めに設定されていますが、それでも銀座の他の喫茶店よりは割安です。

それで採算がとれているのかどうかはわかりませんが、日本で〝一丁目一番地〟に出店するのはリスクや影響をある程度予測できるので安全ですし、ブランド認知の効果は計り知れません。

ただし、海外の場合は土地の相場やリスクが読みづらいので常に危険がついてまわる点も肝に銘じておかなくてはなりません。ミャンマーのクーデターのように内乱や大規模な暴動が起きることもありますし、タイの大洪水のような自然災害も起こります。現在はコロナショックで世界中で先行きが読めなくなっていますし、海外では予期せぬ事態に備えておくのは必須です。

・「家賃の変動」を考慮しているか

一等地となると、どうしても家賃が高いので早く黒字にしなければ維持していけません。私たちも海外に進出した初期のころは、なかなか赤字を解消できませんでした。赤字の原因は売り上げそのものが上がらなかったところにもありますが、売り上げに対して家賃が高額だったことが一番の原因でした。

失敗を繰り返さないために私たちが徹底しているのは、賃料をなるべく抑えることです。家賃が高い一等地に進出するからこそ、余計に厳しく検討しなくてはなりません。一度契約をしてしまうと、家賃は「削ることができないコスト」になりますから、決める前に慎重に選ぶ姿勢が不可欠です。

私は無印良品の社長に就任してしばらくしてから、ヨーロッパの店舗を視察に行きました。当時、フランスには八店舗ありましたが、そのうちの四店舗はとくに悲惨な状態でした。

一つはフランスのディズニーランドのすぐ隣にあるショッピングセンター（ヴァルデューロップ）に入っている店舗でした。足を運んでみると、お客様よりもスタッフの数のほうが多いという有様。観光地ですが、みなディズニーランドでお金を使うので、隣のショッピングセンターにはそもそも立ち寄らないのです。

ルーヴル美術館の地下にあるショッピングセンターにもMUJIを出店していました。地元の人や観光客が美術鑑賞をした後でショッピングセンターに寄り、MUJIも目の肥えたお客様に喜ばれるだろう――おそらくそういう狙いで出店したと思うのですが、こちらもガラガラ。美術館に来た人は、ショッピングセンターでお土産を買ったり食事をしたりするものの、日用品のショッピングをする気にはなれなかったようです。「ルーヴルでなぜ、わざわざ日本の商品を買わなくてはならないのか」と思われていたのかもしれません。

そして両店舗とも立地が良いだけに家賃も高く、膨大な赤字を叩きだすお店になっていました。私は「ここは閉めるしかないな」と即断しました。黒字の四店舗だけを残し、赤字になっているお店はすべて閉めることにしました。

ところが、フランスは日本以上に労働者の権利が守られている国なので、地元の従業員を解雇する場合は、労働組合の委員長のサインがないとできません。さらに、日本の労働基準監督署のような行政組織もあり、そこの許可を取れないと店を閉められないのだとわかりました。

事情を知れば知るほど頭を抱えたくなりましたが、結局一七億円もの費用を使って撤退しました。店は出店するのにも閉店するのにもお金がかかるものなのだと、しみじみ実感した体験です。出店は会社にとって投資ですが、閉店は損失を生むだけです。勢いだけで出店してなんとかなるものではありません。出店の段階で売れる場所を選び抜き、勝つための戦略を考えなければならないのだと、このとき悟りました。

アジア圏の店舗は、私の前の社長が全面撤退させていました。しかし、香港の人たちから「もう一度出店してほしい」とカムバックコールが相次いだのです。私は現地の人のメールを読むにつれ、「ここまで求められているのなら、再出店をするべきだ」と気持ちを固めていきました。

　ちょうどそのころ香港の沙田（シャテイン）に出店していた西友から、出店しないかと誘ってもらいました。とはいえ簡単に出店を決められません。我々は出店の〝仕方〟が大事であるとわかっていました。オペレーションは自分たちでやり、何より家賃が合理的な水準でなければ、初期の失敗を繰り返すだけだと身をもって知っていたのです。当時、沙田の家賃は六四香港ドルで、売り上げとの比率を計算すると一二～一三％でした。きちんと予測・計算をして、これなら採算がとれると踏んで、二〇〇一年に再進出しました。

　国内外で赤字に転落した良品計画を復活させるべく止血をしている時期でしたが、ただバサバサと切り捨てていくだけでは社員の士気は上がらず、企業は先細って行くばかりです。負けた構造から勝つ構造をつくり上げないと企業の再生はできないと考え始めていたころでもありました。苦しい状況であっても、未来に向けての種まきは必要なのだと判断し、出店に踏み切りました。

　リスタートした香港の一号店は、良品計画がマジョリティを取った「ＭＵＪＩ香港」が自前の社員でオペレーションし、日本の最新鋭の店づくりを実践していきました。この戦略は功を奏し、売れ行きもよく、初年度から黒字になりました。

　同じ年にリー・シアターというビルにも出店しています。ここは元々エスプリというメーカーが一棟借りをしていたのですが、売り上げが伸びずに苦戦していました。そこで、フロアを半分明けるのでMUJIに来てほしいと依頼があったのが経緯です。

場所は一等地ですが、ビルの三階と四階を借りたので、一番大事な家賃は割安でした。そのMUJIは私たちも驚くぐらいの売り上げを記録し、その影響から、リー・シアター自体が生き返ったぐらいです。

この二店舗の成功は、会社全体が息を吹き返す原動力にもなりました。まだまだ無印良品は世界で求められているのだと体感し、社内はどれだけ元気づけられたことでしょう。この成功に加え、ヨーロッパも不採算店は閉めたので、海外事業は二〇〇二年には黒字になり、一一年間続いた赤字からようやく抜け出せました。

ＭＵＪＩは売り上げに対する家賃の比率を一五％以下に抑えられる場所でなければ原則的に出店しませんでした。これを徹底してから、アジアでもヨーロッパでも、新しい店舗は一年半程度で黒字にできるようになりましたから、必勝パターンの一つと言えるのではないかと思います。

海外の家賃は、契約の条件が日本とはまったく違います。しかも国ごとに違うので注意が必要です。

ロンドンは借り手が多く貸し手が少ないので、二〇年か二五年契約という強気の設定です。途中解約はできず、もし撤退したい場合は、代わりのテナントを探してこなければなりません。ところが、そのテナントが撤退をすると、また我々に家賃の支払い義務が発生するという条件になっています。

ロンドンに出店した当時、担当者たちはその契約がどれほど重荷になるのかわかっていなかったでしょう。もしくは、「MUJIはロンドンで何十年も愛される店になるはずだから、大丈夫だ」と思っていたのかもしれません。

しかし、ビジネスは変動するものなので絶好調のときに合わせて考えるのではなく、もしものときを想定して契約等を考えておくべきです。

また、世界の主要都市では数年後に家賃が倍になるのが常識だという点は覚えておいたほうがいいでしょう。日本の不動産契約は実は結構良心的なのです。

香港で一番売れたMUJIシルバーコードというお店は三年契約でしたが、契約を更新するときに家賃を三倍にすると言われました。MUJIが好調だったのでオーナーは、〝小割り〟にしてたくさんのテナントに貸せば賃料は飛躍的に上がると思ったのかもしれません。

さすがにそれだと採算が取れないので、思いきってその店は閉め、そのビルのすぐ近くに新しく店を開きました。そこは今でも繁盛している店の一つです。シルバーコードのほうにはその後、他の店がすぐに入ったようですが、今は閑古鳥が鳴いているようです。

海外ではそのような〝駆け引き〟も日常茶飯事です。

・「一等地」の中の「二番目、三番目」を探す

コスト（家賃）は抑えたい。しかし、一等地に進出したい——これらを両取りするのは難しいように思えますが、一つだけ方法があります。

それは、一等地の中で〝一丁目一番地〟ではなく、二番目、三番目の物件を探して出店する方法です。

一丁目一番地、つまり集客力のある一階の路面店に出店できるのは、やはりルイ・ヴィトンなどの高級ブランドです。彼らならそれだけの家賃を払っても黒字にできるでしょう。しかし、そのような高級ブランドではない場合は、売り上げと家賃のバランスを考えるとどうしても無理があります。正確に言うと、ＭＵＪＩは一丁目一番地に出店しないのではなく、出店できないのです。

実際に香港のハーバーシティでは、一階にプラダ、四階にＭＵＪＩという立地になっていました。中国の他の場所でも、一階に高級ブランド、二階にＭＵＪＩとなっている例は珍しくありません。

少し変則的な方法としては、ビルの一階と二階を借りるときに、家賃が高い一階は狭く、安い二階を広く借りて、全体として家賃を抑えたケースもありました。

たとえ一階には出せなくても、高級ブランドと同じビルの中に店舗を構えると、ＭＵＪＩも高級ブランドの延長線上に見てもらえるという効果があります。これは、高級ブランドがデパートの中や自社ビルに店舗を構えている日本ではあり得ないので、海外ならではです。もちろん、ブランドとしての格が認められなければ、プラダと同じビルに入れてもらうことはできませんから、そのくらいの認知度はあったと言えます。

「一等地であっても、その中の一番ではなく、二番目、三番目の場所」という出店場所の基準は、際立った個性を強く主張するのではなく、日々節度を持って暮らしていく「これでいい」という無印良品のコンセプトにも合っていたと思います。あえて裏通りに店を構えて通好みの雰囲気を演出している店があるように、その店にふさわしい場所を選ぶのも、ビジネスを成功させる上では重要な意味があるでしょう。

家賃だけではありません。派手な広告や宣伝のためのセール、高すぎるリベートなど、費用対効果が合わないことにコストをかけるのは慎むべきです。いずれ回収できる見込みがなければ、安易に投資すべきではないというのが私の考えです。

方法５　失敗しない仕組みをつくる

・出店のマニュアルをつくる

誰かの勘に頼らず、出店するか否かを決めるにはどうすればいいでしょうか。

第１部で、ＭＵＪＩＧＲＡＭと業務基準書というマニュアルをご紹介しました。マニュアルに基づいて仕事を進め、マニュアルを更新し続けることで、社会やニーズの変化に合わせて最適なやり方を選択できる仕組みをつくりました。

私は、海外進出もマニュアル化できるだろうと考えました。

国によってマーケットの状況も法律も社会環境も違いますが、それでも「家賃」のように基準化できるところはあります。基準化できる要素を見つけ出して、個人の勘ではなく、誰もが定量的に出店を判断できる仕組みをつくろうと考えたのです。

ＭＵＪＩが海外に出店する際は「出店基準書」というシートをもとに判断するようにしました。これは国内で使っている出店基準書の海外版です。

その一部をご紹介しましょう。

〈商業施設〉

□最寄駅からの距離：直結～1㎞まで五段階
□乗降客数：5万人未満～30万人以上の五段階
□スーパーマーケットの面積：1000㎡以上の場合は2点、未満の場合は1点
□カラオケの有無：有の場合は2点加算
□シネマの有無：有の場合は2点加算
□テナント数：200店以上～50店未満で五段階
□有名テナントの有無：ユニクロ、ZARA、H&M、GAPが何店あるかで三段階
□商業施設売上高：10億元未満～25億元以上で五段階

これは中国進出時、出店する際に用いた出店基準です。各項目の配点は、北京大学の研究チームと一緒に決めていきました。

出店基準のチェックカテゴリーは、大きく分けて「マーケット」「周辺環境」「商業施設」「店舗環境」の四つ。各カテゴリー中の二八のチェック項目にそれぞれ点数をつけ、その合計点で出店候補地を評価する仕組みになっています。中国では路面店としての出店は考えていないので、出店候補地はショッピングモールや大型商業施設の中です。

カラオケやシネマの有無を判断基準に入れる辺りは、ユニークかもしれません。中国人もカラオケは大好きです。ただし、日本のカラオケボックスとは違い、高級クラブのような豪華な内装になっています。このような文化施設があるところは「趣味にお金を使う余裕のある人が多い」ということなので、ＭＵＪＩに足を運ぶ可能性も高いと考えられます。

満点は一〇〇点で、点数の合計によって「Ｓ・Ａ・Ｂ・Ｃ・Ｄ」の五段階に分け、Ｓに当てはまる地域は出店の有力候補地です。

さらに、この評価からは年商を割り出すこともできます。事前に大体の売り上げを予測するから、家賃の適正価格も割り出せるのです。

こうして点数を付けて出店した結果を見ると、二〇一三年までに中国に出店した店舗の約六〇%は成功しています。ただ、日本国内の出店成功率は八〇%を超えていますから、まだまだ改良の余地があると思います。

出店成功率を上げるために、予測が外れたところは項目を修正するなど、出店基準書はつねに見直されています。

ちなみに、**「予想よりも売り上げが良かった店」**についても、**「×」（不成功）と評価**します。「思っていたより売れてよかったね」で済ませるのではなく、予測の段階でどんな検討が足りなかったのかを分析しないと、出店の基準の精度が下がってしまうからです。

　このように、出店前と出店後を観測すると、常に基準をぶれさせないでいられます。こうした基準があれば、誰が海外事業の担当になっても、それまでと同じ精度で出店を続けられるはずです。

　これも、海外で成功し続けられる秘訣(ひけつ)の一つでしょう。

方法6　国別の浸透度に出店ペースを合わせる

・ヨーロッパでは「鈍行スピード」がいい

　二〇一二年秋、セブン-イレブンが四国に初出店すると発表し、話題になりました。

　セブン-イレブンといえば、どこの駅前にも数店舗は必ずあるくらいのメジャーなコンビニチェーンです。

　日本全国津々浦々に店があると思っている人も多いでしょうが、四国には二〇一三年まで出店していませんでした。セブン-イレブンでは、お弁当などの製造工場から店舗まで三時間以内に届けることを原則としています。そのため、店をつくる前に工場や配送システムなどのインフラを整えなければならない点が影響していたようです。

そんなセブン-イレブンは、海外でも、やみくもな出店はしていません。元々がアメリカ発祥のコンビニチェーンだったため、アメリカでの店舗数は九〇〇〇店を超えていますが、一万店を超えるタイ、韓国以外では、中国やマレーシア、フィリピンでは二〇〇〇店台、メキシコは一八〇〇店台。数字を見れば、「慎重に進めている」印象があります。イギリスやフランス、イタリア、ドイツなどにはまだ出店していません。

このように出店のスピードを考えている企業のほうが、海外戦略もうまくいくと私は考えています。

無名の企業が海外へ進出して店舗数を増やすにあたっては、**その国のマーケットにブランドが浸透するスピードに出店のスピードを合わせなければなりません**。これは、すべての企業にあてはまることでしょう。国内であれば、立地のいい場所を選んで店舗数を増やせばブランド名が浸透するケースもありますが、海外ではそう簡単にはいきません。やみくもに店舗を増やしても、赤字が膨らんですぐに撤退することになりかねないので、ブランドが浸透するタイミングを見極めながら、ビジネスを広げるチャンスを待つのが得策です。

その国のマーケットに浸透するスピードは、それぞれの国の状況によって異なります。

ブランドが浸透するまでの間は、店を開いても現地のお客様に足を運んでもらえない状況が続きます。ＭＵＪＩも例外ではありませんでした。

ヨーロッパでは、その後ユニクロも同じような道をたどっています。MUJIと違うのは、ユニクロの場合、旗艦店をバシッと設け、宣伝にもお金をかけてマーケットへの浸透のスピードを上げる戦略を取ったところでしょう。MUJIの場合は大々的な宣伝はしないで、少しずつお店を増やし、お客様に商品を手に取ってもらってファンを増やしてきたので、その点は大きく違います。

それでもユニクロも期待していたほどブランドは浸透せず、ロンドンからは一度撤退しています。アメリカでも同様の手法をとっていますが、最初は赤字が続き、ようやく黒字に転じたのは海外進出から七年後の二〇〇八年でした。日本のブランドを欧米のマーケットに浸透させるのは、それだけ難しいのです。

とくにヨーロッパの人たちは自分たちの歴史や文化に誇りを持っていますから、アジアから進出してきたブランドを受け入れることには抵抗があったのだと思います。

ヨーロッパの人々は基本的にみな保守的です。エルメスの工房や美術館に行くと、大きなスーツケースがいくつも飾ってあります。それはかつて貴族が旅行をするときに使っていたもので、食器やワイングラス、銀のフォークやナイフなどの一式を詰め込んで従者が持ち歩いていました。そして湖畔に敷物を広げ、お城にいるときと同じような高級な料理やワインを堪能(たんのう)します。ヨーロッパの絵画にも、よくそういう光景が描かれています。

貴族たちが求める〝本物〟の度合いは、我々が求めているものとは違って超高品質です。グッチやシャネル、ルイ・ヴィトンといったブランドの製品も、そのような層に合わせてつくられてきました。たいていのビジネスモデルは一〇〇年ぐらいすると崩れるものですが、貴族たちの需要に応えてきた高級ブランドは崩れることはありません。これからも貴族の御用達であり続けるでしょう。

一方で、一般の人たちはあまりお金がないので、ブランドものをそう簡単には買えません。普通の人がブランドのバッグを持っているのは日本や中国のような、戦後急激に経済発展をした国の人々です。

リヨンはフランスの第二の都市ですが、プランタンなどの百貨店はあっても、そこにはルイ・ヴィトンの売り場はありません。なぜなら、その地域の人たちにとっては高すぎて買えないからです。それぐらい、買える・買えないがハッキリしているのがヨーロッパのマーケットの特徴です。

ヨーロッパの地方の家庭では、意外に質素な生活を送っています。食卓には、テーブルワインと、チキンとパン、りんごなど……イタリアンやフレンチ等の、私たちが持っている豪華なイメージとは違います。地元で採れるチキンと野菜、チーズとバターで生活する。こうしたことが彼らにとって、誇り高い生活なのです。そういう地域にＭＵＪＩがいきなり進出しても、なかなかうまくいかないのは明白でしょう。

そのような場所では、ブランドが浸透するまでに時間がかかります。少しずつ様子を見ながら出店するようにしているのは、そのような理由からです。

・アジアは「特急スピード」で攻められる市場

その点、日本の企業にとってはアジアのほうが〝攻めやすい〟と言えるでしょう。

アジアの人々にとって日本の製品・サービスが優れていることは認知済みですから、ブランド自体が認知されるのも速い。ヨーロッパでのブランド浸透の速さが「鈍行の各駅停車」だとしたら、アジアは「のぞみ」くらいの違いがあります。

台湾（たいわん）の場合では、MUJIが一年に三店舗くらいのスピードで出店しても、既存店の売り上げが落ちなくなりました。売り上げ自体も一〇〇億円を超えています。台湾は、ブランドの浸透スピードがヨーロッパの三倍から四倍は速いマーケットであると学びました。

これが、中国では一〇倍のスピードになります。

中国の都市は人口や経済規模によって、1級、2級、3級都市という分類（分類の仕方は複数あるようです）が使われます。1級と2級都市を合わせると、三三都市。これは、それぞれ人口一〇〇〇万人規模で、東京都と同じくらいの都市だと考えてください。3級都市はそれよりも規模の小さい都市で、三〇〇弱あると言われています。

三三都市に一店舗ずつ、プラス３級都市の中から五つくらいの都市に出店すれば、一年で三八店舗増えるという計算です。中国ではＭＵＪＩを買ってくれる中間層が増え続けていますから、店舗数が増えても、既存店の売り上げに影響を与えることなく成長できます。

経済が成長しているアジアでは、お金を持っているのは圧倒的に若い世代です。その点は、日本と正反対でしょう。アジアの若い世代は購買意欲が旺盛で、ＳＮＳなどを使った発信力も高いため、その国での浸透も自然と速くなります。そして、いずれその子どもたちがＭＵＪＩのお客様になるという循環も見込めます。これからも有望なマーケットといえるでしょう。

一方で、成長のスピードが速い分、日本のバブルのように崩壊する可能性もあります。もしものときを考え、常に変化に対応できるようにしておかなくてはなりません。

ＭＵＪＩは過去の失敗を教訓にして、一店舗一店舗を黒字にしてから、次の店舗を開くという基本ルールを守っています。中国でも、黒字になった地域に複数店舗を展開するようにしています。最初の店舗で様子を見て、それから次の出店計画を立てると、やみくもではない、確度の高い出店になるのです。

方法７　海外に向いている社員の選び方

・まず「海外を知る」きっかけをつくる

海外進出の成否は、現地に派遣するスタッフ選びによっても左右されます。

よく「海外に飛ばされた」という話を聞きます。海外勤務を望んでいなかったのに、上司との折り合いが悪くて海外勤務を命じられた、といったケースです。こういう事情で海外支店に行かされたとしたら、うまくいかないのは当然でしょう。海外に人を送るにもコストはかかるので、個人的な感情などで異動を決めていたら、多大な損失を発生させることになりかねません。

やはり、海外勤務を望んでいる人を派遣するのが大前提です。

とはいえ、最近は海外勤務を望んでいない若者も多いと言われています。日本にいるだけで十分豊かな暮らしを送れますし、日本にいても海外のさまざまな情報が入ってきて、車もファッションもＩＴ機器も海外の最先端のものを手に入れられます。昔のように海外に憧れる人は少ないのでしょう。

海外に興味を持ってもらうためには、やはり実際に体験してもらうのが一番です。

たとえば日立グループでは、毎年若手社員一〇〇〇名ほどを海外に派遣しているといいます。滞在期間は一～三カ月で、語学研修をする場合もあれば、現地の工場で現地の人に交じって働くようなケースもあるそうです。

実際に海外に出てカルチャーショックを受ける体験は、何にも勝ります。

そこで「貧しい国の人々の役に立つ仕事をしたい」と目覚める人もいれば、「もう二度と行きたくない」と思う人もいるでしょう。いずれにしても、それぞれの適性がわかります。

いきなり海外勤務を命じるのではなく、ワンクッションを入れることで、企業側にとっても、社員側にとっても、海外に向いているかどうかを適切に判断する機会が生まれるのではないでしょうか。

無印良品でも課長を全員、海外研修に行かせています。期間は三カ月間、どこの国で何をするのかは、本人に決めてもらいます。研修期間中、本社は口出しをしません。逆に言えば、どんな問題も自分の力でなんとかするしかない状況です。この「自分でなんとかする力」は、海外でやっていくために一番重要な力でもあります。

課長海外研修は日本の本社をグローバルな社風にするために始めたのですが、そのような体験をさせることで、海外に向いている人を見極めることもできたと思います。

・海外勤務は「人間力を試される」

海外で活躍できる社員に共通の特徴を一言であらわすと、「自立型」と言えます。会社の方針や目標を理解した上で、自分でリスクを取りながら、自分の頭で考えてやりきることができる人が海外に向いていると私は考えています。

コミュニケーション能力、気力・体力があって異質なものを受け入れられる人、新しい環境に積極的に飛び込んでいける人、少しくらい失敗してもめげない精神的な打たれ強さを持っている人なら、語学力が完璧(かんぺき)ではなくても十分やっていけるでしょう。仕事の能力より、人間力を試されるのが海外勤務です。

反対に、コミュニケーション能力が低い人や融通がきかない〝まじめ人間〟にとっては、海外は厳しい環境です。良品計画でも、過去に海外に派遣した社員が現地になじめず精神的に追い詰められてしまったため日本に戻ってもらった例があります。日本での仕事ぶりが優秀だから送り込んだのですが、海外では現地のスタッフとのコミュニケーションが取れないとやっていけないのだと、私も多くを学んだケースでした。

海外に送り込んで成果を挙げて戻ってくる社員は、現地の人とのやり取りを楽しむ余裕があるように感じます。

アジアの人はよく仕事をサボるし、欧米人は自己主張が強くてなかなか言うことを聞いてくれない。そこで「どうして私の言うことをわかってくれないんだ」と頭を抱えて悩むような人は海外ではやっていけないかもしれません。「仕方ないなあ」と思いながら、「今度はこういう伝え方をしてみよう」と手を替え品を替え、相手にどう動いてもらうかを考えながらやっていける人は、現地のスタッフとも腹を割って話せる仲間になれるようです。生真面目で思いつめるタイプよりは、「なんとかなるさ」と楽観的な人のほうが向いているでしょう。

「そもそも〝グローバル社員〟はいない」というのが私の哲学です。

語学が堪能であるとか、留学の経験があるといった経歴が、海外で活躍できる人の条件ではないという意味です。

結局のところ、国内で仕事ができる人は海外でも仕事ができます。語学力は現地で鍛えれば十分です。そういう素質を持った人を企業側がいち早く見つけ出して、うまく配置すれば、海外で活躍する人材を育てられます。

海外で成功できるかどうかは、経営サイドに適任者を選ぶ力があるかどうかにかかっていると言っても過言ではありません。

第2章　商品開発は「つくる」より「探す」

「何物にも代えられる」という商品力

以前、日本を代表する二つ星のフレンチレストランに入りました。オープンキッチンで料理をつくっている様子を眺めていると、ふと見慣れたケースが置いてあることに気付きました。

それは無印良品のＰＰ（ポリプロピレン）のピルケースでした。七つに分かれていて、一つひとつを独立して使うことも、七つをつなげて使うこともできる商品です。そこにカレー粉などの香辛料を入れて使っていました。

「うまい使い方をしているなあ」と思わず感心してしまいました。そのピルケースはサプリメントや薬を携帯するのに便利というコンセプトで開発したのですが、シェフの感性で意外な使われ方をしていたのです。

無印良品の商品はシンプルであるがゆえに、「何物にも代えられる」という特長を持っています。使う人が自由に使い道を考えられる汎用性があるのです。

たとえばヨーロッパに行くと、さまざまな種類のワイングラスが使われています。赤ワイン用、白ワイン用、シャンパン用だけではなく、ボルドーのワイン用、ブルゴーニュやシャルドネを飲むためのグラスなど、細分化されています。昔は同じ形のワイングラスを使っていたのが、文化が成熟していくにつれてニーズに合わせて細かく分かれていったのでしょう。

一方、無印良品には、昔からあるような本当にシンプルなグラスしかありません。水玉模様がついていたり、花柄の装飾が施されたりといった〝足し算〟はしていません。基本的には無色透明で、一部青や茶色のグラスがある程度です。

そのようなシンプルなグラスが、海外では花瓶代わりに使われていたり、アクセサリー入れに使われていたり、口紅やメイク用の筆を入れてあったりと、ユニークな使われ方をしています。

一つのデザインが使う人それぞれの多様な価値観に対応している、という言い方もできるでしょう。細かいニーズに合わせて多種類の商品を開発するのではなく、あらゆるニーズを大きく包含するようなデザインを目指しています。

それは「一人ひとりの個性を尊重し、コマーシャリズムの要素やムダを排除して、商品の個性をユーザーに委ねる」という、無印良品設立時の考え方を踏襲しているからです。個性をユーザーに委ねるということは、消費者が主体になるようにデザインするということです。「これはこう使うもの」と決めるのではなく、あえて消費者が自由に使い方を考える余地を残す。「未完成の美」と言えるかもしれません。

世の中には〝細分化〟の流れがありますが、無印良品はその正反対の発想で成熟したニーズを取り入れようとしている――それが「無印良品らしさ」になっているのでしょう。

以前、京都の慈照寺・東求堂「同仁斎」や、大徳寺玉林院「霞床席」、武者小路千家「官休庵」などの和室や茶室で、無印良品の器を置いて写真撮影をしたことがあります。そのような場所に違和感なく溶け込むのは、無印良品の器がシンプルで、かつ豊かだからです。

千利休は独自の美意識により、道具としてつくられていないものを道具に見立てて用いました。水筒として使われていた瓢簞を花入として用いたり、井戸から水を汲んでつり上げる箱釣瓶を茶道具の水指に見立てたりしました。

無印良品の商品も、「見立て」によって無限の可能性を発揮できるもののあり方を目指しています。日本の家庭では和食だけではなく洋食や中華といったありとあらゆるジャンルの料理を食べます。どんなメニューにも合うような、汎用性のあるデザインにしてあるのが無印良品の器の特徴です。

無印良品のアドバイザリーボードのメンバーであるグラフィックデザイナーの原研哉（はらけんや）さんは、以前、講演会で無印良品についてこう語っていました。

「無印良品という製品の美意識の背景にあるものは『エンプティ』で、西洋の『シンプル』とは違うもの。そして、この西洋とは違う美意識というのが、今、世界中ですごく期待されている。アジアの市場は活性化するものの、過剰消費では必ずしも幸せにならないことを世界の人々はわかってきました。単なる『シンプル』ではとらえられなかった考え方、つまり簡素をもってゴージャスを凌駕（りょうが）していくという考え方はとても有益だし、都市型の生活をしている人は、みんなそこに賛同してくれています。ＭＵＪＩがすごく世界で人気がある、注目されているというのは、そういうことなんです」

この言葉の通りで、エンプティ、つまり空っぽだから、何物にも代えられるのでしょう。

仏教に「色即是空（しきそくぜくう）」という言葉があります。「この世の万物は形を持つが、その形は仮のもので、本質は空であり、不変のものではない」という考え方は、無印良品に通じるかもしれません。

あらゆる国で、それぞれが自分で使いたいように工夫して使える余地があるからこそ、無印良品の商品はどの国でも受け入れられるのだと思います。

ラップケース、わた菓子……「意外な人気商品」の秘密

無印良品では、国ごとに違った商品をつくることはしませんが、国ごとに〝品ぞろえ〟を変えています。

ヨーロッパの売れ筋商品は家具やPPの収納ケースです。アジアはヘルス＆ビューティ、ステーショナリー、衣料品が売れ筋で、台湾や香港に行くと食料品も売れています。

国によって売れ筋が違うのは、それぞれの国のマーケットが違うからでしょう。

欧米の店舗では現在、食料品は基本的に販売していません。イギリスやフランスに初進出したころは、日本の店舗と同じように醬油やみそも置いてありましたが、あまり売れませんでした。世界的に日本食がブームになっても売れ行きが悪い食料品はあまり置かないようにしています。

現地に住んでいる日本人からは「食料品も置いてほしい」というリクエストもありますが、現地の日本人だけに向けた商品は、おそらく今後も販売しないでしょう。バブル期、海外に進出した日本の百貨店は日本人観光客をターゲットにしていましたが、バブル崩壊後は惨憺たる状況になって撤退しました。このことからも、日本人だけではなく、現地の人に受け入れられるような店にしないと長く生き残っていけないのだとわかります。

一方、アジアの店舗には食料品を置いています。ただ、日本で人気のあるカレーやパスタソースのレトルトは、ほとんど売れません。その理由は「レトルト食品を食べる」という習慣がないからです。現地のコンビニで売られているカレーライスも、カレーがごはんにかけてある状態で並べられているくらいです。レトルト食品を買って帰って、家でごはんにかけて食べたりはしない文化なのです。

タイのＭＵＪＩでは、店頭でカレーやパスタソースの試食をしてもらいました。そういう地道な努力がいつか実を結ぶかもしれませんが、レトルト食品が受け入れられるということは、その国のライフスタイルを変えるぐらいのインパクトがあるので、そう簡単にはいかないでしょう。

ここで、海外のＭＵＪＩではどのような商品が評判になっているのか、その一部をご紹介しましょう。

ヨーロッパで人気のある意外な商品に、ＰＰラップケースがあります。食品包装用のラップが収納できる、ＰＰ製のシンプルなラップケースです。ステンレスの刃がついていて、中のラップは詰め替え式になっています。ヨーロッパではこの手のキッチン用消耗品は質の悪いものが多く、ラップの密着度が悪かったり、切れ味がイマイチだったりします。一方、ＭＵＪＩのラップケースは切れ味がよく、ラップ自体も日本製でお皿にピシッと密着します。

フランスでデモンストレーションを行ったところ、評判が口コミで広がりました。感激して、クリスマスシーズンのプレゼント用にごっそり買い込んでいく人もいました。ヨーロッパではクリスマスプレゼントに、ちょっとしたものをあちこちに配る文化がありま す。日本のように高価なプレゼントを贈り合う習慣ではないようです。

最初はこれが予想外の出来事だったので、現地のスタッフは慌てて商品を追加発注したくらいです。プレゼントされてＭＵＪＩのラップケースを知った人が、次のクリスマスにプレゼント用に買ってくれるのでしょう。今でもクリスマスシーズンになると、飛ぶように売れていきます。

ヨーロッパでは元々ラップケースは使い捨てではなく、中身を入れ替えて使う商品が普及しています。ヨーロッパの人たちは環境に対する意識が高いので、その点でＭＵＪＩのラップケースは合格点だったのかもしれません。

「意外な人気商品」は他にもまだあります。

アメリカのニューヨーク（マンハッタン）では出店当初、日本の小さなサイズの家具や食器が売れるかどうか心配していましたが、お店をオープンしてみると、シングルベッドよりも小さい脚付きマットレスがよく売れて驚きました。マンハッタンは、郊外と違って小さなアパートメントが多いため、コンパクトな家具が求められていたのです。

アジア圏ではお菓子類が人気です。柚子（ゆず）と金柑（きんかん）のキャンディは香港でずっと一位をキープしています。もともと、現地には柚子味や金柑味のお菓子がなく、珍しいという理由で手に取って食べた人から「おいしい」と評判が広まったようです。

また、袋入りわた菓子も人気です。わた菓子は海外にもありますが、日本同様いつでも簡単に食べられるものではありません。夜店などで売られているわた菓子も、一晩経てばしぼんでしまいます。無印良品ではフワフワのわた菓子を袋に入れて売っているので、「いつでも手に入る」ところが海外でも受けているようです。

このわた菓子については、他にもエピソードがあります。以前、世界一予約が取れないレストランと言われていたバルセロナのエル・ブリという有名レストランから、「料理に使いたい」とわた菓子三〇〇個の注文をいただいたこともあります。わた菓子をつくるためにわざわざ機械を用意するのは大変ですから、いつでも袋から出して使えるＭＵＪＩのわた菓子が目にとまったのでしょう。

「意外」という点では、こんなエピソードもありました。

二〇〇三年ごろ、無印良品の幹部とインテリアデザイナーの杉本貴志さんと共に、イタリアのデザイナー、ピエロ・リッソーニ氏のスタジオを訪ねたときのことです。杉本さんには無印良品の誕生以来、アドバイザリーボードを務めていただき、各店の店舗デザインを手掛けていただきました。

リッソーニ氏はデザイナーであると同時に建築家でもあり、ソファやテーブル、ベッドなどの家具やシェルフなどの収納のデザインに始まり、ホテルなどの商業施設の空間プロデュースもしています。

リッソーニ氏と話をしていると、嬉しそうにポケットや引き出しから、名刺入れやピルケースを取り出しました。それらは無印良品の製品でした。彼は、「前に日本に行ったとき、気に入って買ったんだ」と話してくれたのです。

世界的に有名なデザイナーにも愛用されていると知り、驚くと同時に感動したものです。

無印良品には、世界の最先端で活躍するデザイナーの感性に認められる力もあると再認識した体験でした。

同じ「白色」だって何種類もある

シンプルな商品をつくるのは簡単なように思えるかもしれませんが、実はもっとも難しく、奥深い世界です。無印良品の発案者の一人で、二〇年以上アートディレクターとして無印良品に携わられた日本を代表するグラフィックデザイナーの田中一光さんは、「デザインを排したデザインを追求すると、究極のデザインになる」と語っていらっしゃいます。

料理でも、ごはんや焼き魚のように、一見簡単でも味をごまかせない料理ほどその料理人の腕が如実に表れます。何となく魚を焼いているだけでは本当の魚のおいしさは引き出せません。活（い）きのいい魚を選び、ちょうどいい塩加減や火加減になるように焼くには、研ぎ澄まされた感覚が必要です。

シンプルな商品も同じです。派手な色を使わずに、なるべくシンプルな商品にしようと思っても、ただ白色と黒色だけを使えばよい、という話ではありません。

色々な種類の「白」と、無数にある「黒」の中から、豊かな白、豊饒（ほうじょう）な黒を選んで、上手に使う必要があります。そうしなければ、無味乾燥なシンプルを超えて豊かなシンプルさを実現することはできません。

たとえば一般的なノートの紙が真っ白なのは漂白してあるからです。ただ、そのような「白」は、無印良品の哲学とは合いません。漂白してあると明るい白にはなりますが、無機質であり、あまり品があるとは言えないでしょう。

無印良品のノートは漂白の過程がないので、原材料の少し茶色っぽいような、生成りの色合いになっています。それがナチュラルで、かつ上品な白を生み出しています。

無印良品では、何気なく白を使うということはありません。一般的に白さを表現する白色度というものがあるのですが、無印良品では「この段階からこの段階までの白」と、使う白色の幅を決めています。漂白された白ではなく、生成りの白が無印良品での「白」です。白色度の高い白が商品サンプルとして出てくることがあれば、試作する前の段階でストップできるようになっています。

もし白色度の高い白いノートを採用したら、普通のノートができてしまいます。それをもし無印良品が売れば、ブランドは守れなくなるでしょう。「黒」にしても同じことです。ただ真っ黒なだけの色と、豊饒さを感じさせる黒は違います。あくまで無印良品らしい白、無印良品らしい黒を追求した上で、使用しています。

着物を着るときに履く足袋も、真っ白に漂白したものはあまり良くないと言われているようです。漂白された白では、それこそ薄っぺらい白になってしまいます。たとえばそんな足袋を履いて日本舞踊を踊ってしまっては、足袋の底がチラリと見えたときに、興ざめするのではないでしょうか。

また、羽織袴や黒留め袖をつくっている職人さんによると、一般的な服に使われている黒は「黒とは言えない」そうです。羽織袴には、日の当たるところでも暗い場所でも美しく見える、深くて濃い黒を使います。そういう職人さんが市販の黒いジーンズを見ると、薄くて物足りなく感じるのだと聞きました。

いずれにせよ、白も黒も、追求すれば無限の広がりがある色だということです。

日本では古来、色にさまざまな意味を見出してきました。伝統色では赤だけでも、赤紅、臙脂、小豆色、桃色、桜色と何十もの色があります。十二単ではさまざまな色を重ねていくグラデーションで美を表現していました。日本には四季があり、その移ろいを色で表現する文化があります。常夏の国や年中雨が降っているような国では、なかなかそのような感覚は育ちません。

この美意識は昔から欧米では高く評価されていましたし、それは欧米人が真似をしようと思ってもなかなかできないものでしょう。無印良品の商品からそのような美意識を感じ取ってもらえるから、海外でもＭＵＪＩファンは多いのではないかと思います。

　豊かなシンプルを目指すために、無印良品は膨大な時間を使って「無印良品の哲学を表現するにはどうすればいいのか」と議論を重ねて、一つひとつの商品をつくりあげます。「これが無印良品だ」という正解がないので、みんなで悩みつつ、いつも答えを探しています。

無印良品が磨いてきた「見出す力」

　我々が無印良品の歴史を語るとき、必ず出てくるのが初期の大ヒット商品、「われ椎茸」です。

　当時は、西友で形のしっかりした干し椎茸が売られていました。西友生活研究所が、椎茸が家庭でどのように使われているのかを調べたところ、ほとんどが出汁をとるために使われているとわかりました。そして、出汁をとるために使うのなら、形は完璧でなくてもいいのではないか、という話になったのです。

　また、椎茸の産地に行ってみると、形のよい干し椎茸を選ぶには手間がかかることや、割れていたり、形が不揃いのものは商品にできないので自分たちで使うか、最悪の場合は捨てているのだとわかりました。

そこで、割れたものや不揃いのものも一緒にして「われ椎茸」と名付け、値段を通常の三割ほど安くして売り出しました。パッケージには、

「大きさはいろいろ、割れもありますが、風味は変わりません」

と、安くなっている理由を書いたところ効果があり、大ヒット商品になりました。

「干し椎茸は高い」という常識を覆したのも大きかったのでしょう。しまいには割れた干し椎茸の在庫がなくなり、きちんとした干し椎茸を割ってまで売った、と冗談になっていたぐらいです。

このように、**無印良品には誕生した当時から、ものを「つくる」というよりは、「探す、見つけ出す」という考え方がありました。**日本に昔からあるいいもの、あるいは日常生活で使われているものの中から、優れたものを見つけ、無印良品のコンセプトを入れながら商品化していくという道をたどってきたのです。

今でこそ「ホテル仕様のタオルやシーツ」は色々なメーカーから発売され、珍しくなくなりましたが、無印良品が売り出したばかりのころは、世の中にそういう発想はありませんでした。

タオルやシーツをどのような素材でつくるか検討していると、ホテルのシーツやタオルが一番質実剛健にできていて、一番進んでいるのだとわかりました。何十回あるいは何百回洗

濯をしてもお客様に満足して使ってもらえる丈夫さ。それが一番実用的なのではないかと考え、ホテル仕様のタオルやシーツを開発しました。

生活の中に浸透していて、定評があり、長く役に立ってきたものを見つけ出して無印良品流にしていく仕組みが、当時から機能していたと言えます。

鍋やフライパンの場合は〝かっぱ橋仕様〟になりました。

東京のかっぱ橋道具街では、プロの料理人向けの商品が山ほど売られていますが、プロ向けの鍋やフライパンの多くには柄がありません。木や樹脂でできた柄がついていると、そこから劣化してしまうことがあるからです。だから和食の料理人などは調理するとき、柄のない鍋やフライパンを、ペンチのようなもので挟んで使っています。

無印良品でも、劣化して壊れやすい部分は外すことにし、柄のない鍋やフライパンをつくりました。シンプルな機能に特化した商品を見つけ、選んで、無印良品流にアレンジしたのです（現在は販売していません）。

これだけではありません。再生紙をメモやノートに使ったのも、無印良品が世界初だったと思います。当時は、再生紙は色がきたないという意見もありましたが、子どもが書いたりするには、それでもいいのではないかと我々は考えました。

日本の生活の中にあるいいものを「探す」だけにとどまらず、さらに世界のいいものを無印良品流にしていこうという流れも生まれました。

一九八四年に「まんまの色」と名付けられて販売されたセーターは、南米ペルーのアルパカ、トルコのアンゴラモヘア、イギリスの伝統的なウールであるシェットランドや古代種のジャコブの羊毛など、世界各地に良質な原毛を求め、それぞれの持ち味をもっとも活かせる方法で編みあげました。

「まんまの色」という名の通り、染色をせず、本来の毛糸の色合いをそのまま活かしてつくった商品です。アルパカの毛を使った服は、最近でこそ見かけるようになりましたが、その当時の日本にはまだありませんでした。

それぞれの国の気候や風土、文化に根差したいいものが必ずある。それを見つけて無印良品の商品にするのが、当時からの商品開発のポリシーでした。世界各地のほうぼうを商品開発部隊が歩いて、「これはいいな」と思うものを見つけてきたのです。

「つくる」ではなく「探す」——ファウンド・ムジ

ところが、一時期「見出す力」が衰えてしまった時期がありました。

世界中からいいものを見つけてくる活動は、時間もコストもかかります。そこで、商社の人たちにお願いして商品を探し出してもらう方法に切り替えました。商社にはさまざまな調達部門があり、大量の情報やネットワークを持っています。そこを頼みにしました。

しかし、商社の人の中には無印良品の哲学をきちんと理解してくれている人たちと、そうではない人たちがいました。その結果、玉石混淆（ぎょくせきこんこう）して集まるようになり、そこから選別しているうちに、今まで使っていなかったような色やデザインが紛れ込んでしまい、無印良品らしさが失われていきました。

商社は無印良品だけではなく、他社にも製品を提供しています。そのため、〝どこにでもあるような素材を使った商品〟が無印良品にも散見されるようになったのです。

自分たちで歩いて探してくるのではなく、一般的な商社というルートで、誰でも仕入れられるものを集めたため、無印良品のコンセプトに沿ってアレンジしたとしても、従来の商品とは違うものになってしまうのは当たり前です。これでは、〝売れる商品〟を目指すメーカーがつくるものとの違いがありません。

その結果、無印良品のお客様は敏感なので、「最近の無印は薄っぺらくなった」と離れていってしまいました。これはここまでの章でも述べて来た、赤字転落の原因の一つです。

私は社長になったとき、無印良品が赤字に転落してしまったのは「ブランド磨きを怠ったからだろう」と分析しました。どうにかして、無印良品らしさを取り戻さなければならない。

そのような思いから二〇〇三年に生まれたのが、「ファウンド・ムジ」と「ワールド・ムジ」です。

ファウンド・ムジは「世界の生活文化や歴史に根付いた良品を探し出し、世界の優れた日用品から学び、無印良品のフィルターを通して商品化する」というコンセプトでつくられた商品カテゴリーです。「つくる」ではなく「探す」ことをメインにしています。

これは元々、無印良品がずっとやってきたことではありますが、それをさらに先鋭化し、時代の先を行くようにしなければなりません。そうしなければ世の中のニーズから遅れてしまうし、たとえ海外に持って行っても競争力のない商品になってしまうだろう、と考えました。

そうして、世界のあらゆる所に深く入り込みながら、昔から使われてきたものを社員が探し歩くようになったのです。

あの「直角靴下」はこうして生まれた！

それぞれの国や地域で、ずっと長くつくられているもの（使われているもの）は、全世界どこへ持って行っても受け入れられます。そういうものを見つけ出すのがファウンド・ムジの使命です。

たとえばベトナムの農村に行くと、ノンラーと呼ばれる三角の藁（わら）でできた帽子をかぶり、木の皮や草で染めた農民服を着た人たちを見かけます。その農民服を洗練されたデザインにアレンジすることで、ファウンド・ムジの商品に生まれ変わりました。

中国の家庭で古くから使われてきた木のベンチを見つけたときも、「これはファウンド・ムジではないか」と担当者のアンテナが働きました。何の変哲もないベンチですが、それこそ〝何物にも代えられる〟可能性を秘めていると感じたのです。

そこで、元々は雑木でつくられていたベンチを、丸太から切り出した無垢（むく）材を使うことで強度を高めて、ファウンド・ムジの商品としてリニューアルしました。このベンチは食卓用の椅子として使うこともできれば、庭でも使えますし、上に小物を置くインテリアとしても使えます。

中国には一〇〇〇年以上前からある景徳鎮（けいとくちん）という窯場で生産された焼き物があります。景徳鎮の焼き物は青や赤で龍（りゅう）や花などの優美な模様が描かれていますが、無印良品ではそれは必要ない。模様を省いて、シンプルにビシッと白磁だけでつくると、無印良品のコンセプトに合った商品になります。

カレーを入れるステンレス製のポットは、担当者がインドの金物街を隅から隅まで見て回って見つけた一品です。少し縁があって、ふくらみのある独特なデザイン。これはインドのポット特有の輪郭だそうです。

日本だとおそらく取っ手をつけて持ち運びしやすくするでしょう。調理したての食べ物を入れたら、熱くて持てなくなりそうです。しかし実は、取っ手をつける文化は世界的にも少ないといいます。インドの人は、できたての熱いカレーを入れた取っ手なしのポットを、やすやすと持ち運んでいます。

なぜそのようなことができるかというと、そのポットは、中が二重構造になっているからです。空洞部分に空気の層があるので、熱さが直接ポットの外側に伝わってこないように工夫されています。

このポットは完成度が高いので、デザインのアレンジ案を色々と考えてみましたが、オリジナルを超えるものはできないという結論になり、そのままつくることにしました。もちろん、このポットはカレー以外の料理を入れるときにも使えますし、水を入れて花を浮かべてインテリアとして使うのにも最適です。アクセサリー入れに使っている方もいるようです。

このように世界各地のいいものを見つけるうちに生まれたのが、大ヒット商品の「足なり直角靴下」です。

中国で古くから使われているベンチ（上）に
無印良品のコンセプトを加味して商品化（下）

これは、チェコに住んでいた方から、「近所のおばあちゃんが編んでくれた、かかとが直角になっている靴下がすごい！」という情報が寄せられたところから話が始まります。

一般的に売られている靴下のかかとの角度は一二〇度です。これは、機械で量産できる靴下のかかとの角度が一二〇度であることと、折り畳んだときにキレイな形になるように、ということから決められているのだそうです。

一方、チェコの靴下を実際に取り寄せてみると、確かに、かかとの部分が九〇度になっています。そして、足のかかとと同じ角度になっている靴下を穿（は）くと、かかとがすっぽりと収まるのでずれにくく、穿き心地がいいとわかりました。

しかし、靴下メーカーの人にその靴下を見てもらっても、どうつくればいいのか見当がつきません。そこで、靴下を編んだチェコのおばあちゃんの娘さんに日本に来てもらい、編み方を伝授してもらいました。教わったことをもとに、編み機と素材を開発し、ようやくファウンド・ムジ流の靴下が生まれました。ちなみにこの商品は、二〇〇六年から二〇一四年まででで累計四五〇〇万足を売り上げるロングセラー商品となっています。

洗濯物を干すための半円形のピンチハンガーも、フランスの蚤（のみ）の市で発見したものをもとに開発した商品です。

実はほとんどの先進国には、洗濯物を外に干す習慣はありません。洗濯物は乾燥機である程度乾かしてから、室内に干すことが基本です。とくに欧米では、洗濯物を外に干すのは低所得者層のすることだというイメージがあります。景観を損ねて不動産の価値が下がるという理由で、外干しを禁止している地域もあるようです。確かにアメリカのドラマや映画を観ていても、高級住宅地では庭がものすごく広くても、物干しざおはありません。

そうした事情もあり、洗濯物を室内の壁にかけて干すときに便利なように、海外のピンチハンガーは半円形になっています。円形だと、壁際にピッタリと収まらないのは言うまでもありません。

一方、日本でも、たとえば下着を室内に干す人は多いですし、梅雨時や冬はどこの家庭も室内干しが多くなります。日本にもニーズがあるはずです。

そこで、素材を錆びずにリサイクルしやすいアルミ製にして開発しました。ピンチはポリカーボネートでできているのですが、無印良品では派手な色を使わないので、乳白色か透明につくるしかありません。これが実はネックでもありました。

一般的なピンチハンガーはピンチに黒や赤、緑といった色が入っています。これは、色をつけるための顔料は紫外線を通しにくく、ピンチが劣化しづらくなるというメリットがあるためです。逆に、色をつけなければ紫外線を通すので、劣化しやすくなります。とはいえ、やはり無印良品の商品に強い色を使うわけにはいきません。そこで、ピンチは取り外しができるようにして、もし劣化してしまったら別売りのピンチと取り替えられるようにして商品化しました。

こうして開発された商品は、日本だけではなく、海外でも人気があります。

このことからも、やはり長く使われているものは、それなりの「理由」や「愛される力」があるのだとわかります。それをいかに探し出し、アレンジするかが、無印良品が海外で競争力を持つための命題なのです。

誕生時代のファウンド・ムジと今のファウンド・ムジは、少し中身が違ってきています。どこのメーカーでも真似してつくれるレベルの商品では、時代に置いていかれてしまうと感じます。どこまで〝深く〟入り込んでいけるかが、これからの「見出す力」には必要でしょう。

細かく深く入れれば入るほど、商品群のレベルは上がっていきます。そして、そういうものが全世界で受け入れられていきます。というより、受け入れざるを得ないはずなのです。

これと同じような取り組みとして、有名なのはキリンの「世界の Kitchen から」シリーズです。これも各国の家庭でつくられているドリンクを見つけ出し、それをキリン流にアレンジしています。

ファウンド・ムジでは国内の伝統工芸品のよさを見直す取り組みもしています。一部の店舗では世界中から集めた暮らしの品々と、日本の伝統工芸品なども取り扱っています。手仕事の作品を愛好しているコアなファンも訪れる店舗ですので、ぜひ訪ねてみてください。

世界最先端のデザインを生んだ――ワールド・ムジ

ワールド・ムジは、「無印良品が海外で生まれたらどのようであったろうか」という問いかけをもとに、世界的に活躍するデザイナーの商品を開発する企画です。イタリア、イギリス、ドイツなどで無印良品の考え方に共鳴する一流のデザイナーが〝匿名で〟商品開発を行っています。

世の中で長く使われてきたものを、もう少し便利に豊かにさせようと、世界的なデザイナーの力を借りてものをつくっていく。そうすれば長く使われてきた商品を超えるものが出てくるのではないか、という狙いでワールド・ムジは始まりました。

同じ商品でも、デザイナーの名前を出すと三万円や四万円ぐらいになってしまうような商品が、無印良品で名前を出さずにつくってもらえれば、三〇〇〇円や四〇〇〇円ぐらいで販売することができます。デザインした人の名前は出ていなくても、「これ、何かいいなあ」と買ってもらえるような商品にするのがワールド・ムジです。

この取り組みを始める以前にも、永澤陽一（ながさわよういち）さんや加賀谷優（かがやまさる）さんのような一流のデザイナーにデザインをしていただいたことがありますが、そのときも名前を出していません。

つくった人の名前を出さないのが「無印」の証（あかし）。それは世界的なデザイナーにお願いする「ワールド・ムジ」であっても変わらず大切にするポリシーです。

現在、無印良品のアドバイザリーボードのメンバーでもある深澤直人（ふかさわなおと）さんがデザインした「壁掛式CDプレーヤー」は、世界的なヒット商品になっています。これは、「目の前にひもがぶら下がっていたら、思わずそれを引っ張ってみたくなる」という、人間の本質的な行動を観察したことから生まれた商品です。

このCDプレーヤーは、無印良品のものづくりが、〝デザインの本質に迫っていく〟方向へ向かう転機になった商品でもあります。デザインの本質に迫るとは、「ものと人との関係を発見していこう」という試みとも言えます。

イギリスのジャスパー・モリソン氏には、時計やソファ、カトラリー、やかんなどをデザインしてもらいました。ジャスパー・モリソン氏は家具や食器、キッチン用品、電化製品から時計や靴、公共空間のデザインまで手掛けるデザイナーです。スイスの家具メーカー・ヴイトラやスペインの靴メーカー・カンペールなど、一流ブランドのデザインを手掛けるほか、福岡県太宰府市にある宝満宮竈門神社のベンチやチェアを手掛けています。
彼は「スーパーノーマル」をコンセプトの一つとしていて、シンプルで洗練されたデザインが得意で、無印良品の世界観ともマッチしています。彼がローゼンタールという食器ブランドで手掛けたプレートやマグカップは、シンプルで洗練されていてデザインの力があり、私は歴史あるマイセンと互角以上のデザインだとも思っています。

　無印良品のやかんもシンプルで強度があり、デザインと質を同時に満足させる商品になっています。しかし、多くの人はそれが、ジャスパー・モリソン氏のデザインとは知らずに、「無印良品の商品はシンプルでいいな」と思ってくれる。言ってみれば、ワールド・ムジではとても贅沢な試みをしているのです。

　また、ドイツのコンスタンティン・グルチッチ氏もメンバーの一人です。世界の名だたるメーカーの家具を中心に毎年新作を発表するかたわら、無印良品では「しるしのつけられる傘」をデザインし、一〇年以上のロングセラーとなっています。

　この傘の柄には、穴が一つだけ開いています。そこに何かを結びつけたりすれば、自分の目印になるという商品です。傘はなくしてしまったり、どれが自分のものかわからなくなったりすることが多いものですが、「自分の目印」があれば、それを防げます。

世界的なデザイナーには、「人が無意識にしてしまう行為を視覚化する」、あるいは「何気ないデザインで新しい定番を生む」――そのような力があります。

たとえば、網で引き上げたエビを、海水を入れたお湯で三〇秒だけ茹でて、すぐに氷を入れた塩水の中に入れて、パラッと殻をむいて食べる、世界一おいしいと言われる「デニアの赤エビ」。これが伝統的なものを探し出すファウンド・ムジだとすると、このエビを使ってミシュランの三つ星レストランのシェフが手の込んだ料理をつくるのがワールド・ムジなのかもしれません。

多くの場合は素材をそのままシンプルに食べたほうがおいしいものです。それに勝てる料理をつくれるシェフは、世界でもほんの一握りしかいないでしょう。三つ星レストランのシェフの中でも、一〇〇人中一〇人ぐらいしかいないかもしれません。

その一〇人を探し出してつくってもらうのがワールド・ムジです。

不思議なことに、デザインを極めた人の商品と、営々と何百年もつくられてきた商品は、同じ世界観を感じられます。それぞれの国の生活の中にどっぷり入り込んだ伝統的なものと、世界を代表するクリエイターたちがつくるものと、両方が混在しているのが無印良品の世界です。素朴なものもあれば、洗練された最先端のデザインもある。しかし、それらはバラバラな個性にならず、無印良品の美として調和しています。

無印良品が世界の人から支持されているのは、デザインというよりも、無印良品の生み出すこうした〝文化〟が共感されているからかもしれません。

日本で売れる商品は「定番になる」

アロマディフューザーやＰＰ（ポリプロピレン）ボックスなど無印良品の売れ筋商品は、世界的に共通しています。

日本で売れる商品は、世界のどこに持って行っても売れるのだと、私は考えています。世界的に「良品」に対する概念は同じなのではないでしょうか。

ＰＰボックスは他のメーカーからも発売され、海外にもありますが、無印良品のものは密閉度が違います。

桐の箪笥（たんす）でも密閉度が高いと、引き出しを閉めるときに抵抗感が生まれ閉めづらくなるように、無印良品のＰＰボックスも、空気の圧力で引き出しがすんなりと閉まらないぐらいの密閉度があります。そして、ピタッと積み重ねられる。これが海外の一般的な製品だと、引き出しがガタついてなかなか入らなかったり、積み重ねるとグラついたりします。

つまり、海外で既にある製品でも、クオリティが高く、それに見合った価格であるなら、勝負できるということでしょう。

コニカミノルタやキヤノンはヨーロッパでも強いのですが、それはオフィス用のコピー機で日本製ほどの性能を持った製品がヨーロッパにはないからです。

一方で日本の家電や車が売れないのは、ヨーロッパは重厚な製品を好むのが理由でしょう。メルセデス・ベンツやＢＭＷは頑丈にできていて、ドアも重くて重厚感があります。家電もドイツのシーメンス（現在は家電事業から撤退）やボッシュのように、日本の家電みたいに多機能ではないけれども丈夫で壊れにくい製品が選ばれます。ヨーロッパは建物のドアも重くて重厚で、ひ弱な日本人男性だとなかなか開けられないくらいです。それをヨーロッパのたくましい女性は軽々と開けていく。そんなお国柄なので、根本的に日本とは文化が違います。文化の違いによって受け入れられるものとそうでないものは変わってきますが、その国であまり発展していない分野であるなら、チャンスの芽はあるでしょう。

ただし、完成度が高くないと世界基準にはなりません。高い品質と優れたデザインで、時代と人々からの評価の試練をくぐり抜けて残ったものが、本当の良品なのです。

第3章　「ＭＵＪＩイズム」に国境はない

現地スタッフの採用基準は「ＭＵＪＩが好き」

海外に進出する企業が必ず悩むのは、現地スタッフの採用でしょう。初めて進出する国では、どのように人を募集して選べばいいのか、手探りの状態です。

ＭＵＪＩの場合、日本人の社員を一人派遣して、現地での法人の立ち上げを担当してもらいます。ここは少し強調したいところですが、基本的に派遣するのは、一人です。その国に行ったことのない社員をポンと放り込む場合もあります。事務所にする場所も、住む場所も自分で探してもらい、一からスタートしてもらうのが、海外進出の第一歩です。

一見無謀に思えますが、三〇代の若手社員でも、自力で事務所を立ち上げてくれています。

海外法人の社長には、派遣された社員がそのまま就きますが、副社長や経理など、社長を支える役職については現地の人たちを雇います。自分が見知っている現地の人を採用することもありますし、知り合いから紹介してもらうこともあるでしょう。

そうやって基盤をつくってから、店舗で働いてもらうスタッフ（店長も含む）を採用します。

ウェブサイトや求人媒体などに採用情報を掲載して希望者を募り、人事部門が筆記試験と面接を行うという一般的なやり方で採用を進めます。

希望者の志望動機として多いのは、「ＭＵＪＩが好き」です。日本やヨーロッパを訪れたときに無印良品を知ったのか、すでに進出している国の既存店のファンかもしれません。いずれにせよ、無印良品のブランド哲学「ＭＵＪＩイズム」に共感しているのは、重要な採用基準になります。

私は、「生活費を稼ぎたいから」「家から近いから」という現実的な理由で応募してくる人がもっと多いかと思っていましたが、そうではありませんでした。ＭＵＪＩは海外の人にとっても、単にお金を稼ぐために働く以上の魅力がある店なのかもしれません。

自社のブランドを愛し、ポジティブに仕事に関わってくれるスタッフが増えることは、企業にとって大きな力になります。スタッフの離職率が低くなる理由の一つにもなります。

たとえば、中国のＭＵＪＩの離職率は一二％です。一般的な中国企業の平均は二五％くらいですから、相当低いことがわかります。

ＭＵＪＩの海外スタッフの給料は、決して高いほうではありません。現地の水準くらいか、賃金が高騰している上海などの地域では他の企業よりも安いくらいです。それでも、長く働き続けてくれるスタッフが大勢います。

離職率が低いもう一つの理由は、頑張れば誰にでも昇進できるチャンスがあるからでしょう。

日本の無印良品では性別や学歴、年齢を問わず、実力重視でアルバイトからステップアップしていける仕組みを整えていますが、それを海外のお店でも実践しています。最初はアルバイトとして入り、その後、正社員として採用され、副店長を経て店長になった例は、海外店舗でも珍しくありません。

海外の企業には、実力主義が浸透しているイメージがあります。しかし、たとえばフランスでは学歴が重視されるので、エリート校出身者が上位のポストを占め、それ以外の人が昇進するのは稀（まれ）なのだそうです。フランス人にとってＭＵＪＩの昇進システムは〝考えられないこと〟のようです。そのためみな「自分にもチャンスがある」と意欲を持って働いています。実際、販売スタッフから営業オペレーションマネージャーに昇進した例もありました。

海外では、より給料の高い会社へ移っていくケースは稀ではありません。中国のMUJIで働くスタッフにも、他社から引き抜きの誘いがあるようです。それでもMUJIで働き続けることを選ぶ人が多いのは、お金だけがモチベーションになっているわけではないのでしょう。

仕事に働きがいやりがいを求めるのは、万国共通なのではないでしょうか。

MUJIは一つの店舗にさまざまな人種のスタッフが働いているケースもありますが、それでもスタッフ同士の仲がいい店が多いのも特長だと思います。MUJIGRAMを使ってコンセプトを共有できますし、「とこ10（とことん売り込む10アイテム）」という社内の販売コンクールでは店対抗で競い合うことで、店ごとのチームワークも生まれます。

もちろん、自分が好きなブランドの商品に囲まれて、その商品をお客様にすすめる仕事なら、誰でも楽しいと感じるでしょう。実際、どこの国へ行ってもMUJIのお店で働いているスタッフはMUJIの商品を愛し、仕事を楽しんでいる人が多いと感じます。

給料が高い企業より、自分が好きな商品を売っている企業で働く。そんな人が増えていけば、そのうち、商品やサービスに魅力がなければ人材が集まらない時代が来るでしょう。利益の追求ばかりではなく、多くの人の共感を集めると、お客様が集まり、働く人も集まるという循環が生まれます。この辺りに、これから先、企業が生き残っていくためのヒントがあるかもしれません。

無印良品は、国境を越えてＭＵＪＩイズムを浸透させることで新しいマーケットを開拓してきました。この流れは、今後も続いていくと考えています。私たちの哲学である「ＭＵＪＩイズム」には、それだけのポテンシャルがあると確信しているからです。

日本で生まれたコンセプトに海外のスタッフがどこまで共感できるものなのか、疑問に思っている人もいるでしょう。とくにＭＵＪＩは日本独特の哲学を持っているので、日本人以外の人が理解するのは難しいように感じるかもしれません。

しかし、そのような懸念も、仕組みをつくれば解決できます。ＭＵＪＩＧＲＡＭという仕組みをつくり、それを徹底させることが、海外のお店のオペレーションをうまく回す秘訣(ひけつ)でもあるのです。

現地のスタッフは「本流」で育てる

以前、ヨーロッパの店舗でＧＡＰやイケアで店長をした経験のある人を採用し、店長を任せていたことがあります。店のつくり方もうまいし、人も上手にマネジメントできるので、安心して任せていられました。

そこで、他の国で同じように他店の店長経験者を採用したところ、まったくマネジメントができませんでした。スタッフはムスッとした態度でお客様に対応するし、乱れた服を畳まないので店も乱れていく。その店長は、その国流の接客法しか知らなかったので、スタッフを教育することができなかったのでしょう。

海外であっても無印良品流の接客を覚えてもらわなくてはならないと感じた、苦い経験でした。

国ごとの習慣や、個人の経験に頼るのではなく、業務を標準化することで、誰もが同じレベルで仕事ができるようにしなければならない。そのために、ＭＵＪＩＧＲＡＭをつくりました。これがＭＵＪＩにおける本流の人材の育て方で、海外でもそれは変わりません。

これまでにもお話ししてきたように、ＭＵＪＩＧＲＡＭには一つひとつの業務について、その「目的」と「意味」が書かれています。この二つを書いておくことは、習慣や文化が日本と違う海外のお店において、とくに重要です。ただ「笑顔で接客をしよう」と書いているだけでは、そのような習慣がない国では「なぜそのようなことをしなければならないのか？」と反発心を抱かれるかもしれません。そうした「なぜ？」に対して、あらかじめ答えを用意しておくのです。

「お客様が店に対して持つ印象は、店員の与える第一印象で決まる」「だから笑顔で接客する必要があり、そのために繰り返し練習する必要もある」と、順序立てて説明します。

ワタミが中国に出店したとき、膝をついてお客様におしぼりを渡すサービスを従業員に教えたところ、ものすごい抵抗があったといいます。中国では、膝をつくことは「相手に従う」ということを意味するので、日本の土下座と同じくらいの意味を持つのです。そのため「目線を相手より下にして話をするんですよ」というところから説明を始め、ようやく抵抗がなくなった、という話を聞きました。

ただ「やれ」と命令されても動きませんが、理由に納得したら現地の人も素直に従ってくれるものです。また、外国には合理的な考え方の人が多いので、「これをすることであなたにこんなメリットがある」と伝えると、「それならやってみよう」と、相手もその気になりやすくなります。

ＭＵＪＩＧＲＡＭの内容は、現地に合わせて部分的に変更されていますが、基本的な考え方は日本のものと同じです。これをきちんと学び、仕事をこなすうちに自然とＭＵＪＩイズムが体に染みこんでいくようになっています。たとえば試着室の隅に埃がたまっているのを見て、自発的にサッと掃除をするようになったら、ＭＵＪＩイズムが身についてきたと言えるでしょう。

そして、スタッフの提案をもとに、改善点をＭＵＪＩＧＲＡＭに反映させて、毎月更新していくのも日本と同じです。

上海の店舗では、スタッフからの提案で新しい項目がどんどん加わっていき、二〇一四年二月に六〇六ページだったＭＵＪＩＧＲＡＭが、一年後には一一〇〇ページになっています。スタッフも自分の提案が採用されたら嬉しいでしょう。そうなると、さらに改善するところはないかと、自分で探すようになります。こういった取り組みがスタッフのモチベーションアップにつながるのは、どの国でも同じのようです。

ＭＵＪＩＧＲＡＭから重要なポイントを抜粋し、手帳サイズの冊子にまとめて、スタッフに配っている国もあります。ＭＵＪＩＧＲＡＭはどの店舗でも一式そろえていますが、すべての内容を覚えられないので、必要なときに必要な箇所を参照します。手帳サイズのＭＵＪＩＧＲＡＭがあればポケットに入れて携帯できるので、売り場に出ているときでもサッと取り出して確認できるのです。

色々な工夫をしながら、無印良品の〝標準〟が現場の隅々にまで浸透するようにしています。ただ、その結果あまりに日本流に固執すると、海外では逆に不自然になる恐れがあります。そのときは現地の事情に合わせて、臨機応変に対応しています。

たとえばアメリカでは、お客様が来店した際、販売員たちは「Welcome to Muji」と声がけをしています。これはアメリカのスタッフが自分たちで選んで決めた言葉です。海外の店舗でも「いらっしゃいませ」「ありがとうございました」と日本語で接客する企業がありますが、それが日本流のおもてなしにつながるのかというと、少し違うように感じます。日本語で伝えるかどうかはそれほど重要ではありません。重要なのは、お客様に喜んでもらいたい、くつろいでほしい、という「心」の部分です。その心があれば、どんな言葉で伝えても構わないと思います。伝えたいのはコンセプトや精神であり、〝和風であること〟や〝オリエンタリズム〟ではありません。

ローカライズが大事だというお話をしましたが、それは商品だけではなく、サービス面でも当てはまります。

ブランドコンセプトを「徹底して共有する」仕組み

コンセプトをスタッフ全員に浸透させるのは、並大抵の努力ではできません。

それは日本でも同じです。社長が社員集会で「わが社ではこういう理想を持とう」と語ったり、ウェブサイトに「当社のコンセプト」として掲げたりするだけでは、まったく浸透しません。それがわかっているから無印良品ではＭＵＪＩＧＲＡＭを活かしていますし、それだけではなく、役員が全国を行脚（あんぎゃ）して無印良品のコンセプトをスタッフに伝えるような場も設けています。

海外では、ＭＵＪＩのコンセプトを理解してもらうまでになおさら時間がかかります。だからこそ、日本と同じように、コンセプトを繰り返し伝えることで浸透させる方法をとってきました。

・店長試験・店長会議

店長にはＭＵＪＩの精神をよく理解している人になってもらうことが第一です。社員には入社して三年くらいで店長を任せるのですが、その昇進試験では「ＭＵＪＩの三つの特徴を書きなさい」といった問題も出てきます。ＭＵＪＩのコンセプトを理解していないと答えられない問題です。

また、その国の店長が集まる店長会議を毎月開きます。この会議は、現地法人の社長たちがメインになって仕切ります。そこでは、ＭＵＪＩＧＲＡＭの改定・追加された部分が店長たちに手渡され、とくに重要な項目については本部（本社）担当スタッフが説明します。そして店長は、新しいＭＵＪＩＧＲＡＭを自分の店舗へ持ち帰り、店のスタッフを指導するという流れです。

店長会議では、前月に更新された内容の理解度を把握するための筆記試験も行っています。「学校の試験みたい」と思うかもしれませんが、コンセプトを身につけるためには、ここまでする必要があるのです。

・マネージャー研修

海外のエリアマネージャーには、日本で三週間程度の研修を受けてもらうこともあります。MUJIGRAMで一つひとつの業務のやり方は理解できますが、それだけでは足りない部分は補う機会をつくらなければなりません。研修でディスプレイの方法や物流など、無印良品が日本で培ってきたノウハウを勉強して帰ってもらうのが狙いです。

たとえば、MUJIGRAMには店頭のディスプレイの基本的な方法が書いてありますが、それだけで一〇〇％できるわけではありません。洋服のデザインなどは年々変わっていきますから、それに合わせてディスプレイも変える必要が出てきます。そういったことは店長会議などで伝わりづらいので、本社のディスプレイを担当する専門の社員に店に足を運んでもらうようにしています。

一九九二～九三年のころは、ディスプレイの仕方はフランス人が一番上手でした。住空間が充実した国で育った人は、芸術やデザインに造詣（ぞうけい）が深く目が肥えているのでしょう。フランス人のスタッフに日本まで来てもらって、教えてもらったこともあります。

しかし、今は日本人が一番上手です。たゆまぬ努力でやり方を進化させてきたからでしょう。そのため今は、日本のやり方を学んで、それぞれの国へ持ち帰ったほうが効率は良くなりました。

・オペレーションチェック

研修や会議を充実させても、海外進出初期のころは、店によってはスタッフがお客様の前でおしゃべりをしていたり、店内のレイアウトが無印良品の求めているものとは違っている場合もありました。それを是正するために、現地の法人の社員たちが定期的に店を見て回り、商品のディスプレイや物流、店舗オペレーションなどをチェックし、できていない場合はアドバイスをします。そのような地道な取り組みで、日本と変わらないクオリティの売り場づくりを実現しています。

・役員行脚

中国や日本では役員行脚という試みをしています。

現地の社長や役員が出店している各地を回って、一時間ぐらいの講演をして、そのあとで今後の無印良品の方向性などについて議論します。社員だけでなく、パート、アルバイトの方にも参加してもらっていますが、元々無印良品のファンのスタッフが多いので、みんな喜んで参加しているようです。

社長自らが無印良品のコンセプトを語る場があると、やはり現場の意識も変わってきます。スタッフも無印良品の精神をより深く理解しようとしますし、MUJIで働く喜びを感じられるようになるのではないでしょうか。

・商品展示会

日本で行われる商品展示会も、コンセプトを徹底するための重要な場です。

無印良品は「春夏」と「秋冬」の年二回、ファッションや食料品、ステーショナリーや収納グッズなどの新商品発表のための、関係者向け展示会を開いています。

基本的には東京・池袋にある本社で開いているのですが、そこに世界各国の店長や本部の社員を招き、商品を見てもらいます。展示会の最中は、会場で英語や中国語、韓国語、アラビア語などあらゆる国の言語が飛び交い、「本当に世界のMUJIになったんだな」と実感します。

この展示会では、新商品をただ並べるだけではなく、きちんと店のレイアウト通りにディスプレイし、「この商品は棚にこうやって並べます」と説明します。各店舗で無印良品らしくディスプレイしてもらうための工夫です。

展示会では、一つひとつの商品を写真と共に紹介している小冊子も配ります。商品につけるタグでは説明しきれない内容は、この小冊子に書いてあります。この小冊子は英語や中国語、フランス語などに翻訳しているので、それを店に持ち帰り、スタッフ全員で読みながら新商品について勉強することを想定しています。そうやってすべての製品の「理由」を知るうちに、ＭＵＪＩイズムを理解し体得できるようになるでしょう。

このように、いくつもの仕組みをつくってコンセプトを浸透させるようにしてきました。ＭＵＪＩがただ商品を売るだけの店ではなく、ライフスタイルを提案するからには、その根底に流れる思想や哲学を理解してもらわないといけません。

海外の社員をＭＵＪＩイズムに染めていく

「日本の常識は世界の非常識だ」と言われるように、その逆もあり、「世界の常識が日本の非常識」という場合もあります。

たとえば中国は、紹介料を取るのが一般的な国です。日本も昔はそういう時代がありました。無印良品の場合も、海外事業の担当者に「今度ここに出店してください」と話を持ちかけてくる中国の方は山ほどいます。

もし、その人物が紹介する物件に出店することになったら、その人が契約金の一部をディベロッパーからもらいます。直接、無印良品からその人に支払わないにしても、その分を元の契約金に上乗せして支払うので、同じことです。

無印良品ではこれを防ぐために、仲介人などは立てず、人からの紹介も受けないようにして、担当者が直接ディベロッパーと交渉するようにしています。

郷に入っては郷に従えと前述しましたが、こればかりは郷に従ってはいけません。

無印良品では「紹介料は一切支払わない」と決めたので、中国の店舗開発の交渉は、私が会長を退くまでは、当時の海外事業部長だった松﨑曉（まつざきさとる）（二〇二一年九月から取締役副会長）とMUJI上海の有能な中国人社員の二人が必ず交渉に立ち会っていました。

もし現地で採用した人だけで交渉に当たらせたら、相手に紹介料を要求されればおそらく応じるでしょう。長く暮らした国で持った〝常識〟を変えることは難しいものです。どんなに無印良品の哲学を教え込んでも、本社の意向を伝えても、現地の習慣に流される可能性はあります。

それなら、まだまったく色（常識）がついていない段階でＭＵＪＩイズムに染め上げてしまおうと、現地の大学の新卒者を採用する取り組みも始めました。彼らには新卒入社後ただちに二年ないし三年間、日本の店舗と本部で経験を積んでもらってから中国へ戻って、ＭＵＪＩ上海の各所でキーマンとなって仕事をしてもらっています。日本の本流でＭＵＪＩイズムを学んでもらい、無印生まれ・無印育ちの社員に育て上げます。

彼らは、「中国社会の商習慣を知らない中国人」になります。無印生まれ・無印育ちの彼らは、日本の常識を身につけているので、中国に戻って紹介料を要求されても、拒否できるでしょう。私は、できれば、彼らの中から中国法人のＣＥＯが生まれてくれることを期待しています。

ここで、中国での交渉に立ち会っていたＭＵＪＩ上海の社員を紹介します。

彼は上海の大学で学んだ後、日本の都立大に留学をし、西友に入社、その後良品計画に移ってきました。長く日本に住んでいるので日本語を流暢(りゅうちょう)に話しますし、無印良品のコンセプトもよく理解し、しかも中国の商習慣に染まった経験がありません。だから中国での交渉を安心して任せられました。

彼はタフなネゴシエーターで、私が中国の事務所に行くと、いつもイヤホンを耳につけ、早口の中国語で電話の相手に怒鳴っています。私は中国語はまったくわからないのですが、おそらく「家賃一〇万円？ ダメダメ、そんなんじゃ入れないよ。五万円じゃないと」などと交渉していたのではないでしょうか。

彼は相手が中国企業のCEOであっても臆(おく)せず、真っ向から交渉していきます。日本人だけでは言葉の問題もあってなかなか難しいのですが、彼なら通訳なしで交渉ができる。これは大きな強みです。彼のおかげで中国は順調に店を増やしていけたのだと思います。

優秀な仕事ぶりから、彼の名前は中国でも知れ渡っています。おそらく彼のもとには毎週のようにスカウトの手紙が届いているでしょう。年収二倍・三倍という条件で、他社からのラブコールがどんどん送られてきているはずです。

中国は、そうやって転職しながら、ポストアップし、また給料アップしていく文化です。それでも彼は良品計画に居続けてくれています。彼は「ブランドの価値と将来性を確信しているから。そして、自分を信じて仕事を任せてくれる上司・経営陣への恩返し」と考えてくれているようです。

彼のような社員が各地で育つと、MUJIはもっと強くなれます。そのために今はまだ種をまいている段階ですが、いずれ芽が出てMUJIをしっかり守る立場になってくれるだろうと信じています。

広告を使わずに「宣伝する」方法

二〇一〇年、中国杭州（こうしゅう）市にある中国美術学院で、「無印良品的可能性」という講演会が開かれました。この大学は、中国で最初の美術系大学として開学し、美術系の大学では中国で最高峰といわれています。

そのような場所で、なぜ無印良品に関係する講演会が開かれたのか。それを説明する前に、当日の豪華な顔ぶれをご紹介します。

講演会の前半は、ハーバード大学の建築学科部長を経て、現在は北京大学の主任教授である建築家・張永和（チャンユンホー）氏が「無印良品の可能性」について語りました。張永和氏は日本の建築家・磯崎新（いそざきあらた）氏らと組んでプロジェクトを行ったり、ハーバード大学では丹下健三（たんげけんぞう）教室の教授も務めている人物です。

次に、無印良品のアートディレクションを担当しているグラフィックデザイナーの原研哉さんが「EMPTINESS 無印良品」というテーマで講演を行いました。

後半は、中国人として初めてプリツカー賞（建築界のノーベル賞）を受賞した建築家の王（ワン）澍（シュウ）氏、グラフィックデザイナーの劉治治（リュウジジ）氏、作曲家・作家の劉索拉（リュウソラ）氏、そして世界的に有名な現代美術家の艾未未（アイウェイウェイ）氏と良品計画社長（当時）の金井を加えた合計七名によるトークセッションです。

芸術に詳しくない方でも、艾未未氏の名前は聞いたことがあるのではないでしょうか。彼はずっと共産党政府を批判し続け、人権活動家を支援し、四川（しせん）大地震の際には〝おから工事〟を追及するために独自の調査をしていました。アトリエを壊されるなどの弾圧を受け、二〇一一年にはついに政府が彼を拘束。奥さんも自宅で軟禁されたので、政府は世界中から非難されていました。

そのような芸術家がＭＵＪＩについて語るために一堂に会したのです。

「無印良品の目指すシンプルとは何か？」「無印良品の思想、生活哲学は中国にも根を下ろせるか？」「無印良品がベースに持つ『無名性』ということに対して、中国国内ではどう受け止められるのか？」など、さまざまな議題に対して、自由に議論しました。

この講演会の参加券はあっという間になくなり、「プラチナチケット」と言われるくらいの人気でした。会場は定員六〇〇人程度の講堂だったのですが、当日は「立ち見でもいいから入れないか？」と言う人もいたそうです。あるディベロッパーは、「あんな豪華な講演会はＭＵＪＩじゃないとできませんね」と言ったといいます。しかも、この講演会は入場無料です。

当日は、現地の雑誌や新聞、テレビなども取材に来ました。これが無印良品流の〝宣伝〟

です。

無印良品では芸能人やタレントなどの有名人をお金で雇って宣伝することはありません。テレビＣＭを流すような大々的な宣伝もしませんが、代わりにこういった仕掛けをつくって、現地の人たちのアンテナに触れるような試みをしています。

このときの講演会は、杭州市のショッピングモール MixC Mall に新しい店舗をオープンする記念として企画しました。さらにこのショッピングモールでは、中国では初めてとなる展覧会「無印良品展」も開催し、商品を通して無印良品のものづくりへの思いやこだわりを紹介し、コンセプトを理解してもらうきっかけをつくりました。

日本の方にはあまりピンとこないかもしれませんが、無印良品のブランドイメージは日本国内よりも海外でのほうがはるかに高くなっています。

その理由の一つには、ＭＵＪＩファンを公言し、応援してくれる著名人の存在があります。多くの国では、最初にＭＵＪＩのコンセプトを理解し、共感して商品を手に取ってくれるのは、デザイナーやクリエイター、知識人など、それぞれの分野での高い感性を持った人たちです。そういう人たちの口コミから一般の人へＭＵＪＩの良さが伝わり、よりハイセンスなブランドイメージがつくられるという現象が起きています。

現地のアーティストと講演会を開くなどの企画を考えるのは、MUJIのブランディングの一つです。それまでMUJIを知らなかった人も、「こんなアーティストと共にフォーラムを開くMUJIって何？」と興味を持ってくれるでしょう。とくにMUJIのターゲットとなる若者は、そういう話題に敏感です。

中国では、二〇一五年三月にチャイナファッションフォーラムという中国最大のファッションフォーラムに、私と原研哉さん、深澤直人さんが招かれ、MUJIのデザイン哲学やブランドコンセプトなどについて討論するイベントも開催しました。

それがマスコミやインターネットを通じて中国全土に流れると、MUJIのデザイン哲学やブランドコンセプトに共感する人々が店を訪れます。そして店で商品を手に取って、MUJIのファンになるという一連の流れが生まれているのです。

中国だけではありません。二〇一二年、アメリカのマサチューセッツ工科大学で、アップルやマイクロソフトなどに工業デザイナーとして関わったハルトムット・エスリンガー教授と共に、社長（当時）の金井政明がデザインの可能性についての講演会をしました。当日はボストン大学やハーバード大学などの学生三〇〇名が会場を埋めつくしたそうです。

金井が「『これがいい』ではなく『これでいい』」の意味を説明したとき、わずか一文字の違いで変わる言葉の意味に、会場からは感嘆の声が漏れたといいます。

多くの学生はＭＵＪＩを知っていたようで、質疑応答でも活発な議論が交わされました。そこに参加していた学生から口コミでＭＵＪＩイズムの評判が広がっていけば、ＭＵＪＩファンがまた増えるでしょう。

また、前述のファウンド・ムジの商品をヨーロッパで初めてコーナー展開するにあたっては、フランスのライフスタイル専門店 Merci と共同で、フランスの文化にまつわる伝統的かつ再発見のあるアイテムの展示・販売をするという戦略をとりました。

販売を行った新店、MUJI Forum des Halles Place Carrée オープンの前夜には、アーティストのジャン＝ミシェル・アルベロラ氏、Merci 代表のジャン＝リュック・コロナ氏、原研哉氏を招いて、文化や芸術について語るトークイベントを開き、多くの人が集まりました。

こうした活動を各国で続けていくことによって、ＭＵＪＩブランドは、これからも存在感を増しながら、今まで日本になかったタイプの企業に成長するのではないかと考えています。

それでは、どうしてＭＵＪＩはこのような試みができるのでしょうか。

その理由は、艾未未氏も王澍氏もＭＵＪＩのファンだからです。講演会などに登壇をお願いする人は、ＭＵＪＩのコンセプトを理解していて、ＭＵＪＩが好きという人だけに限定しています。

王澍氏から「艾未未のアトリエに行ったら、ＭＵＪＩのＰＰケースがたくさんありましたよ」という情報を聞きアトリエを訪ねてみると、ＭＵＪＩの段ボールがたくさん置いてあり、ＰＰケースも本当に使われていたそうです。それで講演をお願いしたという経緯があります。影響力のある人物がＭＵＪＩのファンで、ＭＵＪＩのために講演会をすると、商品を宣伝する以上にマーケットに大きなインパクトを与えます。

連日テレビでＣＭを流すほどのインパクトはないかもしれませんが、フォーラムなどを中心に口コミで広がるほうがＭＵＪＩらしいと思います。とくに中国のネットユーザー数は一〇億人弱と桁外(けたはず)れに多いですし、元々口コミ力の大きい国なので、ＳＮＳを利用する人も多い傾向があります。口コミはメディアを使った宣伝より、はるかに影響力があるのだと言えます。

コンセプトはお客様にも「きちんと説明する」

新しい地域に店舗をオープンするとき、店の入り口やレジの後ろの壁面のスペースなどに大きなパネルを設置します。

そのパネルに書いてあるのは「What is MUJI?」というＭＵＪＩのブランドコンセプト。「『これがいい』ではなく『これでいい』」の意味や、「ＭＵＪＩの商品はシンプルだけれども、それは空の器のようなもの」といった説明をしています。海外店舗では一号店から三号店ぐらいまでは、その国の言語で説明したパネルを、お店に大きく掲示するのが定番です。

しっかり読むと一〇分ぐらいかかるけっこう長い文章ですが、訪れた人たちが熱心に読んでいる姿は印象的です。ＭＵＪＩが普通のブランドではないと、何となく感じていただけるのではないでしょうか。

その他にも、キャッチコピーなどをプリントしたバナー（垂れ幕）を、店舗の天井付近やお客様の目につく場所に配置して、「ＭＵＪＩとはなんぞや」というメッセージを発信しています。

海外の店舗でも、それぞれの商品には日本の無印良品と同じように商品名と簡潔な説明をプリントしたタグが付いていますが、それとは別に「なるほどＰＯＰ」という小さなＰＯＰを掲示しています。

なぜ無印良品がこの商品を開発したのか、なぜこの形になったのか、なぜこの素材なのかといった、タグには書ききれないストーリーを説明するのが目的です。無印良品の商品すべてには「理由（わけ）」があるので、それをお客様にも共有してもらおうとしています。店舗のレイアウトやスタッフの接客態度に、MUJIイズムが反映されていることは言うまでもありません。店舗を訪れたお客様は、店舗全体からMUJIイズムを感じ取れるのではないかと思います。

一般的なブランドのショップでは、MUJIのようにブランドコンセプトを前面に出したディスプレイにはほとんど出合いません。

多くのブランドは、そのブランドの商品を売っているので、前面に出てくるのはやはり商品です。コンセプトは商品に付随するものなので、どうしても存在が小さくなってしまいます。

MUJIの場合はその反対で、ブランドコンセプトに合った商品を開発し販売することで、ライフスタイルを提案するというスタンスです。だから、自然とコンセプトが前に出てくるし、お客様にコンセプトを理解していただき、その価値観を共有してもらうプロセスが大事になります。

また、日本の無印良品では各店舗でワークショップを開催しています。「じぶんでつくる紙管こどもイス」をつくる企画やオリジナルノートをつくるワークショップ、世界で一つのうちわをつくるワークショップなど、各店舗で趣向をこらして開いています。

海外のＭＵＪＩでもアロマテラピーのワークショップなどを、各店舗で開いているようです。そういう場では直接スタッフとお客様が話せるので、ＭＵＪＩのコンセプトも伝えやすいでしょう。タイの店舗では一年に一度オリジナルのカタログを作成して、商品の「わけ」やＣＳＲ活動について紹介し、配布をしているそうです。

どこの店舗でもお客様に少しでもコンセプトを伝えようと努力しているので、共感する方が今後世界中に増えていくのではないでしょうか。

そして、コンセプトに共感する人が多いからＭＵＪＩは海外でも強いのです。

無印良品が提案しているのは、単なる商品ではなく暮らし方であり、生き方でもあります。お客様はＭＵＪＩの商品を通して、自分の暮らし方や生き方を表明しているのかもしれません。

ＭＵＪＩのコンセプトに共感し「こういう生活が好き」という人を増やしながら、ＭＵＪＩは世界中のマーケットで今日の地位を獲得してきました。

これからも、世界のあちこちの街角でＭＵＪＩの看板を見かけるようになるでしょう。世界中でＭＵＪＩファンを増やしながら、無印良品はなくてはならない存在として、ひっそりと人々の生活に息づいていくことを、私は心から願っています。

補　章

――「海外で勝ち続けるMUJI」の立役者、松﨑曉さん（良品計画副会長）に聞く

（本インタビューは松﨑氏が社長に就いていた二〇一五年に行ったものです）

【松﨑曉プロフィール】株式会社良品計画取締役副会長。一九五四年生まれ。七八年西友ストアー（現：合同会社西友）入社、二〇〇三年ファイナンスアジア事業部シニアダイレクター部長。〇五年良品計画入社。執行役員海外事業部中国担当部長、専務取締役海外事業部長を経て一五年五月に社長就任。二一年九月より現職。

西友時代は離婚、良品計画では結婚の交渉をしてきた

私は大学卒業後、西友に入社して法務部や国際事業部を担当していました。国際事業部にいた一一年間のうち、最後の四年間は海外店舗の売却や清算を中心に進めていました。二〇〇一年、ウォルマートが西友の買収を決めたときに、「我々は日本のスーパーマーケットの西友を買収したので、海外事業所はいらない」ということになり、整理しなくてはならなかったのです。

そのため、それまで関係を築き上げてきた現地のパートナーに「契約を解消してほしい」

とお願いして回りました。近いうちになくなることが決まっている部署でしたから、社内で人手を集めるわけにもいきません。私一人で、各国のパートナーと〝離婚交渉〟をする日々が続きました。

なかには、かつて「出資してほしい」と頼み込んで二五年の契約を結んでいたのに、たった五年で解約をしなければならないケースもありました。相手から「松﨑さん、なにバカなことを言っているんですか。あなたは二五年やると言ったでしょう」と責められました。それでも理由を話して、ひたすら頭を下げるしかありませんでした。

やはり海外では相当無茶な交渉だったのでしょう。そのころ現地で知り合った商社マンに、「安全のため帰宅ルートは毎日変えたほうがいいよ」とアドバイスをされたぐらいですから。

バンコクの事業を清算するときに、私は一年半タイに住みました。タイでは当初、現地の会社と合弁会社をつくっていましたが、後にお願いして商社の現地法人に参加していただきました。最終的に会社を清算することとなり、社員を解雇し、資産を売却してそのお金を全出資者に返しました。それでも、彼らが出資したお金の数分の一にしかなりませんでした。

後日、日本に戻ると出資者のうちのある会社の副社長から手紙が届いていました。

そこには、「こんな短期間で清算結了までできたケースを自分は知らない。出資者として損は被ったが、わずかだとしても出資者にお金を戻してくれた。これについては大変感謝しています」と書いてあったのです。誠実、公正、順法を大切にして交渉していれば、相手に迷惑をかける場合であっても最終的には理解してもらえるのだと、そのとき実感しました。この体験が、私のバックボーンとなっています。

シンガポール以外のすべての支社の売却を終え、良品計画に移ると、海外事業部に配属となりました。

今度は一八〇度変わって〝結婚〟(出店)の仕事です。拡大、拡大という方向なので、毎日をそれこそハネムーンのように、本当に楽しく仕事をさせていただきました。

無印良品の海外事業部の再構築

一九九一年にMUJIが海外に初進出した際に、ロンドンに行ってリバティ百貨店とパートナーシップ契約の交渉をしたのは、良品計画の木内政雄(きうちまさお)元会長と私です。無印良品は西友のプライベートブランドからスタートしたので、西友の法務部にはグループ会社の法務機能もありました。当時からMUJIの法務関係は私が担当していました。

香港のウィンオングループとのジョイントベンチャーのときも、契約関係について関わりました。私は良品計画に移る前からMUJIとの関係があったのです。

MUJIはいったんアジアから撤退した後、二〇〇一年に再び香港に進出するのですが、そのとき香港の西友にMUJIを招いたのが私です。当時、私は西友の海外事業部長だったので、「うちの一角にMUJIのお店を出させてほしい」とお願いしました。その店でMUJIはオープン初日で世界最高の売上高を記録しました。それがMUJI復活ののろしとなり、海外事業の黒字化が実現しました。

改めて振り返ってみると、私とMUJIは、ずっとつかず離れずの関係でやってきたのだと思います。

無印良品という商標を日本で商標登録するときも、私が担当しました。しかし、無印良品は「無印」と「良品」という二つの一般的な言葉を組み合わせているので、当初は「普通の言葉を商標に登録して、一つの企業に独占的な権利を与えるわけにはいかない」と特許庁の許可が下りませんでした。そのため、一〇年ぐらいは商標を登録できなかった時期がありました。

当時は商品のタグに「無印良品」という名前を一切入れていませんでした。無印良品は商標でビジネスをしないという考え方が徹底していたからですが、そこも問題となりました。商品に付していなければ、「商標を使用している」状態とは言えず、第三者から「不使用取り消し」のチャレンジ（「その商標はどこにも使われていないので、登録申請を取り消してほしい」という主張）を受けるリスクがありました。また、登録しなければ「無印良品」は誰でも使える商標になってしまいます。

そこで堤清二さんや田中一光さんに「タグにブランド名を入れてください」とお願いして、ようやく商標登録することができました。

私が良品計画に移った二〇〇五年は、海外事業部は長年の赤字から抜け出して、既に黒字化していました。しかし、国内にいる社員の多くは海外事業にまったく関心がありませんでした。私は西友で誰からも手伝ってもらえない体験をしていたので、「これではダメだ」と強く感じました。

そのとき私は、「無印良品の海外事業部を再構築することが、ここでの私の仕事だ」と思ったのです。さらに、海外事業部が独立して存在しているのではなく、すべての部署に海外の担当者がいて、それぞれの部署で海外の仕事をやらないと成功しないと考えました。

私は、「海外事業部はいずれ解散して、企画室かどこかが全体的なマネジメントをし、国内外一体で〝各部署が、現場で対応していく〟のが望ましい」のだと常々部下にも言ってきました。

そこで、まず自分のいる部署を解体して、海外にあった商品調達機能を本社の商品部に移し、商品部に海外商品担当者を設けました。月日が過ぎ、現在は全部署が海外に関わる仕事を行っています。

社長に就任してからは欧米事業部、東アジア事業部、西南アジア・オセアニア事業部の三事業部体制とし、それぞれの事業部がそれぞれの地域の運営をしていく体制を整えました。海外事業部は発展的に解消するという、私が思い描いていた目標を一つ実現させることができたのです。

交渉を成功させるための三つの基本

私は海外に出店するときには必ず現地に足を運んで、立地を確認してきました。だから一年三六五日のうち、二〇〇日前後は旅暮らしをする日々を送っていました。年間五〇店舗から五五店舗を海外で出店するとしたら、その三倍から五倍の物件を見て回らなくてはなりません。可能な限りエージェントを通さずにすべて自分たちで不動産の交渉をしていたので、その数が限界でした。しかし、その分、濃密な交渉ができたと思います。

海外での交渉は難しいというイメージがあります。

確かに、国によって言語も生活習慣も文化も異なります。しかし、自分にきちんとした尺度があれば、国によって交渉の仕方を変える必要はないというのが私の持論です。

その尺度とは、やはり不正をせずに法を守り、公正、誠実であること。国ごとの礼儀や現地の風習、習慣などには従いますが、順法、公正、誠実の三つだけはどこの国でも貫き通しました。

とくに海外では、日本ではわからないようなリスクがあるので、その国の法律を守るという精神がないとダメだと思います。私も世界の法律を知っているわけではないので、現地で信頼できる弁護士を見つけてリスク管理を徹底していました。

たとえば、「松崎さん、今度この地域に出店してくださいよ」と話を持ちかけてくる業者は大勢います。しかし、それはその業者がお金を儲(もう)ける話であり、私たちは利用されるわけですから、紹介を受けての交渉は一切しませんでした。

また、〝間接的な人〟にも会わないようにしていました。日本の会社から「中国の○○という会社についてお話がある」と相談を受けたときも断っています。海外ではダイレクトコミュニケーションが基本。自分と直接交渉しようとしない会社と会っても意味がない、と私は考えています。

また、中国では出店の交渉は二回までと決めていました。こちらの提示する条件を受け入れてもらえるのなら出店するし、そうでなければやめましょうと先方にハッキリ伝えて交渉に臨みました。これも「相手が儲かる話」に巻き込まれないための手法です。

ＭＵＪＩがシンプルなのは商品だけではなく、交渉もシンプルだと、中国の関係者の間ではよく言われていたようです。

初年度は赤字でも三年間で黒字に転換する

私たちは海外へ進出する前に、その国でＭＵＪＩがどれぐらい関心を持たれているのか、認知度があるのかといった調査をすることはありません。

なぜなら、私たちが進出する国にはすでにＺＡＲＡやＨ＆Ｍ、ユニクロやイケア、スターバックスといった海外の企業が展開している場合が多いからです。海外のファッションや雑貨、フードなどを受け入れる国なら、ＭＵＪＩも受け入れてもらえますから、わざわざ調査をする意味がありません。

ＭＵＪＩは日常生活で使うものを売っているので、デザインが優れていて品質がよく、価格合理性があるものなら必ずお客様がいます。したがって、マーケティングでムダな経費を使う必要がないのです。

その代わり、出店基準書を使って出店の判断をしています。

出店基準書をもとに黒字になるかどうかを見極めて出店していますが、それでも売上高の予測を下回る場合があります。

たとえば、計画外の地下鉄の工事が急に行われて、店に通じる側の入り口がブロックされてしまったとか、完成前のショッピングセンターを契約したところ、他のテナントが集まらず二年近く客足が伸びなかったといった予想外の状況もあります。

そういった外部的要因で売り上げの予測を五〇％も下回ったお店もあります。ただし大事なのはそれからです。次の年は三〇％、さらに次の年は五〇％と利益を伸ばして、結果的に三年間で黒字にできれば問題ないと考えています。

三〇〇以上の店舗があれば、マネジメントがうまくできている店・できていない店がどうしても出てきます。店のスタッフの教育が不十分だったり、スタッフ同士の仲が悪かったりするものです。ただ、そういった内部的な要因で売り上げが落ちるようなことはありません。そうなる前に是正するのがＭＵＪＩのやり方です。

あらゆる国で、毎月店長会議を開いてＭＵＪＩの基本的なルールを徹底しています。国ごとのエリアマネージャーが各店舗を巡回して、問題をチェックして是正していきます。問題は放置せずに、即是正していく文化が企業内にあれば、内部的要因の影響は最小限に抑えられます。

流れる水は腐らないと言います。水がよどまず、常に流れているから、ＭＵＪＩは海外でも勝てる体質を持っているのでしょう。

別の国にショールームをつくるという発想

ＭＵＪＩが中東のドバイやクウェートに出店したときは、「派手でゴージャスなものが好きな国でＭＵＪＩが受け入れられるのか」という意見を社外でよく聞きました。

しかし、社内ではそういった懸念の声はまったくありませんでした。

私は中東に出店する一つの目的は、〝インドのショールーム〟をつくるためだと社内でも言っていましたし、現地のライセンシーにもそう伝えました。

インドと中東は飛行機で三時間の距離なので、インドの富裕層は中東に買い物に行きます。もちろん、まずは中東で店を拡大していきたいので、そのためのマーケティングとしての意味合いがありますが、〝インドから来るお客様向けのショールームとして展開する〟ことも狙っていました。

実際に、その後インドに行くと「ドバイモールで見ましたよ」という声をよく聞いたので、この狙いは当たっていたと思います。二〇一六年夏にはインドにも進出し、現在はインド国内に三店舗を展開しています。

ちなみにドバイモールも売り上げは好調でした。元々中東の人たちは、ヨーロッパのＭＵＪＩでも購入してくださっていたのですが、「ＭＵＪＩの商品はシンプルで機能的、かつ高品質な商品だ」という評価をいただいています。シンプルさは中東の人の心にも響いているようです。

香港に進出したときも、私は中国本土進出へ向けたブランディングと考えていましたし、シンガポールはASEAN諸国でのショールームという位置づけになると考えていました。二〇一五年の秋にオープンしたニューヨークの旗艦店は、南米のショールームの意味合いも兼ねている、と言うこともできます。

ブラジルのサンパウロやエクアドルのキトに足を運んだとき、「こんな大きいマーケットには即進出すべきだ」と興奮しました。しかし、南米は関税が高いので、アジアの工場で製造している商品を輸入して販売する方法だと、とんでもない価格になってしまいます。「わけあって、安い」からスタートしたのに、最初から高額で売るようでは自己否定になってしまいます。南米で適正価格で売るには、現地か北米で製造しないといけないので、今はその体制を整えている段階です。

いくつもの障害がありますが、近い将来南米に進出するために、今から足がかりをつくっています。

世界経済はかなり緊密になっているので、それぞれの国のお客様の間でMUJIのプレゼンス（存在感）を高めてから、その他の国に進出していくという流れが重要だと思っています。

そう考えると、進出していく国の順番も大切です。まず同一文化圏で日本的な心情もわかってもらえるアジアに進出して基礎体力を付け、その次に、日本企業がプレゼンスを高めるのが難しいアメリカや欧州に出て行く、というのが成功しやすいのかもしれません。

海外に出るには自分の強みを把握しておく

海外に出るには、「自分の強みは何か」を正確に把握していないといけないでしょう。

私が西友時代にウォルマートの手法から学んだのは、自分たちの得意なフィールドでしか戦わないという姿勢が徹底していたところです。目先の利益にはこだわらず、自社がもっとも強い事業領域やビジネスモデルに経営資源を集中していたことが印象的でした。

そういう体験から、自分たちのコアは何か、強みは何かをしっかり把握するところからスタートしないと、海外ではうまくいかないのだと学びました。

ＭＵＪＩも最初からそれができたわけではありません。

実は、ＭＵＪＩで各国の売上高が毎日リアルタイムでチェックできるようになったのは割と最近の話です。これだけＩＴ化が進んだ世の中で、しかもいち早く海外進出していたにもかかわらず、最近まではエクセルファイルで売上高を入力して東京本社に送ってきていたのですから、相当アナログなやり方でしょう。

国内では着々と商品勘定や物流の仕組みを整えていたのに、その仕組みを海外に持って行こうという発想になっていなかったのです。せっかくの強みを活かせていませんでした。二〇一〇年にようやく中国に商品勘定や物流のシステムを投入し、他の国でも導入していきました。

私が海外でずっと仕事をしてきて感じているのは、ビジネスに王道はない、ということです。いかに自分の会社のブランドを広めていくのかを考えて、地道に実行するしかないでしょう。

ＭＵＪＩが二〇〇五年に中国に進出してからの二年間は、現地のディベロッパーなどからの出店のお誘いはゼロでした。

当時は現地の企業と裁判で係争中だという事情もありましたが、まだＭＵＪＩの知名度もそれほど浸透していなかったからでしょう。だから、最初は自分たちで出店できそうな場所を探して交渉していました。その後、二〇〇八年に出店した店が好調になると、「ＭＵＪＩは売れるんだ」と業界内に伝わり、声がかかるようになりました。それまでの間は地道に商品を売っていくしかありませんでした。

我慢の時期を経て、ＭＵＪＩは花開いたのです。

私個人としては、海外の仕事をするようになってから、判断が速くなったと思います。どちらかというと私は慎重に考える性格ですが、海外の仕事では即断即決をしなければならない場面が多々あります。そういう状況の中で判断するスピードは、結構速くなったと感じています。

また、どんな些細(ささい)なことであっても相手から質問されたら必ずイエスかノーで答えるのを自分の信条にしています。「その食べ物はおいしいか？　まずいか？」というような、ちょっとしたことであっても率直に感想を伝えるようにしています。

それは、海外では自分の意思表示をしない人間は評価されないからです。

日本では控えめに、〝自分を出さない〟のが美徳と捉(とら)えられますが、海外では間違いなく損をします。

「松﨑さん、これどうでしょうか」と聞かれたときに、曖昧(あいまい)なことを言うと、その人の評価は下がります。だから自分の考えを求められたときは、イエス、あるいはノーと自分の考え方を常にきちんと答えるよう心掛けています。

私の心に残る一つの言葉

今でも私の心に残っているのは、ＭＵＪＩが海外に進出した初期のころ、当時の社長が口にした「世界で成功しない企業は、日本でも生き残れない」という言葉です。

私はけだし名言だと思っています。今は割と当たり前に言われている言葉ですが、一九九〇年代の初めのころはまだ海外に本格的に進出している日本企業はわずかだったので、深く印象に残っています。

今の時代、これだけ世界の人々が交流している中では、世界的なプレーヤーと戦って生き残れなかったら、日本でも生き残れないのは当然です。

ですので、今もまだ「日本だけでやっていけばいい」と考えている企業があるとしたら、私は首をかしげてしまいます。他の業種からも参入されにくい特殊な産業ならいざ知らず、そうでないなら世界のマーケットに出て日本でも戦う力をつけないといけません。

ＭＵＪＩはこれからも海外事業を拡大し、次の人にバトンタッチするのが今の私の使命だと考えています。

おわりに――あせらず、くさらず、おごらず

莫煩悩――これは社長になったばかりのころに、手帳に書き留めた言葉です。鎌倉時代の幕府の執権・北条時宗は、モンゴル帝国に侵攻されるという、いわゆる元寇に悩まされていました。二度目の元寇の前、建長寺を訪ねて無学祖元に教えを請うたとき、祖元は紙に「莫煩悩」と書いて時宗に渡したといわれています。

煩悩するなかれ。迷わず悩まず、ただ一心に目の前のことに取り組みなさい。私は、この言葉からそう教えられました。

リーダーが改革を実行するとき、必ずさまざまな障害が立ちふさがります。

部下からの抵抗であったり、コスト的な問題であったり、あるいは株主からの反対だったり。壁が立ちふさがっても、そこで後退することはリーダーには許されません。自分の考えた戦略を信じて、やり抜くしかないのです。

「部下をうまく指導できない」「自分の抱えるチームでなかなか結果を出せない」という苦境に陥っている人も少なくないでしょう。

私は、逆境こそ宝物だと考えています。

私自身、順調に物事が進んでいるときより、逆境におかれたときのほうが自分は成長できたと感じています。

もともと私が西友から無印良品に出向となったのは、左遷でした。

私は西友にいたとき、上司の顔色を窺（うかが）いながら仕事を進めるタイプではありませんでした。いつも主流派にはいなくて、集団の端っこで自分のペースで仕事をしていたので、上司たちからは煙たがられていました。おそらく、それが左遷の原因ではないかと思います。

当時、無印良品は西友の中で展開するショップという位置づけだったので、無印良品に移ることが決まったときは、正直ショックでした。しかし、与えられた場で全力を尽くさないのは、さらに耐え難い性格でもあります。

無印良品に異動してからは総務人事部の課長となります。課題は山積みだったので取り組み、結果を残そうとしてきました。そうこうしているうちに評価されるようになり、ステップアップしていったのです。

私が新入社員の入社式でよく話していたのは、

「あせらず、くさらず、おごらず」

という三つの心構えが重要だという話です。これは新入社員に限らず、誰にとっても大事な心構えでしょう。この三つを実践していればチャンスは残りますが、もし実行しなければチャンスはなくなります。人間万事塞翁が馬ということわざもあるように、どのように現状が変わっていくのかはわからないものです。今は人生のどん底にいるような気がしても、いつか好転するかもしれません。

調子がよいときも悪いときも、自分を磨くチャンスなのだと思い、あせらずくさらず、目の前のやるべきことをコツコツとやる、それも結果を残すようにやり続けるしかないのです。

管理職に就くと途端におごり高ぶり、部下を自分の手足のように使う人は実に大勢います。部下の功績を自分の手柄のようにアピールする管理職もいますが、そういう人に部下はついていきません。結果的には、部下の管理ができないとみなされ、降格となるのもよくある話です。

リーダーは自分が率先して、頑張って目標を達成するのがすべてではないはずです。部下が率先して行動するような仕組みをつくり、部下の意識を変えていくのが、リーダーに課せられた本当の使命です。

組織にとっても、「あせらず、くさらず、おごらず」という理念は大切です。

だからこそマニュアルをつくり、絶望やおごりを回避するようにしました。

逆境はやがて道を拓(ひら)きます。改革は一朝一夕ではできませんが、あせらず、くさらず、おごらずに進み続けていれば、いつか自分の信じる道へとつながっていくでしょう。

本書は、小社より刊行された『無印良品は、仕組みが9割』（二〇一三年）『無印良品の、人の育て方』（二〇一四年）『無印良品が、世界でも勝てる理由』（二〇一五年）を合本の上、加筆・改筆をして再編集を行い、改題したものです。

本書内で言及する人物の肩書・年齢は執筆時点のものです。

松井忠三（まつい・ただみつ）
株式会社良品計画前会長。株式会社松井オフィス社長。1949年、静岡県生まれ。73年、東京教育大学（現・筑波大学）体育学部卒業後、西友ストアー（現・西友）入社。92年良品計画へ。総務人事部長、無印良品事業部長を経て、初の減益となった2001年に社長に就任。赤字状態の組織を風土から改革し、業績のV字回復・右肩上がりの成長に向け尽力。07年には過去最高売上高（当時）となる1620億円を達成した。08年に会長に就任。10年に株式会社T&T（現・松井オフィス）を設立したのち、15年に会長を退任。著書に代表作となった『無印良品は、仕組みが９割』（KADOKAWA）などがあり、18年２月には日本経済新聞に「私の履歴書」を掲載。現在は複数企業の社外取締役・顧問を務める傍ら、コンサルティングや講演を通して企業を応援する活動を精力的に展開している。

無印良品の教え

「仕組み」を武器にする経営

松井忠三

2021 年 10 月 10 日　初版発行
2024 年 10 月 20 日　３版発行

◆◇◇

発行者　山下直久
発　行　株式会社KADOKAWA
〒102-8177　東京都千代田区富士見 2-13-3
電話　0570-002-301（ナビダイヤル）

装 丁 者　緒方修一（ラーフイン・ワークショップ）
ロゴデザイン　good design company
オビデザイン　Zapp!　白金正之
印 刷 所　株式会社KADOKAWA
製 本 所　株式会社KADOKAWA

角川新書
　ISBN978-4-04-082411-6 C0234